撰 稿 人

刘 双舟
杨 乐
彭 宏洁
王 喆
谢 旭阳
孟 洁
杜 东为
冯 贵祥

网络法文库

互联网广告

法律问题研究

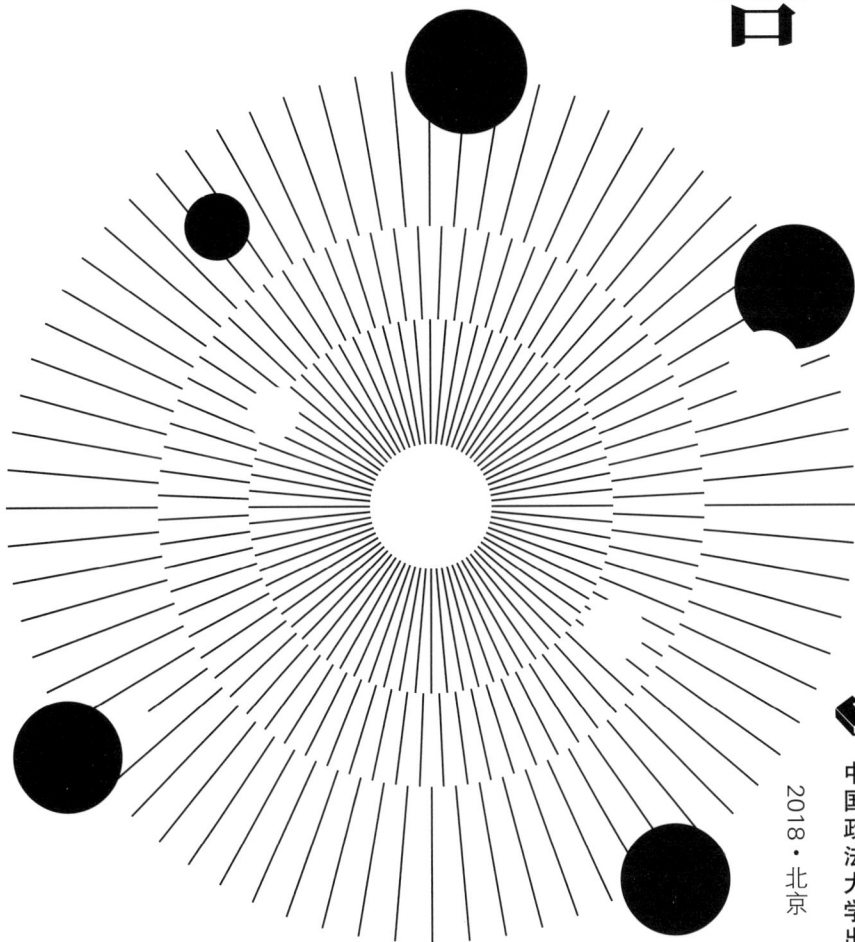

中国政法大学出版社

2018·北京

声　　明　　1. 版权所有，侵权必究。

2. 如有缺页、倒装问题，由出版社负责退换。

图书在版编目（ＣＩＰ）数据

互联网广告法律问题研究/刘双舟等著. — 北京:中国政法大学出版社,2018.12
ISBN 978-7-5620-8761-8

Ⅰ.①互… Ⅱ.①刘… Ⅲ.①互联网络－广告法－研究－中国
Ⅳ.①D922.294.4

中国版本图书馆 CIP 数据核字(2018)第 280446 号

出 版 者	中国政法大学出版社
地　　址	北京市海淀区西土城路25号
邮寄地址	北京100088信箱8034分箱　邮编100088
网　　址	http://www.cuplpress.com (网络实名：中国政法大学出版社)
电　　话	010-58908586(编辑部) 58908334(邮购部)
编辑邮箱	zhengfadch@126.com
承　　印	北京中科印刷有限公司
开　　本	650mm×980mm　　1/16
印　　张	20.75
字　　数	290千字
版　　次	2018年12月第1版
印　　次	2018年12月第1次印刷
定　　价	59.00元

互联网是当今世界最重要的技术革命潮流和时代潮流，互联网的影响和作用已经遍及各个行业、渗透到社会各个领域，正在深刻地改变着我们的生活方式。伴随着互联网的发展，以互联网为媒介的互联网广告也应运而生，而且发展迅猛。尤其是移动互联网技术的兴起和普及，使得互联网广告市场份额不断扩大。中国广告协会发布的《2017年中国广告市场报告》显示：2017年中国广告业的营业额达到6896亿元，其中互联网广告市场规模超过3500亿元。互联网广告市场份额已经超越了所有传统广告市场份额，占据了我国广告市场的"半壁江山"，而且还将保持快速增长的发展趋势。

互联网广告发展的同时，问题也不断涌现。除了传统广告存在的问题在互联网广告中的反映外，还有很多互联网广告自身独有的问题。互联网广告立法的空白，不仅增加了执法部门的困难，也妨碍了互联网广告业的健康发展。2015年修订实施的《中华人民共和国广告法》对互联网广告进行了原则性规定，即利用互联网从事广告活动，应当适用该法的各项规定。但是由于互联网广告存在诸多不同于传统广告的特性，《中华人民共和国广告法》在应用于互联网广告时遇到许多特殊问题和困难。

2016年9月1日施行的《互联网广告管理暂行办法》在一定程度上解决了一些互联网广告的特殊性问题，统一了互联网广告的定义和范围，明确了互联网广告发布者的认定，划分了程序化购买广告中各主体的权利和义务，确立了互联网广告的执法管辖，等等。但是媒介网络化、信息数字化、传播全球化造就了多元化的复杂广告媒介环境。互联网广告的新技术不断翻新，从早期的展示广告到程序化购买广告，再到信息流广告，新形式层出不穷、创意愈加丰富。立法始终落后于互联网广告的发展，法律稳定性与互联网广告快速发展之间的矛盾日趋深化。

互联网广告面临的法律问题需要从理论上给予深入的分析和研究，执法实践经验也需要进行归纳整理和总结。互联网广告法律问题的研究和解决是个系统工程，涉及理论和实践的多个学科和领域，需要法学界、广告业界和执法部门共同配合来完成。中国广告协会作为沟通行业与政府的桥梁，长期以来非常关注互联网广告的发展，一直致力于新问题的研究和解决。由中国广告协会法律咨询委员会主任委员刘双舟教授和腾讯研究院杨乐博士主持，中国广告协会法律咨询委员会多位委员参与共同研究完成的这本《互联网广告法律问题研究》一书，对互联网广告中的法律问题进行了全面的分析研究，研究成果既系统又务实，对市场监管部门的互联网广告执法工作和企业开展互联网广告业务都具有很好的指导作用，是一本集系统性、理论性、前沿性和指导性于一体的导引和指南。

今天恰逢第五个国家宪法日和第十八个全国法制宣传日。我作为中国广告协会的会长，对他们的研究成果深感欣慰，欣然作序，并代表行业以示祝贺和推荐。

中国广告协会会长

张国华

2018 年 12 月 4 日

2015 年修订的《中华人民共和国广告法》对互联网广告的法律规制只作了原则性规定，即"利用互联网从事广告活动，适用本法的各项规定"。2016 年《互联网广告管理暂行办法》的出台使互联网广告的监管基本上有法可依了，但是由于互联网广告一直处于不断发展变化之中，新的广告形式和新的法律问题不断涌现，这也正是《互联网广告管理暂行办法》名称为"暂行"的主要原因。事实上，有关互联网广告的立法始终落后于互联网广告行业的发展速度。

学界对互联网广告法律问题至今尚缺乏系统的研究。我在和一些网络行业从业者共同研究的过程中发现这是一个宏大的课题，其复杂性和研究难度超出想象，研究中也搜集到不少宝贵的资料，积累了一些初步研究成果。考虑到目前该领域研究成果的缺乏，无论是执法还是企业广告实务都急需要对一些重要的问题作出回应，于是萌生了在征得原创作者同意的情况下，将搜集到的一些文献和初步研究成果整理出版的想法。

本书是一个阶段性研究产物，内容大致由四部分构成：一是对互联网广告影响较大的有关商业广告的基础理论的研究，主要包括第一章和第二章；二是对现行互联网广告法律主要内容的归纳和整理，包括第三章、第四章、第九章和第十章；三是对互联网广告前沿法律问题的探讨，主要体现在第五章、第六章、第七章和第十一章；四是对互联网广告企业风控实务和监管部门执法实务中常见法律问题的研究，这部分内容主要在第八章和第十二章。

为了保持观点的开放性和启发更多有识之士的研究，本书最大限度地保留了作者自身的观点，并不强求统一。对同一个问题，本书不同篇章中的观点可能是相同的，也可能是不同的，甚至可能是对立的。赞成或不赞成哪种观点，完全交由读者自己选择。

本书在统稿中，对原作者的创作内容有所调整，有些章节内容形成了你中有我和我中有你的格局，各篇章的具体作者无法绝对分清。大致的写作分工是：刘双舟第一章、第三章、第四章、第八章、第九章和第十章；杨乐第七章、第十章和第十一章；王喆第七章和第十一章；冯贵祥第二章；孟洁第五章；彭宏洁第六章和第七章；杜东为第八章；谢旭阳第十二章。全书由刘双舟和杨乐负责统稿。

本书作者在创作中参考了中外诸多专家学者们的研究成果，无法一一列明，在此一并表示感谢！因时间仓促和水平有限，书中文字和观点错误在所难免，恳请广大读者批评指正！

刘双舟

2018 年 8 月 3 日

目 录
CONTENTS

商业广告的内涵与外延

在广告法律理论的研究中，有两个基本问题仍没有真正得到解决：一个是商业广告的内涵问题，另一个是商业广告的外延范围问题。这两个基本问题在互联网广告研究中一直存在，如果不能得到较好的解决，必将给互联网广告法律规制带来不利影响。

一、商业广告内涵的界定

1995 年实施的《中华人民共和国广告法》（以下简称《广告法》）、2015 年实施的修订后的《广告法》以及 2016 年 9 月 1 日起实施的《互联网广告管理暂行办法》，都将其调整对象限定为商业广告范畴，但是这三个法律文件都没有对商业广告的内涵进行界定。在广告行政执法实践中，仍然经常会由于需要判断某项活动或某些信息是否属于广告法律调整的商业广告而发生认识上的分歧，这不仅不利于执法标准的统一，也使得商家的合法权益得不到应有的保护。这个问题在互联网广告规制中显得尤为复杂。因此，准确界定商业广告的内涵是研究互联网广告法律制度时首先应当解决的问题。

在长达十余年的《广告法》修订过程中，对"广告"定义的争论从未停止过，期间曾出现过多种关于"广告"的定义。归纳起来，主要有两种思路：一种是沿袭原广告法中"循环定义"的思路，从确定广告法调整范围的角度进行表述。其中较有代表性的是《广告法》在修订过程中某一讨论稿采用的表示方式，即"本法所称广告，是指商品经营者或者服务提供者承担费用，通过报刊、广播、电视、电影、路牌、交通工具、橱窗、店堂牌匾、音像制品、印刷品、霓虹灯、礼品、邮电通信、互联网等媒介和形式，直接或者间接地介绍自己所推销的商品或者所提供的服务的商业广告"。另一种是试图给"广告"下一个较为明确定义的思路，最典型的就是原国务院法制办公室公布的《广告法修订草案公开征求意见稿》中的定义，即"本法所称广告即商业广告，是指商品经营者或者服务提供者通过一定媒介或者形式推销商品或者服务的信息"。

"广告"的词性是随着时代的变化而变化的。西方早期主要表述为名词"Advertise"，指推销商品或服务的信息，比如招揽顾客的旗幡、招牌等。17世纪末以后，随着英国大规模商业活动的出现，"广告"一词开始不再单纯地指推销商品或服务的信息，而更多地指一系列的广告活动，静态的名词"Advertise"开始转化成为动态的动名词"Advertising"，至此"广告"一词开始有了现代广告的意义。

除了词性的变化外，"广告"的含义从来也都不是一成不变的。随着广告媒介形式的不断发展，"广告"的含义也一直在发展变化。以报纸为主的纸媒时代与以电视为主的荧屏媒体时代，人们对广告含义的理解是不同的。同样地，从传统的平面媒体时代发展到数字化媒体时代，人们对广告含义的理解也在不断变化。1890年以前，西方社会对"广告"较为普遍认同的定义是："广告是有关商品或服务的新闻"。1894年，美国现代广告之父阿尔伯特·拉斯克尔（Albert D. Lasker）给广告下的定义是"广告是印刷形态的推销手段"。1948年，美国营销协会的定义委员会形成了一个有较大影响的广告定义，即"广告是由可确认的广告主对其观念、商品或服务所作之任何方式付款的非人员式的陈述与推广"。

此外，对广告的定义还因国家、时代、视角的不同而存在差异。美国广告协会对广告的定义是："广告是付费的大众传播，其最终目的是为了传递情报，改变人们对广告商品之态度，诱发其行动而使广告主得到利益。"《简明大不列颠百科全书》（第15版）对广告的定义是："广告是传播信息的一种方式，其目的在于推销商品，劳务服务，取得政治支持，推进一种事业或引起刊登广告者所希望的其他的反应。"1988年出版的《韦伯斯特辞典》对广告的定义是："在现代，广告被认为是运用媒体而非口头形式传递的具有目的性信息的一种形式，旨在唤起人们对商品的需求并对生产或销售这些商品的企业产生了解和好感，告知提供某种非营利目的的服务以及阐述某种意义和见解等。"美国威廉·阿伦斯的《当代广告学》对广告的定义为："广告，是由可识别的出资人通过各种媒介进行的，有关商品、服务和观念的，通常是有偿的、有组织的、综合的和劝服性的非人员信息传播活动。"我国广告学界较为流行的《实用广告学》一书中对广告的定义是："广告是一种宣传方式，它通过一定的媒体，把有关商品、服务的知识或情报有计划地传递给人们，其目的在于扩大销售，影响舆论。"

从上述各种定义中，可以得出几点共识：首先，虽然广告活动的主体在广告业发展中不断丰富，早期只有广告主，之后出现了专门从事广告活动的广告经营者和拥有媒介资源的广告发布者，而且还衍生出了广告代言主体，但是广告主体范围的不断扩大并不影响人们对"广告"含义的界定。其次，"广告信息"在历史发展中也没有发生太大变化，始终是指直接或间接地对商品、服务或观念的介绍。最后，真正对"广告"含义界定影响较大的因素是"广告媒介"。广告媒介形态自身的发展变化很大，从早期的招牌、旗幌发展到近代的报刊、杂志、电台、电视，以及当代的互联网、移动互联网、多元化数字媒体等，正是媒体形式的发展导致了"广告"含义的变迁。因此，在界定"广告"的含义时，媒体的形态应该是一个需要重点考虑的因素。

无论是从历史发展角度考察的结果来看，还是从各国各流派学者五花八门的定义来看，对广告内涵的认识主要分为"信息论"和"活动论"两种观点，即要么认为广告属于"信息"范畴，要么认为广告属于"活动"范畴。仔细分析可以发现，信息论与活动论，两者之间其实也并无对错之分。在广告发展的早期，持信息论者居多，但是现代广告中持活动论者明显居多。而且，这两种观点在我国《广告法》修订过程中均有反映。

原国务院法制办公室公布的《广告法修订草案公开征求意见稿》曾将"广告"表述为："本法所称广告即商业广告，是指商品经营者或者服务提供者通过一定媒介或者形式推销商品或者服务的信息。"

这其实就是受了"信息论"的影响。这种从"信息论"角度所作的表述一经公布便引发了较大的争议，尤其是互联网界的反响较为激烈。持反对意见的理由主要有：第一，将"广告"简单地界定为"信息"是不可取的。因为未来广告的主要媒介形式是互联网，而互联网媒介中数字化的商品和服务信息是非常庞杂的。这样的定义，未将注意力放在对广告含义影响较大的"媒介要素"上，而是放在了对广告含义并无太大影响的"信息要素"上，这将会给广告监管工作带来更大的难度，且不利于广告行业的发展。第二，法学层面的"广告"与广告学或营销学层面的"广告"的关注点是有所区别的。法律是人们的行为规范，注重的是人的行为。法律更多地应该关注"动态"层面的广告，即广告活动；而广告学或营销学则更为关注广告的信息内容、表达方式以及营销效果。第三，应从动态角度而不是从静态角度界定广告。这是自 17 世纪末以来，尤其是现代广告业兴起以来的一种倾向，将广告重新界定为"信息"，显然不符合广告发展的规律。2015 年修订后的《广告法》第 2 条规定："在中华人民共和国境内，商品经营者或者服务提供者通过一定媒介和形式直接或者间接地介绍自己所推销的商品或者服务的商业广告活动，适用本法。"这实际上是又回到了"活动论"的角度。

2015 年《广告法》实施以来，有关"广告"和"商业广告"定义的讨论并未终结。其实"信息论"与"活动论"并不是截然对立的观点，固守其一的思维恰恰是不可取的，建议把两者结合起来，将"广告"的核心内涵界定为"信息传播活动"，进而将"商业广告"的核心内涵界定为"商业营销信息传播活动"。进一步讲，建议从学理上将互联网商业广告定义为：商品经营者或服务提供者借助互联网媒介开展的，以直接或间接地营销商品、服务或观念为目的的商业信息传播活动。

二、商业广告的核心特征

明确商业广告的核心特征有利于加深对商业广告内涵的进一步理解。商业广告具有很多特征，其核心特征是指那些能将商业广告与非商业广告、商业广告活动与非商业广告活动、商业广告信息与非商业广告信息区分开来的固有品质。归纳起来商业广告主要具有营销性、媒介性和自愿性三个核心特征。

（一）商业广告的营销性

商业广告是以商业营销为核心特征的，具体营销对象包括商品、服务和商业观念。这一特征将商业广告与公益广告、新闻报道、招聘公告、征婚启事、票务信息、股市行情信息、二手房信息等非商业广告信息区分开来。

在讨论商业广告的定义时，商业广告的付费特征和营销特征是首要面对的问题。付费特征是绝大部分商业广告具备的一个重要特征，但是不属于商业广告的核心特征。商业广告的付费特征主要是从广告活动主体的关系角度来考察的。广告主、广告经营者、广告发布者之间通常是有偿的商业合作，如美国广告协会就认为"广告是付费的大众传播"。我国 1995 年实施的《广告法》也特别强调商业广告的"付费特征"，规定"本法所称广告，是指商品经营者或者服务提供者承担费用，通过一定媒介和形式直接或者间接地介绍自己所推销的商品或者所提供的服务的商业广告"。此外，商业广告的营销特征则是从广告活动的目的角度进行考察的。获取交易机会是商业言论与其他言论的一个主要区别。例如，《简明大不列颠百科全书》（第 15 版）对广告的定义是："广告是传播信息的一种方式，其目的在于推销商品，劳务服务，取得政治支持，推进一种事业或引起刊登广告者所希望的其他的反应。"再比如，美国《小百科全书》对广告的解释是："广告是一种销售形式，它推动人们去购买商品、劳务或接受某种观点。" 1973 年美国出版的《现代经济词典》中对"广告"的解释是："广告指为了达到增加销售额这一最终目的，而向私人消费者、厂商或政府提供有关特定商品、劳务或机会等消息的一种方法。"同样地，我国《辞海》对"广告"的解释是："广告是向公众介绍商品，报道服务内容或文化节目等的一种宣传方式，一般通过报刊、电台、招贴、电影、幻灯、橱窗布置、商品陈列形式来进行。"

与付费特征相比较，营销特征属于商业广告更本质的特征。除了付费广告外，在广告实践中还存在着许多"无偿"的商业广告。

即使是有偿广告其实也存在不同的"偿"的形式，并不一定都表现为货币的支付。因此，在给"商业广告"下定义时，不一定要将"付费"作为一个必要的要素予以强调，但是必须强调商业广告的"营销目的"。2015年修订后的《广告法》第2条第1款规定："在中华人民共和国境内，商品经营者或者服务提供者通过一定媒介和形式直接或者间接地介绍自己所推销的商品或者服务的商业广告活动，适用本法。"可见，该条对广告内涵的规定即体现了这一思路。公益广告、新闻报道、招聘公告、征婚启事、票务信息、股市行情信息、二手房信息等之所以不属于商业广告，就在于它们均不具备营销的特征。

（二）商业广告的媒介性

只有利用媒介进行营销信息传播的活动，才可能构成广告法律调整的商业广告。商业广告属于营销信息的传播活动，是一种人与人之间的间接信息交流，信息传播必须要借助媒介。没有借助媒介的人与人之间的直接交流的促销活动不属于商业广告，如销售人员直接上门推销，或者商场工作人员现场对商品的推介等。因此，媒介性是商业广告的核心特征之一。

在广告执法过程中，如何区分商业广告活动与非商业广告性的促销活动是执法部门经常面临的难题。广告法律的调整对象仅限于商业广告范畴，不构成商业广告的商业促销活动并不在广告法律的调整范围之内。因此，厘清商业广告活动与非商业广告性质的促销活动的区别或者说准确界定商业广告的界限，对广告执法具有重要的指导意义。以烟草广告与促销为例，在广告法的修订过程中，有关烟草广告的存废曾是一个争论较多的话题。修订后的广告法广泛禁止了烟草广告，但是却并没有明确禁止非商业广告性质的烟草促销活动。虽然对烟草广告的存废问题的争论在广告法修订实施后已经平息，但是如何区分烟草商业广告与非商业广告性质的烟草促销活动成了一个新的争议话题。《烟草控制框架公约》中并没有分别为烟草广告和烟草促销下定义，而是将烟草广告和烟草促销放在一起来定义，即"烟草广告和促销"系指任何形式的商业性宣传、推介或活动，其目的、效果或可能的效果在于直接或间接地推销烟草制品或促进烟草使用。这也说明商业广告与促销的联系是非常紧密的，实践中确实不易区分。在我国以往的实践中，对烟草商业广告和促销也是不加区分的，因为在广告法修订之前，我国法律并未广泛禁止烟草广告，明确区分的意义不大。从字面含义上看，无论是商业广告还是促销都属于营销的具体方式；从功能和目的上看，商业广告同样含有促销的目的，而促销客观上也有广告的效应。烟草广告泛指含有烟草企业名称、标识、烟草制品名称、商标、包装、装潢等内容的广告。根据威廉·阿伦斯等主编的权威教科书《当代广告》的归纳，最常见的促销活动主要有：发放优惠券、便利卡、打折、现金返还、奖励、样品试用、竞赛与抽奖、礼品赠送等。从烟草广告的定义与烟草促销的具体表现中，大致可以归纳出烟草广告与促销之间的一些细微差别：商业广告是一种信息传播活动，需要借助传播媒介，具有媒介性，属于间接营销；而促销属于现场直接营销，通常不需要借助媒介。例如，打折、奖励、样品试用、竞赛与抽奖、礼品赠送等均属于现场营销活动，而没有媒介的利用。因此，有无利用传播媒介是区分商业广告活动与非商业广告活动的标准。需要注意的是，现场促销活动本身虽然不属于商业广告，但是借助一定媒介和形式传播促销活动信息则可能构成商业广告。比如打折活动本身属于促销活动，不属于商业广告，但是为了实施打折活动而印刷和分发打折传单的行为应当属于商业广告。同样，有奖销售是一种常见的促销方式，但是关于有奖销售的宣传属于商业广告。因此，商业广告和促销经常是交织在一起的。

（三）商业广告的自愿性

实践中有一些利用媒介进行传播的信息，虽然客观上具有营销特征，但是由于这些信息传播活动属于履行法律义务的范畴，因此也会被排除在商业广告之外，不适用广告法调整。这就是商业广告的第三个核心特征，即自愿性特征。商业广告属于商业言论，商业广告宣传是广告活动主体的一种言论自由权利，广告主体为履行法律义务而开展的商业信息传播活动不属于商业广告范畴。这一特征可以帮助我们将商业广告信息与非商业广告信息区别开来。《互联网广告管理暂行办法》于2016年9月1日起正式实施，这是我国第一个专门规范互联网广告的法律文件,其颁布实施格外引人关注。根据《互联网广告管理暂行办法》第 3 条第 2 款第(四)项的规定,互联网广告包括"推销商品或者服务的商业性展示中的广告,法律、法规和规章规定经营者应当向消费者提供的信息的展示依照其规定"。这一规定主要是针对电子商务平台及其商家的商业展示行为而言的。对如何理解"法律、法规和规章规定经营者应当向消费者提供的信息的展示依照其规定"这一表述的含义,出现了一些分歧。有观点认为,这些信息虽然在客观上具有推销商品或者服务的效果,但是不应当属于商业广告;也有观点认为,这部分信息如何展示,应当依照《广告法》以外的相关法律、法规或规章的规定,但是其内容如果虚假,则仍需要按《广告法》规定的虚假广告予以处罚。

根据商业言论自由理论,商业广告作为一种商业言论,应当属于"法律权利"的范畴,而不是"法律义务"的范畴。做不做商业广告,这是商家的商业言论自由。在不违反法律法规禁止性规定的前提下,如何做商业广告同样是商家的自由,任何法律都不得强迫商家做商业广告。从这个意义上讲,如果法律、法规要求商家(无论是生产者还是销售者,无论针对产品还是针对服务)必须向社会公开披露一些与商品或服务有关的信息的,则这一要求必然体现为一种非自愿性的"法律义务"。对于这种法律义务的履行,即便是客观上具有推销商品或服务的效果,同时采用了媒介形式进行传播的,通常也不应认定为商业广告行为。因此,商家在互联网上展示商品或服务信息,如果属于"法律、法规或规章规定经营者应当向消费者提供的信息"的,则不属于商业广告。但是应当同时符合两个条件:一是必须依法展示,不得隐瞒或遗漏;二是必须按照法律要求的方式展示,不得采用欺骗或误导消费者的方式。采用欺骗等虚假方式进行展示的,则构成以广告以外的方式进行的虚假宣传。

《广告法》第 28 条第 2 款规定:"广告有下列情形之一的,为虚假广告:……(二)商品的性能、功能、产地、用途、质量、规格、成分、价格、生产者、有效期限、销售状况、曾获荣誉等信息,或者服务的内容、提供者、形式、质量、价格、销售状况、曾获荣誉等信息,以及与商品或者服务有关的允诺等信息与实际情况不符,对购买行为有实质性影响的。"那么，如果电子商务中的商家在履行法定义务时，展示的信息在内容上存在虚假成分，对消费者造成误导或欺诈的，是否可以按照《广告法》第28条认定为虚假广告并予以查处呢？答案应该是否定的。因为广告法规定的虚假广告是以"商业广告"为前提的，即"广告有下列情形之一的，为虚假广告"。既然"法律、法规和规章规定经营者应当向消费者提供的信息的展示"不属于商业广告，就不可能构成虚假广告，也就不存在适用广告法治理的问题了。因此，如果这些信息因虚假而对消费者造成误导或欺骗，同样应当由法律来管，而不应当形成"法律上的空白"。具体应该适用广告法之外的哪些法律，以及由哪些执法部门来处罚，并不统一，也不全是由市场监督管理部门来执法，需要根据具体情况来确定所适用的法律与执法部门。

需要特别注意的是，自愿性内容与义务性内容两者并不是泾渭分明的，有些义务性内容在法律特定的情况下也属于商业广告。比如按照《广告法》的规定，药品广告的内容不得与国务院药品监督管理部门批准的说明书不一致，并应当显著标明禁忌、不良反应；处方药广告应当显著标明"本广告仅供医学药学专业人士阅读"；非处方药广告应当显著标明"请按药品说明书或者在药师指导下购买和使用"；推荐给个人自用的医疗器械的广告，应当显著标明"请仔细阅读产品说明书或者在医务人员的指导下购买和使用"；医疗器械产品注册证明文件中有禁忌内容、注意事项的，广告中应当显著标明"禁忌内容或者注意事项详见说明书"；保健食品广告应当显著标明"本品不能代替药物"等。这些内容虽然属于商家应尽的"法律义务"，但是同时属于药品广告、医疗器械广告或保健食品广告不可分割的一部分，因此也属于商业广告的范畴。

总之，自愿性是区分商业广告信息与非商业广告信息的一个核心标准。除了法律有特殊要求外，履行法律义务的非商业广告信息不适用广告法调整。

三、互联网商业广告的特征与范围

互联网商业广告是互联网广告法律关系的客体，具有传统商业广告所不具备的特征和表现形式。

（一）互联网商业广告的含义

《互联网广告管理暂行办法》第 3 条第 1 款规定："本办法所称互联网广告，是指通过网站、网页、互联网应用程序等互联网媒介，以文字、图片、音频、视频或者其他形式，直接或者间接地推销商品或者服务的商业广告。"可见，该规定表明应该从以下三个方面来理解互联网广告的含义：

（1）互联网广告是以直接或者间接地推销商品或者服务为目的的商业广告。这是商业广告营销性特征在互联网广告中的具体体现。广告按照活动目的，可以分为商业性广告和非商业性广告。商业性广告又分为商品广告和服务广告；非商业性广告则包括公益广告、政治广告、社团活动广告、个人启事等形式。互联网广告是广告的一种特殊形式，既包括商业广告，也包括非商业广告。我国广告法律调整的对象是商业广告，法律意义上的互联网广告也应当是指商业广告。互联网广告的目的是为了推荐和介绍所推销的商品或者所提供的服务，介绍的方式可以是直接的，也可以是间接的。因此，非商业性的互联网广告不属于我国广告法律调整的范围。

（2）互联网广告是以互联网为媒介进行信息传播的商业广告。这是商业广告媒介性特征在互联网广告中的集中体现。任何广告信息都是依赖一定的媒体进行传播的。传统广告依赖的信息传播媒介主要有报纸、广播、电视等。互联网媒介即网络媒体，是指借助国际互联网信息传播平台，以计算机和移动通信设备等为终端来传播信息的一种数字化、多媒体的新兴传播媒介。相对于报纸、广播、电视等传统媒体而言，互联网媒介又被称为"新媒体"。以互联网为媒介进行广告信息传播，是互联网广告与传统广告的最大区别，互联网广告的很多特性都是由互联网媒介的特性决定的。

（3）互联网广告具有文字、图片、音频、视频等多样化形式。《广告法》第 2 条第 1 款明确规定："在中华人民共和国境内，商品经营者或者服务提供者通过一定媒介和形式直接或者间接地介绍自己所推销的商品或者服务的商业广告活动，适用本法。"由此可见，广告法调整的商业广告应当同时满足"媒介"和"形式"两个要求，但是广告法中对商业广告的形式并没有明确的规定。实践中，有关商业广告媒介性特征的讨论比较多，但是对"商业广告的形式"则较少有专门的研究。也有观点认为，广告法中的"媒介"和"形式"是一回事，"形式"是指"媒介"的形式，这种理解显然是不正确的。《互联网广告管理暂行办法》明确提到了互联网广告的形式。其实商业广告的形式应当是指商业广告信息内容的具体表现方式。与传统商业广告相比，互联网广告的表现形式非常多元化，既有传统纸媒广告常见的文字、图片等表现形式，也有传统电台广告和电视广告常见的音频、视频表现形式。最主要的是它还可以将这些传统广告的表现形式任意进行组合，具有很强的交互性，这是传统广告展现形式所无法比拟的。

（二）互联网商业广告的特征

互联网广告与传统广告相比，其优势是显而易见的。它突破了时间和空间的限制，交互性高且成本低，传播范围广，更加实时精准，效果预测性强。互联网广告的显著特征可以概括如下：

（1）精准性。互联网广告不再像传统广告那样以撒网捞鱼的模式找寻客户，它可以利用大数据分析技术更加精准地锁定相关用户。通过对用户浏览轨迹进行追踪和分析，预测并判断用户的信息，比如性别、爱好、年龄段、消费趋向等，然后建立数据模型，广告商可以根据自己的需要选择广告受众来实现广告的精准投放。这样可以极大地提高广告信息的到达率和广告的效果。

（2）跨时空性。传统媒体在很大程度上受到版面、时间和空间的限制，容易错过目标受众，从而影响对产品或服务的宣传。互联网广告则突破了时间与空间的限制，拥有极大的灵活性，其信息传播空间几乎是无限的。比如，消费者可以通过互联网详细了解到某款手机的重量、待机时间、尺寸大小等各种信息，这在传统广告中是很难实现的。

（3）交互性。交互性是互联网广告的一大特色，用户可对广告信息进行主动的取舍，对有关的或自己感兴趣的广告信息，可以进一步查看到更详细的资料，还可以要求广告主提供更多所需要的信息。对于广告主而言，也可以及时地根据受众需求的变化而调整所发送的信息，使广告能更好地满足受众的需求。

（4）个性化。传统广告媒体受时间、空间和成本的限制，通常是大面积"广而告之"的方式，期望用画面、音乐等在广告受众头脑中创建某种印象，由这种印象引发相应的购买行为。这种广告方式的信息传送和客户反馈是单向的和有时差的，它无法将信息送到细分的目标市场，消费者也无法了解到个性化的信息。互联网广告传播则可以采用点对点的方式，广告主通过互联网广告为客户提供个性化的广告服务，最终促进客户作出理性的消费决策。

（5）易测性。传统广告能够了解到的投放效果最多就是目标受众浏览广告的次数，而互联网广告不仅可以观测到广告到达了多少人群，还可以监测到多少人点击了广告，点击广告后做了什么，多少人点击广告后有注册行为、购买行为，广告效果更容易测量和评估。由此，广告主具有更强的操作性，通过专门的系统，随时自主投放，调整广告投放需求，修改广告内容等，明显区别于传统媒体。特别是程序化购买广告模式的存在，使得广告主不实际接触最终发布的媒介，不知道也无需知晓自己的广告最终在哪个媒介发布。

（三）互联网商业广告的类型

根据《互联网广告管理暂行办法》第3条第2款的规定，互联网广告的类型主要包括：

（1）推销商品或者服务的含有链接的文字、图片或者视频等形式的广告。链接式的广告是一种最常见的互联网广告类型，它可以出现在任何一类互联网媒介中。链接式广告占用空间较少，在网页上的位置比较自由，它的主要功能是提供通向广告主指定的网页的链接服务，可以是一个小图片、小动画，也可以是一个提示性的标题或文本中的热字。从这个意义上讲，付费搜索广告也主要属于这种类型。因此，《互联网广告管理暂行办法》第3条第2款所列举的这几种类型的区别并不是绝对的，相互之间存在一定的交叉关系。

（2）推销商品或者服务的电子邮件广告。电子邮件广告是指通过互联网将广告发到用户电子邮箱的网络广告形式。它针对性强，传播面广，信息量大，形式类似于直邮广告。电子邮件广告有可能全部是广告信息，也可能在电子邮件中穿插一些实用的相关信息；

可能是一次性的，也可能是多次的或者定期的。需要注意的是，提供电子邮件服务的互联网企业利用电子邮件服务的便利经营的互联网广告业务，并不一定是电子邮件广告。比如，利用邮箱登录页、邮箱底部等广告位中发布互联网广告。从表现形式上看，这些广告可以是链接式广告，甚至可以是商业展示形式的广告，但只有通过电子邮件本身发送的广告，才属于真正的电子邮件广告。

（3）推销商品或者服务的付费搜索广告。付费搜索广告全称为"搜索引擎付费广告"或"搜索引擎竞价广告"，也称为"关键词广告"。企业注册属于自己的"产品或服务关键词"，这些关键词可以是产品或服务的具体名称，也可以是与产品或服务相关的关键词。当潜在客户通过搜索引擎寻找相应产品或服务信息时，企业网站或网页信息就会出现在搜索引擎的搜索结果页面或合作网站页面的醒目位置。虽然影响搜索结果排名或在页面中出现位置的因素很多，但是与客户出价的多少有较大的关系，故这种广告形式又称为竞价排名广告。它通常按点击次数收费，企业可以根据实际出价，自由选择竞价广告所在的页面位置，因而企业能够将自己的广告链接更加有的放矢地发布到某一页面。只有对该内容感兴趣的用户才会点击进入，因此需要广告的针对性很强。此外，利用搜索引擎技术搜索的结果可以分为自然搜索结果和付费搜索结果。付费搜索结果又可以分为广告信息和非广告信息，只有商业广告信息才属于付费搜索广告的范畴。法律对不同的搜索结果的要求是不同的。国家互联网信息办公室发布的《互联网信息搜索服务管理规定》第 11 条规定："互联网信息搜索服务提供者提供付费搜索信息服务，应当依法查验客户有关资质，明确付费搜索信息页面比例上限，醒目区分自然搜索结果与付费搜索信息，对付费搜索信息逐条加注显著标识。互联网信息搜索服务的提供者提供商业广告信息服务，应当遵守相关法律法规。"由此可知，不是所有的付费搜索结果都是商业广告，也不是所有的付费搜索结果都应当归广告法律调整。是否属于付费搜索广告，关键是要看该搜索结果是否符合"直接或者间接推销商品或者服务"这一商业广告的核心特征。

（4）推销商品或者服务的商业性展示中的广告。电子商务平台的出现为我们提供了全新的购物模式。入驻这些平台的商家在平台上或在自己的"网店"里精心布置和展示自己推销的商品或服务，这些都属于商业性展示信息。商业展示中的很多信息并不属于商业广告，如有关产品如何使用的操作说明等。但是如果商业性展示中的信息符合了商业广告的特征，则属于法律调整的互联网广告。《互联网广告管理暂行规定》第3条第2款第（四）项规定的"法律、法规和规章规定经营者应当向消费者提供的信息的展示依照其规定"。

（5）其他通过互联网媒介推销商品或者服务的商业广告。互联网广告媒介形式尚在发展中，随着互联网技术的不断进步，除了网站、网页、应用程序等目前广为使用的互联网广告媒介外，将来一定还会有新的可以为广告所利用的媒介形式。利用新兴互联网媒介从事的广告活动均属于互联网广告的范畴。

四、商业广告的构成条件分析

在明确商业广告的核心特征的同时，还需要从商业广告法律构成要素角度来分析广告法所调整的商业广告的外延。《广告法》第2条第1款规定："在中华人民共和国境内，商品经营者或者服务提供者通过一定媒介和形式直接或者间接地介绍自己所推销的商品或者服务的商业广告活动，适用本法。"从这一规定可知，广告法对其调整的商业广告的范围是作了条件限定的，具体包括空间、主体、媒介、形式、方式和对象六个方面的构成条件。其中，"中华人民共和国境内"是商业广告的空间条件；"商品经营者或者服务提供者"是商业广告的主体条件；"通过一定媒介和形式"是商业广告的媒介条件和形式条件；"直接或者间接地介绍"是商业广告的方式条件；"推销的商品或者服务"是商业广告的对象条件。

（一）商业广告的空间条件

从商业广告的空间构成条件上讲，我国广告法只调整发生"在中华人民共和国境内"的商业广告，这也正是我国广告法的空间效力范围。体现这一条件的典型案例就是2016年欧洲杯足球赛期间和2018年俄罗斯世界杯期间发生的"海信电视广告案"。

2016 年欧洲杯足球赛的揭幕战在法国巴黎圣丹尼斯球场举行，比赛现场出现了一则来自中国赞助商的品牌广告，其中文广告语为"海信电视，中国第一"，英文广告语为"HISENSE, CHINA'S NO. 1 TV BRAND"。欧洲杯电视转播覆盖全球 230 多个国家和地区，平均每场直播观众超过 1.5 亿，累计观众突破 70 亿，当时预计仅中国观众就会超过 12 亿人次。该广告出现在欧洲杯的全部 51 场比赛中，每场都有 8 分钟的品牌展示。对于这次的赞助广告，媒体方面评论比较积极，认为这是"中国骄傲"，"欧洲杯最大黑马"。但是该广告的法律性质在国内却引起了巨大的争议，争议大致上可以归纳为"违法说"与"不违法说"两种观点。持"违法说"观点者的主要依据和理由是：违法行为地应当包括违法行为着手地、经过地、实施（发生）地和危害结果发生地。虽然广告的行为实施地不在中国境内，但是中国是该广告活动违法结果发生地。根据《广告法》第 9 条的规定，该广告中使用的广告语"中国第一"属于禁止的绝对化用语。因此，该广告应当受广告法的调整。持"不违法说"观点者的主要依据和理由是：行为违法的前提是法律可以调整该行为，如果相关行为不受法律调整，那么即使从形式上看其涉嫌违法，在实质上仍然是不违法的。然而在 2018 年俄罗斯世界杯期间，海信集团作为赞助商又一次在赛场打出了"中国电视，海信第一"的广告，营销思路与 2016 年欧洲杯足球赛广告如出一辙，并再次引发争论。这个案例反映的其实就是广告法调整的商业广告的空间条件问题。

（二）商业广告的主体条件

从商业广告活动主体角度分析，广告法所调整的商业广告只能是以"商品经营者或者服务提供者"为活动主体而开展的商业广告，"商品经营者"应当包括商品的生产者和经销者。需要说明的是，这里的"商品经营者或者服务提供者"均是指广告主，即商业广告的发起者应当是"商品经营者或者服务提供者"，广告经营者和广告发布者也是商业广告活动主体，但是并不一定是商品经营者或服务提供者。如果一个商业广告的广告主既不属于商品经营者，也不属于服务提供者，则不属于广告法调整的范围。

正确理解商业广告的主体条件在《互联网广告管理暂行办法》

实施后的互联网广告行政执法中显得更为重要。《广告法》第2条第3款和第4款规定："本法所称广告经营者，是指接受委托提供广告设计、制作、代理服务的自然人、法人或者其他组织。""本法所称广告发布者，是指为广告主或者广告主委托的广告经营者发布广告的自然人、法人或者其他组织。"这说明，如果没有广告主，则不存在广告法意义上的广告经营者和广告发布者。《互联网广告管理暂行办法》实施后，出现了有关用户自行在其微信、微博等新兴互联网社交媒体上发布广告是否适用《互联网广告管理暂行办法》的争论。《互联网广告管理暂行办法》第2条规定："利用互联网从事广告活动，适用广告法和本办法的规定。"第3条第1款规定："本办法所称互联网广告，是指通过网站、网页、互联网应用程序等互联网媒介，以文字、图片、音频、视频或者其他形式，直接或者间接地推销商品或者服务的商业广告。"可见，商品经营者或者服务提供者利用微博、微信等互联网媒介发布的直接或者间接地介绍其所推销的商品或者服务的商业广告，自当属于《互联网广告管理暂行办法》调整的互联网广告。但是非商品经营者或者非服务提供者利用微信、微博等互联网媒介发布的直接或者间接地介绍他人的商品或者服务的信息是否属于商业广告，以及是否构成广告发布者，也引发了一些争议。有观点认为，这种行为构成商业广告，当事人也构成广告发布者，应当归广告法调整；也有观点认为，这种广告不符合广告法关于广告主的规定，不应当归广告法调整；还有一种观点认为，这种广告虽然属于商业广告，但是当事人不构成广告法上的广告发布者。另外，对在微博、微信朋友圈中转发他人发布的商业广告是否构成广告发布者，也存在不同认识。有观点认为，只要转发即可视为"为了广告主的利益而转发"，行为人应当构成广告发布者；也有观点认为，只有在行为人与广告主之间存在委托关系时，才能构成广告发布者。

如前所述，商业广告具有营销性、媒介性和自愿性三个核心特征。微博、微信等属于互联网媒介，利用互联网媒介以文字、图片、音频、视频或者其他形式直接或者间接地推销商品或者服务的活动，如果同时还具备营销性和自愿性，无论是广告主自己发布的，还是非广告主发布的，均应当属于商业广告。但是如果是广告主自己发布的，则属于广告法和《互联网广告管理暂行办法》调整的商业广告；如果是非广告主发布的，是否应适用广告法和《互联网广告管理暂行办法》则需要具体情况具体分析。《广告法》第2条第4款规定："本法所称广告发布者，是指为广告主或者广告主委托的广告经营者发布广告的自然人、法人或者其他组织。"对此，实践中存在两种理解：一种观点认为，第三人只有在受广告主委托的情况下发布广告，才构成广告法上的广告发布者；另一种观点则认为，只要是为了广告主的利益或者广告主实际上属于受益者的情况，第三人的发布即构成广告法上的广告发布，此时第三人需要承担广告法上的广告发布者的法律责任。

广告法调整的商业广告是有主体限定条件的。第三人受广告主的委托，利用互联网媒介资源为广告主发布广告或转发广告主已经发布的广告的，则该第三人构成广告法上的广告发布者。如果第三人是在未与广告主建立委托关系的情况下，纯粹出于自愿而为商品经营者或者服务提供者直接或者间接地推销商品或者服务，或者自愿转发广告主已经发布的广告的，则第三人并不构成广告法意义上的广告发布者，其行为也不应受广告法的调整。因此，笼统地认为在微博、微信上发布或转发广告者需要承担广告发布者责任的说法并不妥当。

（三）商业广告的媒介条件

《广告法》第2条第1款规定："在中华人民共和国境内，商品经营者或者服务提供者通过一定媒介和形式直接或者间接地介绍自己所推销的商品或者服务的商业广告活动，适用本法。"这表明，媒介条件是构成广告法所调整的商业广告的核心条件之一。广告法调整的商业广告是以"利用媒介"为前提条件的，没有利用媒介的活动不属于广告法调整的商业广告活动，而应当属于一般的商业促销活动。同时，利用互联网媒介是构成互联网商业广告的核心要素之一，也是互联网广告有别于传统的商业广告的核心标志。

互联网广告媒介的形式主要有网站、网页、应用程序等。网站是由一个个网页系统链接起来的集合。按照不同的标准，互联网站可以有多种分类。常见的分类有：个人网站、企业类网站、机构类网站、娱乐休闲类网站、行业信息类网站、购物类网站、门户类网站。按照网站功能还可以划分为综合门户网站、社交网站、搜索引擎网站、视频及娱乐网站等。广告收入是互联网网站的主要收入来源，每种互联网网站都可以成为互联网广告的媒介。网页是构成网站的基本元素，也是承载各种网站应用的平台。网页经由网址来识别与存取，通常用图像档来提供图画，透过网页浏览器来阅读。文字与图片是构成网页的两个最基本的元素，文字是网页的内容，图片是网页的美化。除此之外，网页的元素还包括动画、音乐、程序等。互联网网站中的任何单一或者组合网页都可以成为互联网广告的媒介。应用程序是指完成某项或多项特定工作的计算机程序。应用程序运行在用户模式中，可以和用户进行交互，一般具有可视的用户界面。随着互联网技术的发展，电脑应用程序、移动互联网应用程序、客户端等都已广泛用于商业推广和营销之中，成为互联网广告的重要媒介。

（四）商业广告的形式条件

商业广告的形式是指商业广告内容的具体表现方式。互联网广告具有文字、图片、音频、视频等多样化形式，既有传统纸媒广告常见的文字、图片形式，也有传统电台广告和电视广告中常见的音频、视频形式。此外，互联网广告还可以将传统广告的表现形式任意进行组合，并且具有很强的交互性。

（五）商业广告的方式条件

广告法调整的商业广告的方式具体可以分为两种：一种是直接介绍，另一种是间接介绍。绝大部分的商业广告都是直接地介绍商家所推销的商品或者服务的。"直接介绍型"的商业广告比较容易判断和认定，在广告执法中一般不存在争议。但是对于何为"间接地介绍自己所推销的商品或者服务"，在执法实践中的理解上就存在较大分歧。一种观点认为，间接介绍也必须明确指向具体商品或服务，那些未指向具体商品或服务的企业形象等广告不属于"间接介绍"，不应受广告法的调整；另外一种观点则认为，间接介绍并不一定要指向具体的、明确的商品或服务，只要能让人联想到某一类商品或服务即可。因为实践中有很多广告表面上是企业形象广告或其他非商业形式的广告，但其实质上是在间接推销商品或服务，对这样的类型广告法应当予以调整。笔者同意第二种观点，但问题的关键是如何界定间接介绍的范围。在判断间接介绍方式的商业广告时，应当特别注意以下几点：

（1）法律规定的"变相"商业广告应当属于间接介绍的商业广告。比如《广告法》第22条中规定"禁止利用其他商品或者服务的广告、公益广告，宣传烟草制品名称、商标、包装、装潢以及类似内容"，"烟草制品生产者或者销售者发布的迁址、更名、招聘等启事中，不得含有烟草制品名称、商标、包装、装潢以及类似内容"。《广告法》第14条中也规定"大众传播媒介不得以新闻报道形式变相发布广告"。在这些"变相"广告中，其表现形式并不是直接介绍具体的商品或服务，而是在间接地推销商品或服务，因此应当被认定为广告法所调整的商业广告。

（2）是否属于广告法调整的商业广告，不应只看广告语，还要看整个广告内容。如果信息中出现了具体商品或服务的图像或其他信息时，应当认定为"间接介绍"商品或服务的商业广告。比如，在广告画面中除了企业名称外，还出现了具体的商品名称、商标、包装、装潢以及类似内容的，则应当认定为"间接介绍"商品或服务的商业广告。

（3）广告语表面上是在传播一种理念、价值观、企业文化或精神，但是间接地与商品或服务的品质有关，或属于对商品评价的性质，或属于双关语的，应当认定为"间接介绍"商品或服务的商业广告。比如，"神州行，我看行"；"中国人，奇强"；"农夫山泉有点甜"；"大宝明天见，大宝天天见"；"好迪真好，大家好才是真的好"；等等。这些广告语，即便没有画面配合，一般也可以构成商业广告。

（4）除了从内容上进行判断外，还可以从形式上判断。比如，格力电器股份有限公司曾在中央电视台播放过一则"公告"，宣称自当年8月1日起，家用空调安装费在原有标准基础上每台（套）增加100元，并作为专项费用由公司直接发放给安装工。这原本是格力公司内部的一个对安装工人的"人文关怀"政策，但是格力公司却每天在中央电台综合频道以"公告"的形式将之昭告天下，显然是以"公告"之名行商业广告之实。中央电视台与格力公司也都知道这是一种间接介绍格力空调的商业广告，因此在播放时明确标注了"广告"字样。

（5）实践中，还有一些商业广告以免费赠送等带有公益性质的形式进行发布，其中，赠阅图书类广告即是其中一个典型。商家通过这样的形式来间接推销受到广告法限制的药品、医疗服务、医疗器械、保健食品等特殊的商品或服务，同时打着免费的"幌子"收集消费者个人信息。这是间接介绍模式的一种新形式。

（六）商业广告的对象条件

《广告法》第2条第1款规定："在中华人民共和国境内，商品经营者或者服务提供者通过一定媒介和形式直接或者间接介绍自己所推销的商品或者服务的商业广告活动，适用本法。"根据该规定，广告法调整的商业广告需要具备"对象要素"，即"商品或者服务"。但是在实践中，对象范围是否可以扩大到"商品或者服务"之外，或者说是不是必须是具体的"商品或者服务"，存在着一些分歧。该分歧比较突出地体现在对企业形象广告性质的认识上。一种观点认为，企业形象广告不指向具体的商品或服务，因此不属于商业广告，不受广告法调整；另一种观点则认为，企业形象广告间接指向企业生产的商品或提供的服务，属于广告法调整的范畴。

形象广告通常是指广告主通过媒介向公众展示企业理念、社会责任感或使命感的广告，其目的在于树立企业形象，增进广告受众对其的了解和支持，有些国家称之为"印象广告"。这样的广告不是将具体的商品或服务作为其推销对象，因此适用广告法时，会遇到一些困难。在全球畅销的广告学教科书——由威廉·阿伦斯等著的《当代广告学》中，按照广告目的将广告划分为产品广告和非产品广告，其中产品广告是指促进产品与服务销售的广告；非产品广告又称企业或机构广告，是指提升或宣传某一机构的责任感或理念而非具体产品的广告。该书同时还将广告划分为商业广告和非商业广告，其中，商业广告是指具有营利目的，促销产品、服务或观点的广告；

非商业广告则指由慈善机构或非营利机构、市政机构、宗教团体或政治组织出资或为这些团体制作的广告。从这两组分类可知,广告学上公认的商业广告包括促销产品的商业广告、促销服务的商业广告和促销观点的商业广告。笔者讨论的形象广告,其实应当属于促销观点的商业广告,其目的在于传播一种理念、价值观、企业文化或精神。因此,形象广告应当属于商业广告。

在构成条件上,互联网广告作为商业广告的一种特殊形式,同样需要具备上述空间、主体、媒介、形式、方式和对象六个要素,所不同的只是要求其媒介必须是互联网媒介而已。

五、互联网法律的渊源与原则

修订后的《广告法》于 2015 年 9 月 1 日起实施,明确将互联网广告纳入其调整范围,并对互联网广告的内容准则和行为规范作了一些原则性规定。2016 年 9 月 1 日起正式实施了《互联网广告管理暂行办法》,至此我国初步形成了以《广告法》为核心,以《互联网广告管理暂行办法》等法律文件为支撑的规范互联网广告的法律制度雏形。

(一)互联网广告法律的渊源

就互联网广告法律而言,其法律渊源按照法律效力由高到低的顺序,大致包括以下几种形式:

(1)宪法。宪法是我国的根本法,由最高权力机关即全国人民代表大会制定和修改。一切法律、行政法规、地方性法规、自治条例和单行条例以及规章都不得同宪法相抵触。宪法中虽然没有专门规定广告或互联网广告的条款,但是宪法仍然是互联网广告法律的最高法律渊源。从宪法角度而言,商业广告是一种商业言论,企业从事商业广告活动,属于广义上的言论自由,这种自由的最高法律来源就是宪法中有关言论自由权利的规定。商业广告是市场经济的产物,宪法中有关我国实行社会主义市场经济的规定,为商业广告提供了巨大的发展空间。国家行政机关对广告活动进行监督管理应当遵循依法行政的原则,其法律依据也正是宪法中有关社会主义法治国家的规定。

（2）法律。法律是由全国人民代表大会及其常务委员会制定的规范性文件，在地位和效力上仅次于宪法。与互联网广告相关的法律文件主要有两类：一类是专门调整广告活动的法律文件，如《广告法》；另一类是与互联网广告相关的法律文件。这类相关的法律文件又可以分为两种：一种是与互联网广告相关的普通法，如《合同法》《行政处罚法》等；另一种是与互联网广告相关的部门法，如《消费者权益保护法》《反不正当竞争法》《食品安全法》《药品管理法》《产品质量法》等。

（3）行政法规。行政法规是由国务院制定的规范性法律文件，其效力和地位仅次于宪法和法律。行政法规的名称一般为条例、办法、规定。

（4）地方性法规。省、自治区、直辖市的人民代表大会及其常务委员会根据本行政区域的具体情况和实际需要，在不同宪法、法律、行政法规相抵触的前提下，可以制定地方性法规。较大的市的人民代表大会及其常务委员会根据本市的具体情况和实际需要，在不同宪法、法律、行政法规和本省、自治区的地方性法规相抵触的前提下，可以制定地方性法规，报省、自治区的人民代表大会常务委员会批准后施行。

（5）行政规章。国务院各部、委员会、中国人民银行、审计署和具有行政管理职能的直属机构，可以根据法律和国务院的行政法规、决定、命令，在本部门的权限范围内，制定规章。部门规章规定的事项应当属于执行法律或者国务院的行政法规、决定、命令的事项。涉及两个以上国务院部门职权范围的事项，应当提请国务院制定行政法规或者由国务院有关部门联合制定规章。省、自治区、直辖市和较大的市的人民政府，可以根据法律、行政法规和本省、自治区、直辖市的地方性法规，制定地方政府规章。部门规章之间、部门规章与地方政府规章之间具有同等效力，在各自的权限范围内施行。例如，2011 年 12 月 12 日原国家工商行政管理总局（以下称"国家工商总局"）修订的《工商行政管理机关行政处罚程序规定》；2016 年 6 月 25 日国家互联网信息办公室发布的《互联网信息搜索服务管理规定》；2016 年 7 月 8 日原国家工商总局发布的《互联网广告管理暂行办法》等，都属于部门规章性质的规范性法律文件。

（6）国际条约。我国缔结或加入的与广告有关的国际条约，也是互联网广告法律的主要渊源。

（二）互联网广告的基本法律原则

《互联网广告管理暂行办法》中没有规定互联网广告的原则，但这并不意味着互联网广告活动不需要遵守一些基本原则。作为商业广告的一种特殊表现形式，互联网广告同样应当遵守广告法所规定的广告的基本原则。《广告法》中规定："广告应当真实、合法，以健康的表现形式表达广告内容，符合社会主义精神文明建设和弘扬中华民族优秀传统文化的要求"，"广告不得含有虚假或者引人误解的内容，不得欺骗、误导消费者；广告主、广告经营者、广告发布者从事广告活动，应当遵守法律、法规，诚实信用，公平竞争"。从这些规定中可知，互联网广告应当遵守的原则主要有：真实性原则、合法性原则、精神文明原则和诚实信用原则等。

（1）互联网广告的真实性原则。真实性原则是广告法最为核心的原则。所谓广告的真实性，是指广告活动必须真实、客观地宣传有关商品或者服务的情况，而不能作虚假的传播。广告是创意产业，广告中存在着真实与艺术夸张、完全真实与部分真实等矛盾。广告创意有时候需要广告采用夸张的手法，但夸张必须要有限度，即常人应当能够很容易识别出是夸张，不能误导消费者把夸张当作真实。广告也不能传达暗示性的信息或利用公众缺乏专门知识来进行误导。

（2）互联网广告的合法性原则。广告的合法性是指广告的设计、制作、发布等广告行为必须符合法律的规定。具体来说，就是要求广告主、广告经营者、广告发布者以及广告代言人在进行广告活动时，必须遵守法律。

（3）互联网广告的精神文明原则。精神文明原则首先是要求广告应当以健康的表现形式表达广告内容。首先，广告内容要真实，形式要健康，不得采用带有淫秽、色情、迷信、暴力、民族歧视或性别歧视等不健康情景来表达广告内容。其次，广告应当符合社会主义精神文明建设的要求。社会主义精神文明建设，包括思想道德建设和教育科学文化建设两个方面。广告必须符合社会主义思想道德建设和教育科学文化建设的要求。广告应当宣传正确的世界观、人生观、价值观和幸福观，尊重社会公德和社会公共利益，而不能宣扬和传播损人利己、损公肥私、金钱至上、以权谋私等思想和观念。最后，鼓励广告弘扬中华民族优秀传统文化。在日益现代化和国际化的今天，广告更应该成为展示中华民族优秀传统文化的舞台，引导公众树立和坚持正确的历史观、民族观、国家观、文化观，体现积极进取奋发有为的人生态度，增强中华民族的自豪感和使命感。

（4）互联网广告的诚实信用原则。诚实信用原则是民法的基本原则之一，也是我国社会主义精神文明建设的一个重大要求。诚实信用原则要求广告活动主体在进行广告活动时，应当讲诚实，守信用，以善意的方式履行自己的义务。诚实信用的原则，一方面要求广告活动中的当事人双方之间必须诚实守信，认真履行广告合同约定的合同义务；另一方面要求广告活动的主体在设计、制作、发布广告时，也必须讲诚信，不得弄虚作假，欺骗和误导消费者。

商业言论的法律规制

商业言论又称商业性言论，是市场商事主体提供的有关商品或服务的信息，其目的或是寻求商业交易机会或是对商品或服务进行客观评价。互联网技术的应用为商业言论提供了更大的空间和便捷，扩张了商业言论的广度。商业广告是商业言论的一种重要表现形式，对商业言论的法律规制问题进行必要的研究有利于正确理解互联网商业广告的法律规制。

一、商业言论及其价值

根据商业言论的表现形式，可以将商业言论分为言语类商业言论、广告类商业言论、标签标识类商业言论以及信息披露类商业言论。言语类商业言论是指言论主体以口头说话的方式发表商业言论，如商业评论；广告类商业言论是指用于推销商品或服务的商业言论，包括借助电视、广播、平面、户外、邮件、传真、即时通信工具等媒介传递的各类商业广告；标签标识类商业言论是指在商品或服务的包装等位置标注的信息，具体表现为直接附着于商品或其包装上的说明书、标签等；信息披露类商业言论是指法律强制要求商家向消费者披露的有关商品或服务的信息，比如产品质量法要求生产者根据产品的特点和使用要求，标明产品规格、等级、所含主要成分的名称和含量；再比如，广告法要求药品广告应当显著标明禁忌、不良反应。这些分类并不是绝对的，信息披露类商业言论有可能体现为标签和标识，或者同时属于商业广告。

商业言论自由属于经济自由。市场经济最大的优势就是自由化、自主化。在市场经济中，为了追求利益最大化，生产者自主决策生产和销售什么，自主决定如何进行生产销售等。消费者根据自己的需求以及获得的商业信息，通过充分比较分析最终购买自认为性价比最高的商品或服务。无论是生产者还是消费者在市场经济中都是理性的人，这些理性的人一起对社会资源进行最佳配置。实践表明，市场经济有利于经济的发展和国家的发展，有利于人们获取更多的财富。市场经济最主要的特征就是经济自由，经济自由需要法律的保护，因此，很多国家在宪法上明文规定了经济自由权。在没有宪法明文规定经济自由权的国家，经济自由也是一项得到大家普遍认可的基本权利，因为经济自由之于市场经济，就好比政治自由对于民主政治，都是不可或缺的。经济自由包括竞争自由、价格自由、投资自由、消费自由、生产自由、信息自由、职业自由、迁徙自由等。[1]商业言论就属于其中的信息自由范畴。此外，在如今的经济活动中，商业言论也是一项单独的经营活动，如商业广告已经形成产业化发展，其本身作为一项经济活动也应当享有经济自由。

信息自由对于经济自由至关重要。一方面，信息是市场经济的基础，信息自由是经济自由的基石。假使信息不自由，那么市场经济也不可能自由。另一方面，信息自由可以促进经济自由。只有商业信息自由流通了，商品交易才会更加便捷。商业言论使得各方市场主体的需求得以传递，相关的商品信息得以流通，消费者和经营者都可以自由地获得相关信息，从而作出理智的选择。可见，多数情况下的商业言论都是企业进行营销活动的手段。[2]在某些情况下，商业言论不仅仅是一种营销手段，也是一项经营活动。作为一项单独的经济活动，商业言论更应当享有经济自由。因此，无论是从营销手段考察还是从一项单独的经济活动考察，商业言论都享有经济自由。

商业言论自由有利于促进民主。虽然商业言论并不关注选举等政治话题，但是它仍然有利于促进民主。一方面，国家生活不仅仅包括政治民主，还应当包括经济、社会等内容；另一方面，经济制

---

〔1〕 王克稳："论市场主体的基本经济权利及其行政法安排"，载《中国法学》2001年第3期。

〔2〕 李翎："简论商业广告与市场经济"，载《学海》1998年第6期。

度本身就是国家政治的一部分。虽然表面上看商业言论与政治无关，但是仔细分析就可以发现，个人的单一的商业言论也许与政治无关，但是受商业言论影响的每个公民的经济选择却与国家政治经济生活息息相关。"千里之堤，毁于蚁穴。"众多公民的经济选择汇聚在一起绝对可以影响国家的市场经济，进而影响国家政治。

商业言论有利于实现自由价值。言论自由对自由的实现意义重大，商业言论亦是如此，尤其是对个人而言，言论自由的意义在于实现个人的自由。言论自由意味着一个国家和社会的言论氛围自由、宽松和不受限制，在这样的氛围中，个人可以通过说话、出版或其他形式发表意见，步入更好更有意义的生活，从而实现自由。虽然很多时候商业言论是为了向市场推销产品，而不是交流思想，但是也存在商业言论是为了表达个体的真实想法的情况。一方面，商业言论具有多种类型，商业广告是其中一种类型。虽然商业广告大多不是为了表达真实想法，但是其他一些商业言论则是言论主体真实的想法，如商业评论。商业评论是消费者或中介机构等主体对经营者商品或服务作出的评价。例如，如今电视上、网络上有很多美食家的美食推荐，这些美食推荐是他们内心的真实想法。他们并不是为了追求商业利益，而仅仅因为美食是他们的乐趣，他们愿意将自己品尝到的美食分享给大家。另一方面，即使是商业广告也不能因为其具有商业动机就否定其自我实现的价值。企业自主研发的产品，往往都对其有充分的信任，都是自己内心真实的想法。如今年大火的摩拜单车，其创立者不仅仅是为了追求经济利润，也是为了培养公众绿色出行的理念。

二、规制商业言论的必要性

自由的相对性决定了商业言论自由也具有相对性。企业发布合法的商业言论应当得到国家法律的保护，但是其行为需要遵守一定的规则，国家有限制商业言论自由泛滥的义务。国家在规范各种各样的大众传媒时，还会不同程度地涉及相互冲突的利益保护问题，比如保护青少年健康成长的社会利益和商业言论自由的利益等。在这种情况下，政府可以基于对青少年健康的保护而限制商业言论自由，当然这种限制必须依据法律进行。除了青少年健康以外，还有很多其他特殊利益需要政府考量和保护，因此，政府在保护商业言论自由的同时需要合理地限制商业言论自由。

对于商业言论的限制，学界有不同的认识。有观点认为，商业言论不同于政治言论，应当受到法律的严格限制；有观点则认为，商业言论应当同政治言论一样，只有在国家有重大利益的情况下才可以进行法律限制。与理论分歧一样，各国对商业言论的限制也各有不同的实践，如美国对商业言论先是进行严格的限制，后又将商业言论提升到政治言论的同等高度，受到法律的限制较少。美国学界对商业言论的限制问题提出了双轨理论和双阶理论。双阶理论强调对言论的内容进行分类，将言论分为高价值的政治性言论和低价值的商业言论、色情、诽谤等言论。高价值的政治性言论受到美国宪法第一修正案完全的言论自由保护，而低价值言论只能得到较低程度的保护，甚至无法得到保护。双轨理论强调对言论的内容和表达方式进行不同的限制，对内容的限制必须是为了实现政府首要的或者切身的利益，而对于非内容的限制则只需要提出次要的政府正当利益即可。

三、商业言论法律规制的限度

商业言论需要法律限制，法律限制又要以不侵犯商业言论自由为界限，因此需要对商业言论的法律规制进行限制，即法律可以对商业言论进行规制，但是必须遵守一定的原则和方式。法律应当以保护企业的商业言论自由为原则，以公权力的干预为例外。以保护商业言论自由为原则，可以防止公权力对商业言论进行过度干预甚至侵害。如果不对公权力加以任何限制，允许政府利用公权力采取限制的方式掌控法人的基本权利，必然会导致商业言论自由这项基本权利被过度侵害，甚至被排除和掏空。[1]正因为如此，对商业言论的限制进行二次限制是非常有必要的。

对政府关于商业言论的限制行为进行限制，除了防止政府进行

---

〔1〕 赵宏："限制的限制：德国基本权利限制模式的内在机理"，载《法学家》2011年第2期。

过度干预外，消费者权益的保护也是手段之一。保护商业言论自由主要有利于消费者知情权的保障，消费者权益的保障是任何一种经济形态的应有之义。市场是由供给和需求组成的，消费者作为需求方在市场中具有重要地位。在市场经济中，消费者权益的保障同促进经济自由与经济发展同样重要，商业言论自由作为一项经济自由必然也是对消费者权益的一种保护。商业言论自由对消费者而言意味着获得、接受商业信息的自由。

消费者的知情权有时候也被称为消费者的信息权。现代社会是信息社会，是大数据时代，信息的自由流通对于消费者而言不可或缺。我国宪法并没有明确规定信息权，但是可以将信息权与我国言论自由联系起来。言论自由与信息权是从两个相对的方面进行论述的，即信息的发出者与信息的接收者两方面。言论自由强调信息发出者可以自由地表达意见，侧重于发出者权利的实现。而信息权则强调作为信息接收者接受政府、社会和他人的意见、资讯和各种信息，侧重于接收者权利的实现。广义的言论自由包括发出者与接收者之间的互动沟通，对于同一主体而言，其既可以是发出者也可以是接收者，既有表达的权利，也有接受表达所传递信息的权利。对商业言论的限制进行再次限制有利于信息的流通，有利于消费者更加容易地获得消费信息，从而对自己的经济事项作出更加明智、理性的决定，最终可以促进市场经济的良好发展。

保护商业言论自由在一定程度上还有利于保护法人的财产权。商业言论自由对法人财产权的实现至关重要，法人可以利用商业广告创造出更多的财富，获得更多的财产。法人或是直接利用商业广告对商品或服务进行宣传促销，或是间接利用赞助等形式进行产品宣传，最终都可以提高企业的声誉和形象，进而促进产品销售。正是因为商业广告对商品知名度的提升和消费者购买欲的刺激，法律法规往往会对其进行限制，但是如果限制过多，企业将无法通过商业广告宣传促销商品，从而导致顾客来源减少，产品销量下降，最终影响法人整体获利，危及其财产权的保护。[1]所谓财产权，广义

---

〔1〕 王月明："商业言论的价值定位和法律保护"，载《企业经济》2006年第12期。

上指与财产有关的权利，随着社会经济的发展，其在内容和形式上都在不断更新。与物直接相关的所有权等属于财产权，与物无关的著作权、商标权、专利权等无形财产也属于财产权。此外，财产权本身的使用、收益和处分等也属于财产权，同样具有财产价值的法律地位。在商业言论中，企业的商标权经常会被谈及，商标的使用、处分、收益等也都属于财产权。

公权力与私权利天生就存在对立，商业言论代表私权利，对商业言论自由的保护也就是对私权利的保护。而对商业言论的限制则是对公权力的保护，对公权力限制行为的限制是对私权利的保护和对公权力的限制。由此可知，商业言论越自由，其所代表的私权利就越自由，私权利的保护越受到重视。从公权力的角度出发，就是使国家的公权力受到很好的限制。一个具有巨大物力、财力并在社会上有较大影响的媒体组织可以具有充分制约政府公权力的力量，媒体通过引起公众的讨论和注意将政府权力限制在合理的范围之内，从而避免政府权力因失去控制而危害社会。

四、商业言论法律限制的原则

对商业言论进行法律限度应当遵守的原则主要有正当理由原则、法律保留原则、比例原则和本质内容保障原则。

（一）正当理由原则

商业言论经常会产生利益冲突，尤其是公共利益与个人权益之间的冲突。公共利益在不同的条件下有不同的表述，每个公民的心中也都有一些公认的利益。如果政府的行为符合人们的要求，人们就认为政府行为追求的目标具有正当性，属于公共利益；如果政府为了某个自私的目标而侵害公民权利，那么这个目标就不具有正当性。当政府的行为符合此正当性时，人们往往会支持政府的行为，政府则可以顺利地开展工作，这种具有正当性的公共利益相应地能得到大众的普遍承认。目前用以限制商业言论自由的公共利益主要有公共卫生和健康、公共秩序和安全、公共道德以及消费者利益等。公共卫生有利于优化环境，公共健康关系每一位公民的身体健康，因此政府可以保护公共卫生和健康为目的限制商业言论。例如，政府可以规范食品药品广告，对食品药品的包装方面提出特殊的要求。此类政府的规制措施一般不会违反宪法。每一个公民都置身于公共秩序中，工作有工作的秩序，学习有学习的秩序，生活有生活的秩序，生产有生产的秩序，每一种秩序都应当稳定。对于一个国家来说，经济秩序、政治秩序、社会公德等都属于公共秩序。良好的秩序是一个国家稳定发展的必要条件，也是公民安定生活的必要条件，因此宪法允许国家为了维护公共秩序和安全干预商业言论自由，特别是对于一些含有虚假、恐怖、色情的商业言论，国家更应当主动地进行规制以避免社会混乱。[1]公共道德其实和公共秩序与安全一样，国家应该培育善良风俗，对于一些色情、淫秽内容的言论加以规制。公共利益本身就包含消费者利益，消费者作为一个大众群体，其切身利益是公共利益的一个具体表现。例如，消费者在商业交易中，有获悉真实信息，人身财产安全受保障、自主选择的权利；相应地，经营者则有提供合格商品或服务，提供真实信息，尊重消费者自主选择的义务。若商业言论危及消费者的上述权利，则应当受到规制。因此，商业言论自由不能侵害消费者权益。国家可以为了保护消费者利益限制商业言论，特别是限制非法商业言论，只有合法真实的商业才可能越来越多，商业言论才会越来越受人们信赖。以禁止烟草广告为例，由于吸烟严重危害公共健康，后者又是重要的公共利益。该公共利益与烟草业者的私益相比，显然处于更重要的地位。因此，纵然法律完全禁止发布烟草广告以及禁止相关烟草制品的宣传，也具有正当性，规制适当，符合正当理由原则。

商业言论主要受言论自由与经济自由的基本权利的保障。基本权利的保障是公平的，保护己之权利也保护彼之权利，当二者发生冲突时需要利益衡量。商业言论自由可能与他人的经济自由产生冲突，可能与他人的财产权发生冲突，可能与他人的生活安宁产生冲突，也可能与他们的人格尊严或名誉权发生冲突。反不正当竞争法规制虚假宣传，其正当性理由即在于竞争者的自由竞争以及消费者的知情权。而禁止骚扰电话、骚扰邮件等商业言论的法律，其正当

---

[1]　许明月、邓宏光："论比较广告的法律规制"，载《法学》2005年第10期。

性理由则来自于他人的生活安宁和财产权。不当的商业言论侵犯他人肖像权、隐私权及名誉权的情况在现实生活中时有发生，特别是隐私权。随着互联网的普及，公民的个人信息甚至成为网上的一种商品，是商家追逐的对象。这些信息被不法商家窃取利用，亟需国家保护。在商业言论领域也是如此，经常会出现一些假明星代言的商品。这种行为既侵害了明星的肖像权，又侵害了消费者的知情权。此种情况下，国家可以为了保护第三人的合法权益，对商业言论进行限制。

各国法律对未成年人都进行了特殊保护。因为未成年人心智尚不成熟，无法准确判断是非，也无力抵抗非法、不健康的读物或影视作品。商业言论对未成年人的危害主要有两个方面：一是未成年人理解力不足，某种程度上易成为商业言论利用的对象。单纯的未成年人无法辨明商业广告的夸大效果，往往会被绚丽的广告吸引从而购买商品。二是未成年人由于心智不成熟，特别容易被引导和独自模仿。对此，既不能否认商业言论自由的重要价值，但是也不能忽视未成年人的利益保护，国家应当规制不健康的商业言论以免危害未成年人。为了加强对未成年人的保护，各国法律一般都对有关未成年人的广告进行了严格的限制。我国 1995 年实施的《广告法》中仅有一个条文涉及未成年保护，即"广告不得损害未成年人和残疾人的身心健康"。这样简单的规定在实践中既不具有可操作性，也无法真正起到保护未成年权益的作用。2015 年修订后的《广告法》对未成年保护则作了全面的规定，内容主要包括：广告不得损害未成年人和残疾人的身心健康；禁止在大众传播媒介或者公共场所发布声称全部或者部分代替母乳的婴儿乳制品、饮料和其他食品广告；使用无民事行为能力人、限制民事行为能力人的名义或者形象的，应当事先征得其监护人的书面同意；不得利用不满 10 周岁的未成年人作为广告代言人；不得在中小学校、幼儿园内开展广告活动，不得利用中小学生和幼儿的教材、教辅材料、练习册、文具、教具、校服、校车等发布或者变相发布广告；在针对未成年人的大众传播媒介上不得发布医疗、药品、保健食品、医疗器械、化妆品、酒类、美容广告，以及不利于未成年人身心健康的网络游戏广告；针对不满 14 周岁未成年人的商品或者服务的广告不得含有劝诱其要求家长购买广告商品或者服务内容和可能引发其模仿不安全行为的内容。这样的修订使相关规定具有了更强的可操作性，更有利于对未成年人身心健康的保护。

（二）法律保留原则

根据正当理由原则，政府可以基于正当理由对商业言论进行限制，但是这种限制不是无限制的，需要遵守法律保留原则。法律保留原则起源于法国 1789 年的《人权宣言》，所谓法律保留是指特定领域的事项必须由立法机关以法律的形式来规定。商业言论自由的限制遵循法律保留原则，指只能由立法机关通过立法的方式来对商业言论自由进行限制。

法律保留原则具有两个方面的含义：一方面，以肯定的方式允许立法机关用法律限制商业言论自由；另一方面，又以否定的方式排除了其他机关的限制，即行政机关和司法机关在没有法律授权的情况下无权对商业言论自由作出限制。法律保留原则还涉及另外一个问题，即行政机关在无权对商业言论自由进行限制的情况下是否可以经由立法机关授权从而可以限制商业言论自由。这个问题需要从三个层面进行理解：首先，专属立法事项必须由立法机关通过法律规定，行政机关不得规定，这类事项基本上都与基本权利的形成与限制有关。判断哪些属于专属立法事项，通常采用的标准为"重大性原则"，即那些涉及商业言论自由的"重大事项"必须制定法律，而涉及商业言论自由的一般事项可由立法机关授权行政机关制定行政法规。其次，行政机关实施任何限制行为都要有法律授权，且在法定范围内，依照法律的规定进行。此处的"法律"是指最高立法机关制定的法律文件。该法律对商业言论自由的限制必须内容明确，以便公民可以从该规范中明确获知自己应当如何行为。最后，立法机关可以将部分立法权授予行政机关行使，但应遵循"授权明确性诫命"。我国有权对商业言论自由作出限制的只能是法律或者人大及其常委会授权行政机关立法，行政机关无权对言论自由进行限制，如果想要合宪地采取限制措施必须得到法律的明确授权。目前存在着理论与实践脱节的问题，存在大量的行政法规、部门规章、地方性法规、地方政府规章，甚至其他规范性文件对商业言论进行限制。

（三）比例原则

比例原则是指公权力在对基本权利采取限制措施时，其想要实现的目的和采取的手段之间应当符合适当的比例。比例原则是在基本权利的限制手段与其希望达到的公益目标之间进行权衡，判断二者是否具有合理的比例关系，对基本权利的限制应当保持在尽可能小的范围和限度之内。这一原则现在已经成为各国审查基本权利合宪性的"帝王条款"，在有些国家或地区的宪法中被明确地予以规定。我国宪法虽未明确规定比例原则，但是比例原则应是限制基本权利一个应遵守的标准，对此学术界并无争议。比例原则包含妥当性原则、必要性原则和均衡性原则三个子原则。妥当性原则要求手段措施必须能够实现正当的行政目的，或者至少有助于公益目的达成，这是一种目的导向的思考方式，不以客观结果为依据。为了完成一个目标可以采取多种手段，在这些所有手段里面，必要性原则要求选择对原权利伤害最小的方式，所以必要性原则有时又被称为"最小侵害原则"。均衡性原则是为了保证基本权利不至于被过度侵害而要求所选择的手段不能对原权利造成过度负担。具体说来，均衡性原则要求公权力行为实现的公共利益与其造成的损害之间形成合理的比例关系，不能为了一个较小的公益目的而使个人承受过大的损失。随着法学的发展，越来越多的学者认为比例原则在传统三个子原则之外应当增加一个前提性的目的正当性原则，即首先要评价公权力行为的目的正当与否。这大概相当于商业言论法律限制的正当理由原则。

（四）本质内容保障原则

本质内容保障原则是指对基本权利的限制不能损害其本质。这一原则来源于德国宪法的有关规定，即"在任何情况下，不得危及基本权利的实质"。这一规定表明基本权利有一些核心内容，任何法律都不可以对此限制。内容保障性原则是避免商业言论自由受到侵害的预防性、补充性的保障措施，其功能在于消除国家权力对商业言论自由具有形式合法、合宪侵害的伪装，强化商业言论自由保障的密度和力度，维护自由民主宪法秩序的正当性与稳定性。本质内容保障原则要求立法者认识到商业言论的商业性本质，在进行限制时不能损害其本质内容。政府不能否认商业言论的营利性、自私性，作为理性的市场主体，其目的必然是趋利避害，追求自身利益最大化的。在这种情况下，政府不可能完全限制市场主体的营利行为，而应当合理引导商家的行为，使他们按照法律规定的方式，正确地发表商业言论，只有这样才能不损害商业言论自由的本质内容。

五、对商业言论内容和表达方式的合理限制

政府针对不同的商业言论，针对商业言论的不同方面往往采取不同的限制措施。比如，既有针对商业言论内容的限制，也有针对商业言论表达方式的限制；既有针对商业广告的限制，也有针对不正当商业宣传的限制。对商业言论内容和表达方式应该采取不同的限制方式。其中对内容的限制是实质限制，对表达式方式的限制是形式限制。如果限制了商业言论的内容，那么该项商业言论将无法得到表达；而对表达方式的限制，只是限制其某种特定的表达形式，并不影响其其他的途径方法进行表达。故此，相比较而言，对内容的限制应该受到更为严格的界定。美国有关商业言论自由的违宪审查即体现了这种精神，对商业言论内容和形式进行违宪审查时适用不同的审查标准。对内容的限制采取严格的审查标准，对于表达方式的限制则采取相对宽松的审查标准。

商业言论根据正当与否可以分为正当商业言论和不当商业言论，二者互相说明，互相定义，即正当商业言论就是除了不当商业言论以外的所有其他商业言论。[1]不当商业言论是指内容不真实，或误导他人，或贬低或诋毁他人，或有损社会公德的商业言论，这些不当商业言论均属于违法的商业言论。具体在社会生活中表现为欺诈性陈述、误导性宣传、违法或不当的标识、商业诋毁或贬低、不当的比较广告、垃圾信息等。对于这些不当商业言论，法律应当明确禁止。欺诈性陈述是指企业明知其言论内容虚假而故意为之，以欺

---

〔1〕　应振芳：《商业言论及其法律规制》，知识产权出版社 2016 年版，第 14 页。

诈性推销为代表的不当商业言论，主要包括虚假广告和虚假宣传。误导性宣传是指真实或虚假的使消费者受误导的不当商业言论。违法或不当的标识是指在法律法规对标识类商业言论必须包含的内容以及必须不包含的内容设有规定的情况下，企业违反这些规定进行标识，或者在法律法规没有规定的情况下，进行混乱标识以误导消费者。商业诋毁是一种侵权行为，是一方企业捏造、公开虚伪事实或虚假信息，对另一方企业的名誉、商品或服务进行贬低和诋毁，最终造成对方商业利益损失的行为。不当比较广告是指违反法律，或违反法律原则，或违背不正当竞争条款的比较广告。骚扰信息或垃圾信息包括骚扰电话、传真、短信、邮件以及其他骚扰性信息，有时也称它们为垃圾短信、垃圾邮件等。

　　一般情况下，对商业言论是否正当的判断由立法机关作出。由此将会导致如下问题：某项商业言论一旦被立法机关判定为不当商业言论，那么立法机关对其进行限制就符合法律规定。但是事实上立法机关的这种判断本身就具有主观性，既有可能造成对某些商业言论的误判，损害其自由流通，也有可能造成立法机关随意判断导致法律限制的滥用。如我国现行广告法中对使用"最高级"等用语的绝对禁止，就存在误判的嫌疑。某项商品有可能在特定的时间空间条件下确实是最好的，但是由于广告法不加区分地认为只要使用了"最好"就是不当的商业言论，导致有关这项商品的广告将受到法律限制。

　　如果商业言论真实，也没有误导公众，但政府却有限制这一商业言论的重大利益，法院应支持商业言论还是支持政府利益？美国弗吉尼亚州药品局案确定的基本原则是：州不能借口担心真实的商业言论会对传播者和接受者造成某种影响，就完全禁止传播这些信息。在1980年的Huson中央煤气电力公司诉纽约公用事业委员会案中，美国最高法院以四步分析法进一步明确了如何权衡上述的利益冲突。四步分析法的具体步骤是：第一步判断商业言论的表达是否受美国宪法第一修正案保护。与一项合法活动相关的商业言论，如果没有误导公众，那么这些商业言论就受宪法保护。第二步判断政府主张的利益是否属于重大的、显著的利益。如果通过了上述两步审查，则第三步判断政府采取的调整措施是否有利于促进政府主张的利益。如果回答是肯定的，那么进入最后一步，判断政府采取的调整措施是否是为了保护政府主张的利益而必须采取的措施。[1] 通过上述四步分析法，可以看出美国的审查标准还是比较严格的。后来四步分析法被不断修正和发展，逐渐放宽了审查标准。

四步分析法反映了美国式的逻辑，即首先存在诸如淫秽猥亵言论等的某些商业言论不受保护；其次是受保护的商业言论与政府利益的衡量；最后是比例原则的控制。这种美国式的逻辑给人一种不是十分清晰明确的感觉。原因在于，美国法院似乎将不受保护的商业言论，如误导或者违法的商业言论看成不言自明的东西，但这些是否属于不受保护的商业言论，本身就是一个宪法问题。因此这种美国式的对于商业言论进行规制的违宪审查并不适合我国。恰当的逻辑应当是：首先确定是否属于商业言论，如属于，则判断是否损害第三人利益或者公共利益，如无损害，则不许限制；如有损害，则进行利益衡量，利益衡量的结果如果是第三人利益或者公共利益更值得保护，则允许限制；最后对限制的措施加以形式上的控制以及比例原则的控制。

商业言论的表达方式多种多样，既可以是言语等口头形式，也可以是说明书、标签等书面形式，还可以是商业广告或宣传活动的形式。无论何种形式，只要传递了商业信息，就属于商业言论。所以在判断一种行为是不是商业言论时，需要观察其实质而不是其外在形式。对商业言论的表达方式的限制一般是对商业言论作出时间、出现场合、采取方式的限制。这种限制不是对言论的直接限制，而是一种间接的限制，但这种限制同样会影响商业言论自由的行使。具体针对某一种商业言论进行限制时，需要立法者实事求是，灵活运用。我国《广告法》中就存在大量对商业言论的时间、地点、表达方式的限制，如第 14 条第 3 款规定："广播电台、电视台发布广告，应当遵守国务院有关部门关于时长、方式的规定，并应当对广告

---

[1]　Central Hudson Gas & Electric Corporation, *Appellant*, Public Service Commission of New York, 447 U.S. 557（1980）.

时长作出明显提示"。第39条规定："不得在中小学校、幼儿园内开展广告活动，不得利用中小学生和幼儿的教材、教辅材料、练习册、文具、教具、校服、校车等发布或者变相发布广告，但公益广告除外。"第42条规定："有下列情形之一的，不得设置户外广告：（一）利用交通安全设施、交通标志的；（二）影响市政公共设施、交通安全设施、交通标志、消防设施、消防安全标志使用的；（三）妨碍生产或者人民生活，损害市容市貌的；（四）在国家机关、文物保护单位、风景名胜区等的建筑控制地带，或者县级以上地方人民政府禁止设置户外广告的区域设置的。"第43条规定："任何单位或者个人未经当事人同意或者请求，不得向其住宅、交通工具等发送广告，也不得以电子信息方式向其发送广告。以电子信息方式发送广告的，应当明示发送者的真实身份和联系方式，并向接收者提供拒绝继续接收的方式。"以电视广告播出管理制度为例，《广播电视广告播出管理办法》规定了总量控制、均衡配置的原则。播出电视剧时，不得在每集（以45分钟计）中间以任何形式插播广告。此类法规涉及对商业言论表达方式的规制。不同于对内容的规制，此类管制措施的要求较低，只要有能够证明的公共利益，且在价值衡量上该公共利益的分量重于私人利益，以及此类规制措施并不构成对商业言论的过度限制的，如不考虑其他限制的形式问题，应当认为其限制方式适当。

六、对商业言论不同阶段的法律限制

商业言论的传播需要一定的过程，包括作出前、传播中和传播后三个阶段。在商业言论作出之前，国家可以基于正当理由进行事先约束，禁止某些商业言论发出，在源头上扼杀其传播的可能，这主要体现为商业广告的事先审查制度。商业言论在传播中的限制主要是指国家对发表出来的商业言论进行持续的事中监测，如若发现违法情形立即禁止。一旦某种商业言论被判定为违法的商业言论，那么就要接受事后的惩罚，承担民事、行政或刑事法律责任。

（一）对商业言论的事先约束

事先约束是指在言论发出前，对其进行约束，阻止其发出。事先约束是对言论最严格的限制，所以世界上很多国家的宪法都禁止对政治性言论实行事先约束，如日本、德国、美国等。[1]由于商业言论更多的是与私权利有关，所以对其进行事先约束具有一定的合理性。商业言论的真实性比新闻报道、政治评论更容易由传播者自己加以证实。在一般情况下，广告主提供的是自己的产品或服务信息，他对推销的产品和服务应该知道的比别人多。

商业言论的事先约束在美国是普遍存在的。美国联邦最高法院在司法实践中形成了言论自由司法审查的"双阶理论"。该理论按言论价值将言论分为高价值言论和低价值言论。高价值言论是与政治意志的形成和社会公共利益有关的言论，如政治性言论、宗教性言论、文化及艺术性的言论，受到国家最严密的法律保障。在司法审查中采用严格标准，不允许政府对这些言论进行事先审查和限制。低价值言论通常是指商业言论、猥亵性言论、诽谤性言论、挑衅或仇恨性言论，这些言论价值位阶较低，受法律保障程度也低，因此政府可以对此类言论进行事先约束，司法审查中采用比较宽松的标准。

从我国目前对商业广告的管制来看，对部分特殊商品和服务的商业广告实行强制性的前置审查制度，同时对所有违法商业广告实行事后惩罚制。例如，《广告法》第46条规定："发布医疗、药品、医疗器械、农药、兽药和保健食品广告，以及法律、行政法规规定应当进行审查的其他广告，应当在发布前由有关部门（以下称广告审查机关）对广告内容进行审查；未经审查，不得发布。"第47条规定："广告主申请广告审查，应当依照法律、行政法规向广告审查机关提交有关证明文件。广告审查机关应当依照法律、行政法规规定作出审查决定，并应当将审查批准文件抄送同级市场监督管理部门。"这是我国商业言论典型的事先约束。

行政机关对商业广告的真实性和合理性审查主要从两个方面进行。一是对广告主体资格的审查，即一方面需要审查其法律资格，另一方面需要审查商业广告宣传的内容是否与广告主的生产经营范

---

[1]　高一飞："美国司法对媒体的预先限制"，载《新闻与法律》2013年第7期。

围一致；二是对商业广告的事先审查，除了审查广告主身份的合法性外，还需要对商业广告的内容和表现形式的真实性进行审查。只有商业广告的内容和表现形式都通过了真实性审查，商业广告才可以出现在公众面前。可见，广告的真实性和合法性是广告审查的核心，其中真实性是核心、合法性是底线。行政机关在实际审查过程中，必须保持警惕，细心观察广告是否含有虚假内容，广告主是否进行了违法宣传以及广告设计中是否存在有歧义的画面或文字会对消费者造成误解。行政审查机关在审查过程中要注重效率，及时审查，审查结束后依照法律法规的规定作出是否准许发布的决定并及时向社会公布结果。

（二）对商业言论的事中监测

对商业言论进行事中监测，主要是指在商业言论传播过程中进行的监督，其中最具代表性的是商业广告监测制度。所谓商业广告监测，是指在商业广告发布后，行政机关对其跟踪检查，防止传播过程中出现违法情况。一旦发现违法情况立刻向社会公示，行政机关立即采取监管措施。广告监测过程包括数据的采集汇总、分析整理以及监测信息发布等。对商业言论进行诸如广告这样的事中监测具有一定的合理性，国家只是监督其合法的传播，在监督过程中并没有妨碍其正常传播，只有在其出现违法情形下，政府才会介入进行干涉，要求停止发布，要求缴纳罚金等。

（三）对不当商业言论的事后惩罚

对不当商业言论的事后规制主要表现为追究发言者的法律责任，包括民事责任、行政责任和刑事责任，其中行政责任的设置非常普遍。例如，《广告法》针对利用广告对商品或服务做虚假宣传的行为，违反《广告法》关于广告准则规范的行为，违反《广告法》关于广告经营规范的行为，违反《广告法》关于广告审查规范的行为等，都设定了行政处罚，具体包括停止发布、没收广告费用、罚款等。我国目前关于商业言论的事后惩罚，从不同的角度，遵照不同的逻辑，由不同的行政机关对各种不同的违法商业言论进行处罚。既有按照商业言论的类型设置的行政责任和从特殊商品管理角度设置的行政责任，也有从消费者保护、竞争秩序的维护角度设置的行政责任，还存在媒体的主管机关对于传播商业言论的媒体设置的行政责任。相对而言，刑事责任似乎要少得多。有明文规定的是虚假广告罪以及损害商业信誉、商品声誉罪。但是考虑到违法或不当商业言论与其他行为可能的牵连，实际上商业领域因言论获罪远不是虚假广告罪与损害商业信誉、商品声誉罪所能概括的。

综上所述，商业言论应当属于企业的一项基本权利，无论是从言论自由角度还是经济自由角度都可以得到验证。但是在我国，商业言论却并没有被承认，且我国司法实践中尚无商业言论的说法，更无基于商业言论的宪法案例，更不要说基于商业言论保护当事人的情况。然而我国对商业言论的限制却非常多，既有广告法又有反不正当竞争法及其他种种部门法的限制。要为这些法律限制寻找法理依据，首先就要承认商业言论的宪法地位，赋予其自由，进而才能对其进行法律限制。对商业言论的限制需要遵守三大原则，即正当理由原则、法律保留原则和比例原则。其次对商业言论的限制需要采用适当的方式。三大原则和适当的方式就是商业言论法律限制的界限。立法机关在对商业言论作出限制时，必须谨守界限，才可能不侵犯商业言论自由，否则就是对商业言论的任意限制，违背了限制的初衷。商业言论法律限制的界限，构成了对商业言论的一种反向保护。在我国目前的情况下，想要实现对企业商业言论自由的保护，还有赖于国家的主动作为。政府应当跟随时代的发展，认识到商业言论的积极作用；同时应当转变思维，不仅需要对商业广告等进行规制，更应当发挥其指引作用，引导广告业进入健康良好的环境之中。

互联网广告主体的权利与义务 第三章

互联网广告法律关系是广告活动主体利用互联网媒介从事广告活动时依法形成的相互之间的权利义务关系，以及互联网广告监督管理机关在依法进行互联网广告监督管理过程中，与行政相对人之间形成的行政管理关系。互联网广告法律关系的内容是指互联网广告法律关系主体的权利和义务。

一、互联网广告主的权利和义务

广告主是商业广告活动的最初发起者，通常也是广告费用的承担者。参与互联网广告活动的其他民事主体都是为广告主提供服务的。根据《广告法》的规定，广告主是指为推销商品或者服务，自行或者委托他人设计、制作、发布广告的自然人、法人或者其他组织。在互联网广告中，除了广告媒介发生了变化外，广告主的含义与传统广告中的广告主并无差别。因此，可以将互联网广告中的广告主定义为：在互联网商业广告中，为推销商品或者服务，自行或者委托他人设计、制作、发布商业广告的自然人、法人或者其他组织。自然人是指个人，包括我国公民、外国公民和无国籍人。法人指具有民事权利能力和民事行为能力，依法独立享有民事权利、履行民事义务的组织，包括企业法人和非企业法人。作为广告主的法人通常是企业法人，非企业法人中的事业单位法人也可以作为广告主参与广告活动。其他组织是指不具有法人资格的非个人组织。

（一）互联网广告主的主要权利

根据《广告法》《互联网广告管理暂行办法》等法律的规定，互联网广告主在互联网广告活动中享有的权利主要有：

（1）自主开展广告活动的权利。商业广告属于广义上的言论自由。除了法律、行政法规禁止广告的商品或服务外，企业有权自主决定利用广告的形式来宣传和推销自己的商品、服务或企业形象。是否利用互联网媒介做广告、做多少广告、何时做广告、采用何种互联网广告形式等，这些都由广告自主决定。根据《互联网广告管理暂行办法》第10条第3款的规定，广告主可以通过自设网站或者拥有合法使用权的互联网媒介自行发布广告，也可以委托互联网广告经营者、广告发布者发布广告。广告主自行发布广告是互联网广告中常见的广告方式。互联网广告主可以在自设的网站、网页等互联网媒体上进行广告宣传，也可以通过链接等方式，在拥有合法使用权的互联网媒介上发布广告。这也正是互联网广告有别于传统广告的特殊之处。

（2）缔结互联网广告合同的权利。合同是平等主体的公民、法人、其他组织之间设立、变更、终止债权债务关系的协议。《广告法》第30条规定，广告主、广告经营者、广告发布者之间在广告活动中应当依法订立书面合同。《互联网广告管理暂行办法》第9条也规定，互联网广告主、广告经营者、广告发布者之间在互联网广告活动中应当依法订立书面合同。可见，互联网广告主与广告发布者、广告经营者等其他主体之间的权利和义务都是通过缔结广告合同来确立的。根据合同自愿的原则，广告主有自愿选择和缔结广告合同的权利。

（3）保护自己的合法广告不受非法行为侵害的权利。在互联网广告实践中，经常发生利用互联网技术对他人正常经营的广告进行拦截、过滤、覆盖等不正当妨碍行为，或者破坏正常广告数据传输、篡改或者遮挡正当经营的广告、擅自加载广告等侵权行为。这对广告主而言，无疑是对其合法权益的侵害。为此，《互联网广告管理暂行办法》第16条规定，互联网广告活动中不得提供或者利用应用程序、硬件等对他人正当经营的广告采取拦截、过滤、覆盖、快进等限制措施；不得利用网络通路、网络设备、应用程序等破坏正常广告数据传输，篡改或者遮挡他人正当经营的广告，擅自加载广告。在自己的合法广告受到上述妨碍时，广告主有权要求侵权人停止侵害，并依法向其主张赔偿。

（4）不受虚假统计数据、虚假传播效果等不法行为侵害的权利。《广告法》第36条规定，广告发布者向广告主、广告经营者提供的覆盖率、收视率、点击率、发行量等资料应当真实。《互联网广告管理暂行办法》第16条也规定，互联网广告活动中不得利用虚假的统计数据、传播效果或者互联网媒介价值诱导错误报价，谋取不正当利益或者损害他人利益。

（5）行政复议和行政诉讼权利。在互联网广告行政管理法律关系中，广告主是行政相对人。对行政主体的违法行政行为，广告主依法享有申请行政复议或提起行政诉讼等法律救济的权利。

（二）互联网广告主的主要义务

根据《广告法》《互联网广告管理暂行办法》等法律和规章的规定，互联网广告主应当履行下列义务：

（1）遵守广告法的基本原则。《广告法》规定，广告应当真实、合法，以健康的表现形式表达广告内容，符合社会主义精神文明建设和弘扬中华民族优秀传统文化的要求；广告不得含有虚假或者引人误解的内容，不得欺骗、误导消费者；广告主、广告经营者、广告发布者从事广告活动，应当遵守法律、法规，诚实信用，公平竞争。广告主开展互联网广告活动时应当遵守这些基本原则。

（2）依法缔结广告合同并全面履行合同。《广告法》第30条规定，广告主、广告经营者、广告发布者之间在广告活动中应当依法订立书面合同。第32条规定，广告主委托设计、制作、发布广告，应当委托具有合法经营资格的广告经营者、广告发布者。这要求：互联网广告主在开展广告活动时，应当与其他广告主体签订书面合同；互联网广告主只能与具有合法经营资格的广告经营者、广告发布者缔结广告合同；依法缔结的合同受法律保护，互联网广告主应当全面履行合同约定的义务。

（3）保障广告内容的真实性。《广告法》第4条第2款规定，广告主应当对广告内容的真实性负责。《互联网广告管理暂行办法》第10条第1款也规定，互联网广告主应当对广告内容的真实性负责。广告主对自己推销商品或者服务的真实情况是最了解的，由广告主对广告内容真实性进行把关是最直接和最有效的。法律要求由广告主对广告内容的真实性负责，主要是强调广告主应当是广告内容的第一责任人，这并不意味着其他广告活动主体对广告内容的真实性可以不负责任。广告经营者、广告发布者、广告代言人等主体也应依法承担法律责任。广告主应当对广告内容的真实性负责包括两层含义：一是广告主对广告内容的真实性负有首要责任，如果构成虚假广告，给消费者造成损害的，广告主应当首先承担法律责任，其他广告活动主体依法则承担连带责任。二是在广告监督管理中，广告主对广告内容的真实性负有举证义务，并承担因对广告内容真实性举证不能而带来的不利后果。

（4）不得擅自发布特殊商品或服务广告。根据《广告法》和《互联网广告管理暂行办法》的规定，医疗、药品、特殊医学用途配方食品、医疗器械、农药、兽药、保健食品广告等法律、行政法规规定须经广告审查机关进行审查的特殊商品或者服务的广告，未经审查，不得发布。广告行政审查是指在广告发布前，由行政主管机关对广告内容的真实性和合法性进行前置审查的一项行政审批制度。行政审查机关依法开展广告行政审查，不仅可以有效预防虚假违法广告的发生，而且也是维护消费者合法利益的重要保障。此外，广告行政审查还是维护广告主体信誉、促进广告业健康发展的有效措施。需要进行行政审查的广告，主要是那些与消费者生命健康和财产安全密切相关的商品或服务的广告。由于这些商品和服务的特殊性，法律、行政法规对其广告的内容作了一些必要的限制，以防止由于广告宣传的局限性误导消费者，造成其人身或财产的损害。在对这些特殊商品或服务进行广告之前，广告主应当依法申请审查并获得批准。

（5）保证证明文件真实、合法、有效。《广告法》第47条第1款规定，广告主申请广告审查，应当依照法律、行政法规向广告审查机关提交有关证明文件。《互联网广告管理暂行办法》第10条第2款规定，广告主发布互联网广告需具备的主体身份、行政许可、引证内容等证明文件，应当真实、合法、有效。广告主发布互联网广告除了要具备相关的行政许可文件外，还应当具备广告主身份证明等文件。比如，企业营业执照、事业单位登记证、社团组织登记证、民办非企业单位登记证、自然人的身份证明文件等。根据《广告法》的要求，广告使用数据、统计资料、调查结果、文摘、引用语等引证内容的，应当真实、准确，并标明出处。引证内容有适用范围和有效期限的，应当明确标识。这意味着，广告主还得具备与这些引证内容有关的证明文件。广告主有义务保证这些文件的真实性、合法性和有效性。

（6）在广告中使用他人名义或形象、作品、商标的，应事先取得同意。《广告法》要求，广告主或者广告经营者在广告中使用他人名义或者形象，以及使用他人享有知识产权的作品、商标等的，应当事先取得其书面同意；使用无民事行为能力人、限制民事行为能力人的名义或者形象的，应当事先取得其监护人的书面同意。

（7）不得影响互联网用户正常使用网络。随着互联网的发展和网络广告竞争的加剧，互联网广告形式层出不穷，曾一度出现了无法关闭的恶意弹窗广告等形式，强迫用户浏览观看严重影响了用户对网络的正常使用和体验，侵犯了用户的合法权益。《互联网广告管理暂行办法》第8条第1款规定，利用互联网发布、发送广告，不得影响用户正常使用网络。在互联网页面以弹出等形式发布的广告，应当显著标明关闭标志，确保一键关闭。《广告法》第44条第2款也规定了同样的要求。此外，《互联网广告管理暂行办法》还规定，不得以欺骗方式诱使用户点击广告内容。未经允许，不得在用户发送的电子邮件中附加广告或者广告链接。广告主在发布互联网广告时应当认真遵守这些义务性规定。

（8）修改互联网广告内容时应履行书面通知义务。《互联网广告管理暂行办法》第10条第4款规定，互联网广告主委托互联网广告经营者、广告发布者发布广告，修改广告内容时，应当以书面的形式或者其他可以被确认的方式通知为其提供服务的互联网广告经营者、广告发布者。链接和跳转是互联网广告的特色。比如，在付费搜索广告中，用户输入关键词搜索后，呈现在搜索服务商网站页面上的只是简短的文字表述和链接地址，用户只有点击跳转后才能看到广告主发布的广告内容。而这些广告内容，包括前端广告中的文字表述，广告主是可以随时修改的。广告主在后台修改后，如果内容违法，而为其提供链接的广告经营者、广告发布者却不知情，这种情况不但会给消费者造成误导，而且法律责任也不易区分。因此，广告主在修改广告内容时，必须以书面形式或者其他可以被确认的方式通知为其提供服务的互联网广告经营者、广告发布者。

（9）不得利用受法律禁止的人代言广告。《广告法》第 38 条规定，不得利用不满 10 周岁的未成年人作为广告代言人。对在虚假广告中作推荐、证明受到行政处罚未满 3 年的自然人、法人或者其他组织，不得利用其作为广告代言人。互联网广告中，利用代言人进行广告代言的形式日益多样化。按照我国《民法总则》的规定，不满 8 周岁的未成年人为无民事行为能力人，由其法定代理人代理实施民事法律行为。8 周岁以上的未成年人不能辨认自己行为的，由其法定代理人代理实施民事法律行为。[1] 由于认知能力的限制，不满 10 周岁的未成年人在民事活动中不能真正表达自己的自由意志，实际上等同于他人的"工具"。利用不满 10 周岁的未成年人进行广告代言也不利于其自身健康成长的保护。所以广告法明确禁止利用不满 10 周岁的未成年人进行广告代言。对于受到行政处罚的广告代言人，无论是自然人、法人还是其他组织，自所受行政处罚决定生效之日起，广告主、广告经营者、广告发布者 3 年内不得再利用其作为广告代言人。据此，广告主在互联网广告中聘请代言人时必须遵守这些规定。

（10）协助、配合广告监督管理的义务。《广告法》第 51 条规定，工商行政管理部门依法规定行使职权，当事人应当协助、配合，不得拒绝、阻挠。《互联网广告管理暂行办法》也规定，工商行政管理部门查处违法广告，依法行使职权时，当事人应当协助、配合，不得拒绝、阻挠或者隐瞒真实情况。工商行政管理部门与广告主之间是一种行政管理法律关系，工商行政管理部门是行政主体，广告主是行政相对人。为保障广告监督管理工作的正常开展，广告主对工商行政管理部门依法行使行政职权的活动，应当给予协助、配合。

---

〔1〕　原《民法通则》规定，不满 10 周岁的未成年人为无民事行为能力人。2017 年实施的《民法总则》规定，不满 8 周岁的未成年为无民事行为能力人。

比如，提供互联网广告活动合同、广告样件和有关证明文件，说明相关情况等。

二、互联网广告经营者的权利和义务

根据《广告法》的规定，广告经营者是指接受委托提供广告设计、制作、代理服务的自然人、法人或者其他组织。据此理解，互联网广告经营者应该是指受委托提供互联网广告设计、制作、代理服务的自然人、法人或者其他组织。广告经营者是依法从事广告经营活动的市场主体，是广告主与广告发布者之间的桥梁和纽带。广告经营者一方面为广告主提供专业的广告服务；另一方面为广告媒体提供代理服务。广告经营者自己本身并不推销商品或者提供服务，只是在受广告主委托的情况下从事广告的设计、制作或者代理服务。广告经营者从事介绍自己服务的商业广告活动时，其身份应当是广告主。

互联网广告经营者可以是自然人、法人，也可以是其他组织。依据在广告活动中职能的不同，互联网广告经营者可以分为企业广告组织、专业广告公司、广告媒体单位和自然人个人。企业广告组织是企业内部设立的专门负责广告宣传活动的职能部门。企业广告组织为本企业从事广告设计、制作业务时，企业是广告主，企业广告组织相当于是完成广告主自己的工作。只有取得相应的资质，接受他人委托进行广告设计、制作、代理时，企业广告组织才是广告经营者。专业广告公司是依法成立的专门从事广告代理与服务的企业法人，这是最常见的广告经营者。广告媒介单位是指利用自身拥有的媒介发布广告的单位，这些单位内部设立专门的广告部门统一负责广告承揽发布业务。比如，互联网门户网，在对外承揽广告业务时，其身份可能既是广告发布者，又是广告经营者。自然人个人作为广告经营者，应当具备何种资质和条件，目前尚无专门的法律规定。在互联网广告中，还出现了一种新型的广告形式，即互联网广告程序化购买经营模式。该模式呈现出了一些传统广告所没有的特色，广告需求方平台的经营者是互联网广告发布者和广告经营者。

（一）互联网广告经营者的主要权利

依据《广告法》和《互联网广告管理暂行办法》等法律的规

定，互联网广告经营者在互联网广告活动中除了有权依法自主经营和自由缔结广告合同外，还享有以下权利：

（1）拒绝承揽违法广告的权利。广告经营者在接受广告主或广告发布者的委托设计、制作互联网广告时，有权要求委托方出具身份证明文件和广告内容合法的证明材料。对于内容不符或证明文件不全的广告，广告经营者有权拒绝接收委托。

（2）获取通知的权利。根据《互联网广告管理暂行办法》的规定，互联网广告主委托互联网广告经营者经营广告业务，修改广告内容时，应当以书面的形式或者其他可以被确认的方式通知为其提供服务的互联网广告经营者。

（3）收取广告费用的权利。互联网广告经营者在与互联网广告主或广告发布者签订广告合同时，有权要求在合同中明确自己的报酬及收取条件，并有权按照合同的约定收取相应的报酬。

（4）申请行政复议和提起行政诉讼的权利。作为互联网广告行政管理法律关系中的行政相对人，互联网广告经营者有权向工商行政管理部门和有关部门投诉、举报违法广告行为。认为行政主体的行政行为违法，侵害到自己的合法权益时，互联网广告经营者有权申请行政复议或提起行政诉讼。

（二）互联网广告经营者的主要义务

根据《广告法》《互联网广告管理暂行办法》等法律的规定，互联网广告经营者在互联网广告活动中，除了应当遵守广告的真实性、合法性、精神文明、诚实信用和公平竞争等基本原则外，还应当履行下列义务：

（1）不得设计、制作、代理违法广告。《广告法》第37条规定，法律、行政法规规定禁止生产、销售的产品或者提供的服务，以及禁止发布广告的商品或者服务，任何单位或者个人不得设计、制作、代理、发布广告。第34条规定，对内容不符或者证明文件不全的广告，广告经营者不得提供设计、制作、代理服务，广告发布者不得发布。《互联网广告管理暂行办法》第12条也规定，互联网广告发布者、广告经营者应当查验有关证明文件，核对广告内容，对内容不符或者证明文件不全的广告，不得设计、制作、代理、发布。这些规定都要求互联网广告经营者不得设计、制作、代理违法广告。

（2）建立、健全互联网广告业务承接登记、审核、档案制度。《广告法》第34条规定，广告经营者、广告发布者应当按照国家有关规定，建立、健全广告业务的承接登记、审核、档案管理制度。《互联网广告管理暂行办法》第12条也规定，互联网广告发布者、广告经营者应当按照国家有关规定建立、健全互联网广告业务的承接登记、审核、档案管理制度。广告经营者从事广告活动，需要建立、健全一套日常的管理制度，这些制度包括广告业务的承接登记、审核、档案管理等制度。承接登记是指互联网广告经营者在接受广告主或广告发布者委托的广告业务时，应当认真了解和记录委托人的主体资格和广告业务来源及其合法性等基本信息。审核是指互联网广告经营者应当依据广告法及有关法律、行政法规对承接的广告业务的内容和表现形式进行查验。广告经营中需要保管的档案内容是非常广泛的，涉及广告业务的各个环节和流程，包括但不限于广告主出具的各种证明文件、广告活动当事人之间签订的广告合同、广告内容的修改记录、广告主对广告发布样稿的确认记录、广告审核意见、广告客户和消费者对广告发布后的反映等。与传统广告相比，互联网广告环节多，链条长。建立、健全广告业务的承接登记、审核、档案管理制度，既有利于对互联网广告活动的规范管理，提高业务水平，减少违法广告；也有利于当事人在发生纠纷时进行举证和分清责任。此外，完整而清晰的档案资料还有利于提高工商行政管理部门的监管执法效率。这里的"建立、健全"包括两个方面：一是互联网广告经营者必须要有这些制度；二是这些制度的内容要全面完整，且行之有效。

（3）审核查验广告主信息，建立登记档案并定期核实更新。《互联网广告管理暂行办法》第9条规定，互联网广告主、广告经营者、广告发布者之间在互联网广告活动中应当依法订立书面合同。第12条规定，互联网广告发布者、广告经营者应当审核查验并登记广告主的名称、地址和有效联系方式等主体身份信息，建立登记档案并定期核实更新。第15条规定，广告需求方平台经营者、媒介方平台经营者、广告信息交换平台经营者以及媒介方平台的成员，在订立互联网广告合同时，应当查验合同相对方的主体身份证明文件、真实名称、地址和有效联系方式等信息，建立登记档案并定期核实更新。这是《互联网广告管理暂行办法》针对互联网广告发布链条长、参与主体众多、职责不易区分等特点所作的规定。尤其是在程序化购买广告模式中，参与主体更多，法律关系更为复杂。因此，在订立互联网广告合同时，应当认真查验合同相对方的主体身份证明文件、真实名称、地址和有效联系方式等信息，建立登记档案并定期核实更新。

（4）查验有关证明文件和核对广告内容。《广告法》第34条规定，广告经营者、广告发布者依据法律、行政法规查验有关证明文件，核对广告内容；对内容不符或者证明文件不全的广告，广告经营者不得提供设计、制作、代理服务，广告发布者不得发布。《互联网广告管理暂行办法》第10条规定，广告主发布互联网广告需具备的主体身份、行政许可、引证内容等证明文件，应当真实、合法、有效。第12条规定，互联网广告发布者、广告经营者应当查验有关证明文件，核对广告内容，对内容不符或者证明文件不全的广告，不得设计、制作、代理、发布。这些规定确立了互联网广告经营者的自律审查义务：一是依据法律、行政法规查验有关证明文件；二是核对广告内容。广告自律审查的具体内容包括：查验各类广告证明文件的真实性、合法性、有效性，对证明文件不全的，要提出补充收取证明文件的意见；核对广告内容的真实性、合法性、科学性，审查广告内容与证明文件是否一致，是否有违法内容，表达是否容易产生误导；对广告的形式进行检查，检查是否存在国家禁止发布的形式；检查广告内容和形式是否健康，是否符合社会主义精神文明建设和弘扬中华民族优秀传统文化的要求；对广告的整体效果进行检查，确保不具备专业背景的普通消费者能够正确理解广告内容，不至于引起消费者的误解。

（5）配备广告审查人员或设立专门广告审查机构。《互联网广告管理暂行办法》第12条规定，互联网广告发布者、广告经营者应当配备熟悉广告法规的广告审查人员；有条件的还应当设立专门机构，负责互联网广告的审查。互联网广告自律审查具有信息量庞大、广告形式多样和法律关系复杂等特性，虽然可以借助互联网技术来完成一些审查工作，但是对审查人员的法律知识和能力的要求仍然远远高于对传统广告审查人员的要求。因此，互联网广告经营者必须要配备熟悉相关法律的专业审查人员。一些专门化的大型互联网广告经营者，比如百度、腾讯、京东等，均设立了专门的机构，组建专业的队伍来负责互联网广告审查。配备熟悉广告法规的专业人员是互联网广告经营者必备的条件，但是设立专门机构只是供互联网广告经营者选择的要求，由互联网广告经营者根据自身的情况决定是否设立。

（6）在程序化购买广告中清晰标明广告来源。在互联网程序化购买广告中，整合广告主需求，为广告主提供发布服务的广告需求方平台的经营者是互联网广告发布者、广告经营者。根据《互联网广告管理暂行办法》第13条第2款的要求，通过程序化购买广告方式发布的互联网广告，广告需求方平台经营者应当清晰表明广告来源。在传统广告中，广告的设计、制作、发布等环节都是比较容易区分的，各环节之间存在着一定的时空差。互联网广告程序化购买模式的最大特点就是自动化与大数据的运用，将人工交易变成自动交易，利用大数据定位用户需求，向正确的用户投放正确的广告，将购买广告位变成购买特定用户的广告位。这种基于大数据的精准营销广告模式在整个互联网广告市场中所占的比例越来越高。在互联网广告程序化交易系统中，广告并非在选定资源位预先设定，而是在用户点击网页的同时，根据该用户之前的浏览习惯进行分析定向，依照其喜好进行匹配后，由广告主对此进行竞价，价高者会获得这个资源位展现广告并被目标用户看到的机会。从开始竞价到完成投放，这一系列的过程仅需要100毫秒，全部依托互联网技术完成。不同的用户在同一时间打开同一个网页看到的是不同的广告内容，即使是同一个人在不同的时间段打开同一个网页看到的很可能也是不同的广告，这给互联网广告经营者履行广告审查义务，消费者设别广告主体身份以及广告监管和取证带来了极大的难度。因此，在互联网广告程序化购买经营模式中，明确要求广告需求方平台经营者"清晰标明"广告来源，对于消费者快速识别广告责任主体和便利广告执法都具有十分重要的意义。

（7）公布收费标准和收费办法。商业广告是以营利为目的的信息传播行为，广告经营者通过设计、制作和代理广告收取费用，广告活动当事人之间是一种有偿的民事法律行为，收费的标准和方式由当事人自愿协商确定。但是《广告法》第35条明确要求，广告经营者、广告发布者应当公布其收费标准和收费办法。因此，公布其收费标准和收费办法就成为广告经营者的一项法定义务，互联网广告经营者同样需要遵守该项规定。这里的"公布"指的是向社会公众公开。广告经营者可以在自己的业务地点以书面形式向社会公布，也可以通过新闻媒介向社会公布。

（8）协助、配合广告监督管理工作。《广告法》第51条明确要求，工商行政管理部门依照《广告法》的规定行使职权时，当事人应当协助、配合，不得拒绝、阻挠。《互联网广告管理暂行办法》也要求，工商行政管理部门查处违法广告时，当事人应当协助、配合，不得拒绝、阻挠或者隐瞒真实情况。互联网广告经营者作为行政相对人，为保障广告监督管理工作的正常开展，对工商行政管理部门依法行使行政职权的活动应当给予协助配合。

三、互联网广告发布者的权利和义务

广告发布是指借助一定的媒介和形式将广告信息呈现给受众的活动。广告发布者通常是拥有广告媒介的主体。

（一）互联网广告发布者的界定

《互联网广告管理暂行办法》第11条规定，为广告主或者广告经营者推送或者展示互联网广告，并能够核对广告内容、决定广告发布的自然人、法人或者其他组织，是互联网广告的发布者。在制定《互联网广告管理暂行办法》的过程中，如何定义互联网广告发布者，曾有过各种争论。互联网在很大程度上改变了人们对"广告发布"的传统认识。在传统媒介广告中，广告发布者的身份是比较容易识别的。通常情况下，拥有广告媒介资源并最终让受众感受到广告内容的主体就是广告发布者。比如，让我们看到报纸广告内容

的报社,让我们听到或看到电视广告内容的电视台,让我们听到广播广告内容的电台等。在传统广告中,广告发布者的身份一般不存在争议。互联网广告则呈现出了很大的不同。尤其是在互联网广告程序化购买中,广告主并不清楚自己的广告信息将会发布在哪个具体的广告位中,而媒体资源方也不清楚谁的广告将会呈现在自己的广告位中。在这种情况下,呈现广告内容的媒介方无法实现对发布广告内容的事先审查,也就无法承担相应的法律责任。因此,在互联网广告中,需要采用新的标准来重新定义广告发布者。

根据《互联网广告管理暂行办法》第11条的规定,充当互联网广告发布者应当具备三个条件:一是实施了推送或者展示互联网广告内容的行为;二是在推送或展示互联网广告之前,有能力和条件核对广告内容;三是有权利和条件决定是否向互联网媒介呈送广告。这三个条件必须同时具备,缺一不可。正是基于这种考虑,《互联网广告管理暂行办法》第14条规定,在互联网广告程序化购买中,广告需求方平台是指整合广告主需求,为广告主提供发布服务的广告主服务平台。广告需求方平台的经营者是互联网广告发布者、广告经营者。

按照不同的标准,互联网广告发布者可以有多种不同的分类。根据《互联网广告管理暂行办法》对互联网广告发布者的定义,可以将互联网广告发布者分为三种类型:一是为广告主或者广告经营者推送互联网广告,并能够核对广告内容、决定广告发布的互联网广告发布者;二是为广告主或者广告经营者展示互联网广告,并能够核对广告内容、决定广告发布的互联网广告的发布者;三是为广告主或者广告经营者既推送又展示互联网广告,并能够核对广告内容、决定广告发布的互联网广告的发布者。此外,根据互联网广告发布者的法律身份的不同,可以分为自然人广告发布者、法人型广告发布者和其他组织型的广告发布者。根据互联网广告的类型,可以分为推销商品或者服务的链接式互联网广告发布者、推销商品或者服务的电子邮件广告发布者、推销商品或者服务的付费搜索广告发布者、推销商品或者服务的商业性展示中的广告发布者和其他形式的互联广告发布者。

（二）互联网广告发布者的主要权利

依据《广告法》和《互联网广告管理暂行办法》等法律的规定，互联网广告发布者在互联网广告活动中除了有权依法自主经营和自由缔结广告合同外，还享有下列主要权利：

（1）拒绝发布违法广告的权利。根据《广告法》的规定，广告发布者应当依据法律、行政法规查验有关证明文件，核对广告内容。对内容不符或者证明文件不全的广告，广告发布者不得发布。法律、行政法规规定禁止生产、销售的产品或者提供的服务，以及禁止发布广告的商品或者服务，任何单位或者个人不得发布广告。因此，广告发布者有权依法拒绝发布虚假、违法等广告。

（2）在互联网广告程序化购买中获取通知的权利。根据《互联网广告管理暂行办法》的规定，互联网广告主委托互联网广告发布者发布广告，修改广告内容时，应当以书面的形式或者其他可以被确认的方式通知为其提供服务的互联网广告发布者。

（3）收取报酬的权利。互联网广告发布者在与互联网广告主或广告经营者者签订广告合同时，有权要求在合同中明确发布广告的报酬及收取条件，并有权按照合同的约定收取相应的报酬。

（4）保护自己发布的广告不受非法行为侵害的权利。《互联网广告管理暂行办法》第16条规定，互联网广告活动中不得提供或者利用应用程序、硬件等对他人正当经营的广告采取拦截、过滤、覆盖、快进等限制措施；不得利用网络通路、网络设备、应用程序等破坏正常广告数据传输，篡改或者遮挡他人正当经营的广告，擅自加载广告。在自己合法发布的互联网广告受到这些不法行为侵害时，互联网广告发布者有权要求侵权人停止侵害，并依法向其主张损害赔偿。

（5）申请行政复议和提起行政诉讼的权利。作为互联网广告行政管理法律关系中的行政相对人，互联网广告发布者有权向工商行政管理部门和有关部门投诉、举报违法广告行为。认为行政主体的具体行政行为侵害到自己的合法权益时，有权申请行政复议或提起行政诉讼。

（三）互联网广告发布者的主要义务

根据《广告法》《互联网广告管理暂行办法》等法律的规定，互联网广告经营者在互联网广告活动中，除了应当遵守广告的真实性、合法性、精神文明、诚实信用和公平竞争等基本原则外，还应当履行下列义务：

（1）不得发布违法广告。根据《广告法》的规定，法律、行政法规规定禁止生产、销售的产品或者提供的服务，以及禁止发布广告的商品或者服务，任何单位或者个人不得发布广告。对内容不符或者证明文件不全的广告，广告发布者不得发布。根据《互联网广告管理暂行办法》第12条的规定，互联网广告发布者应当查验有关证明文件，核对广告内容，对内容不符或者证明文件不全的广告，不得发布。这些规定都要求互联网广告发布者不得发布违法广告。

（2）建立、健全互联网广告业务承接登记、审核、档案管理制度。《广告法》第34条规定，广告经营者、广告发布者应当按照国家有关规定，建立、健全广告业务的承接登记、审核、档案管理制度。《互联网广告管理暂行办法》第12条也规定，互联网广告发布者、广告经营者应当按照国家有关规定建立、健全互联网广告业务的承接登记、审核、档案管理制度；互联网广告发布者应当按照这些法律文件的要求，建立、健全互联网广告业务的承接登记、审核、档案管理制度。

（3）审核查验广告主信息，建立登记档案并定期核实更新。《互联网广告管理暂行办法》第9条规定，互联网广告主、广告经营者、广告发布者之间在互联网广告活动中应当依法订立书面合同。第12条规定，互联网广告发布者、广告经营者应当审核查验并登记广告主的名称、地址和有效联系方式等主体身份信息，建立登记档案并定期核实更新。第15条规定，广告需求方平台经营者、媒介方平台经营者、广告信息交换平台经营者以及媒介方平台的成员，在订立互联网广告合同时，应当查验合同相对方的主体身份证明文件、真实名称、地址和有效联系方式等信息，建立登记档案并定期核实更新。这些要求与对互联网广告经营者的要求是一样的。

（4）查验有关证明文件和核对广告内容。根据《广告法》第34

条的规定，广告发布者应当依据法律、行政法规查验有关证明文件，核对广告内容。对内容不符或者证明文件不全的广告，广告发布者不得发布。根据《互联网广告管理暂行办法》第12条的规定，互联网广告发布者应当查验有关证明文件，核对广告内容，对内容不符或者证明文件不全的广告，不得发布。这些规定确立了互联网广告发布者的自律审查义务。2012年原国家工商总局、中宣部、广电总局等12部委联合发布《大众传播媒介广告发布审查规定》，对广告审查程序作了明确要求，包括：①查验各类广告证明文件的真实性、合法性、有效性，对证明文件不全的，要求补充证明文件；②审核广告内容是否真实、合法，是否符合社会主义精神文明建设的要求；③检查广告表现形式和使用的语言文字是否符合有关规定，不得含有国家禁止发布的形式；④审查广告整体效果，确认其不致引起消费者的误解；⑤提出对该广告同意、不同意或者要求修改的书面意见。互联网属于大众媒介，上述规定同样适用与互联网广告发布者对广告的自律审查。

（5）公布收费标准和办法。商业广告是以营利为目的的传播行为，广告发布者通过发布广告收取费用，广告活动当事人之间是一种有偿的民事法律行为，收费的标准和方式由当事人自愿协商确定。但是《广告法》明确要求广告发布者应当将其收费标准和办法予以公布，因此，公布其收费标准和收费办法就成为广告发布者的一项法定义务。这里的"公布"指的是应当向社会公众公开。广告发布者可以在自己的业务地点以书面形式向社会公布，也可以通过新闻媒介向社会公布。

（6）配备广告审查人员或设立专门的广告审查机构。《互联网广告管理暂行办法》第12条规定，互联网广告发布者、广告经营者应当配备熟悉广告法规的广告审查人员；有条件的还应当设立专门机构，负责互联网广告的审查。互联网广告自律审查具有信息量庞大、广告形式多样和法律关系复杂等特性，虽然可以借助网络技术来完成一些审查工作，但是对审查人员的法律知识和能力的要求仍然远远高于对传统广告审查人员的要求。因此，互联网广告发布者必须要配备熟悉相关法律的专业审查人员。此外，有条件的互联网广告发布者，还应当设立专门的广告审查机构。

（7）在互联网广告程序化购买中清晰标明广告来源。在互联网广告程序化购买中，整合广告主需求，为广告主提供发布服务的广告需求方平台的经营者是互联网广告发布者、广告经营者。根据《互联网广告管理暂行办法》第 13 条第 2 款的要求，通过程序化购买广告方式发布的互联网广告，广告需求方平台经营者应当清晰表明广告来源。

（8）不得影响用户正常使用网络。《互联网广告管理暂行办法》第 8 条第 1 款规定，利用互联网发布、发送广告，不得影响用户正常使用网络。在互联网页面以弹出等形式发布的广告，应当显著标明关闭标志，确保一键关闭。《广告法》第 44 条第 2 款同样要求，利用互联网发布、发送广告，不得影响用户正常使用网络。在互联网页面以弹出等形式发布的广告，应当显著标明关闭标志，确保一键关闭。恶意弹窗广告等形式遮挡或妨碍网页显示内容，影响用户正常浏览，甚至强迫用户浏览观看，严重影响了用户对网络的正常使用，侵犯用户合法权益。为此，《广告法》明确要求在互联网页面以弹出等形式发布的广告，应当显著标明关闭标志，确保一键关闭。具体表现为三个特征：一是以弹出等形式发布的广告必须具备关闭功能；二是关闭标志必须显著且能让正常人很容易找到；三是关闭功能必须正常有效，且能达到一键关闭。

（9）不得以欺骗方式诱使用户点击广告内容。《互联网广告管理暂行办法》明确要求互联网广告"不得以欺骗方式诱使用户点击广告内容"。《广告法》第 36 条也规定，广告发布者向广告主、广告经营者提供的覆盖率、收视率、点击率、发行量等资料应当真实。广告发布者接受委托发布广告时，广告主、广告经营者通常会要求广告主公开自己发布广告的有效范围。其中，点击率是随着互联网广告的兴起而出现的一个概念，指网站页面上广告被点击的次数与被显示次数之比，反映了网页广告内容的受关注程度，经常用来衡量互联网广告的吸引程度，点击率高表明访问量高。此外，互联网广告的收费方式也与传统广告不完全相同，除了按照展示计费或按销售计费外，最常见的是按点击计费。比如，付费搜索广告就主要是按点击来收取费用的。为了增加点击率，有的网站就通过设置虚假的关闭标志或者其他欺骗方式，诱使用户点击广告内容。这种行为不仅影响用户正常使用网络，对广告主的合法权益也是一种侵犯，因此，《互联网广告管理暂行办法》明确对此予以禁止。

（10）不得擅自在用户发送的电子邮件中附加广告或者广告链接。电子邮件广告是互联网广告中的一种常见类型，指通过互联网将广告发到用户电子邮箱的网络广告形式，它针对性强，传播面广，信息量大，其形式类似于直邮广告。电子邮件广告有可能全部是广告信息，也可能在电子邮件中穿插一些实用的相关信息，可能是一次性的，也可能是多次的或者定期的。未经许可，在用户发送的电子邮件中附加广告或者广告链接，这是对用户合法权益的侵犯。因此，《互联网广告管理暂行办法》第8条第3项明确规定，未经允许，不得在用户发送的电子邮件中附加广告或者广告链接。这里禁止的并不是提供电子邮件服务的互联网企业利用邮箱登录页、邮箱底部等广告位发布的互联网广告，而是指在用户自己发送的电子邮件里附加的广告或者广告链接。

（11）明显区分付费搜索广告与自然搜索结果。这主要是针对付费搜索广告发布者而言的。《互联网广告管理暂行办法》第7条规定，互联网广告应当具有可识别性，显著标明"广告"，使消费者能够辨明其为广告。付费搜索广告应当与自然搜索结果明显区分。《互联网信息搜索服务管理规定》第11条也规定，互联网信息搜索服务提供者提供付费搜索信息服务，应当依法查验客户有关资质，明确付费搜索信息页面比例上限，醒目区分自然搜索结果与付费搜索信息，对付费搜索信息逐条加注显著标识。互联网信息搜索服务提供者提供商业广告信息服务，应当遵守相关法律法规。按照这些规定，付费搜索广告发布者应当明显区分付费搜索广告与自然搜索结果，避免误导消费者。

（12）协助、配合广告监督管理工作。《广告法》第51条明确要求，工商行政管理部门依照本法规定行使职权时，当事人应当协助、配合，不得拒绝、阻挠。《互联网广告管理暂行办法》也要求，工商行政管理部门查处违法广告时，当事人应当协助、配合，不得拒绝、阻挠或者隐瞒真实情况。互联网广告发布者作为行政相对人，为保障广告监督管理工作正常开展，对工商行政管理部门依法行使行政职权的活动应当给予协助与配合。

四、互联网广告其他参与人的权利和义务

除了广告主、广告经营者和广告发布者外，还有一些主体会以不同的身份和形式参与到互联网广告活动中来，或者其行为会对互联网广告活动带来较大的影响。了解这些主体的权利义务或行为规范也是非常必要的。

（一）互联网广告代言人的权利和义务

互联网广告代言人，是指广告主以外的，在互联网广告中以自己的名义或者形象对商品、服务作推荐、证明的自然人、法人或者其他组织。2015 年修订的《广告法》全面完善了广告代言制度，《互联网广告管理暂行办法》中没有对广告代言作出专门的规定，但是这并不意味着互联网广告活动中不存在广告代言现象。事实上，在互联网广告中，广告代言现象是普遍存在的。广告代言人在互联网广告中从事广告代言活动，同样应当遵守广告法及相关法律的规定。

按照《广告法》的要求，广告主或者广告经营者在广告中使用广告代言人的名义或者形象时，应当事先取得其书面同意。广告代言人与广告主或广告经营者之间也是民事合同关系。因此，广告代言人有选择广告主或广告经营者的权利。在互联网广告中，广告代言人有权收取合同约定的报酬。

根据《广告法》的相关规定，互联网广告代言人应当履行的主要义务包括：

（1）不得代言法律禁止的广告。按照法律的规定，医疗广告、药品广告、医疗器械广告、保健食品不得利用广告代言人作推荐、证明。

（2）科研单位、学术机构、行业协会、专业人士、用户或受益者等不得代言的广告有：农药、兽药、饲料和饲料添加剂广告；教育、培训广告；招商等有投资回报预期的商品或者服务广告；农作

物种子、林木种子、草种子、种畜禽、水产苗种和种养殖广告。另外，医疗、药品、医疗器械广告等，不得利用广告代言人作推荐、证明。

（3）广告代言人在广告中对商品、服务作推荐、证明时，应当依据事实，符合《广告法》和有关法律、行政法规规定，并不得为其未使用过的商品或者未接受过的服务作推荐、证明。

（4）在虚假广告中作推荐、证明受到行政处罚未逾3年的自然人、法人或者其他组织，不得利用其作为广告代言人。

（5）广告代言人不得代言虚假广告。按照《广告法》的规定，明知或应知虚假广告仍进行代言的，由工商行政管理部门没收违法所得，并处违法所得1倍以上2倍以下的罚款。代言那些关系到消费者生命健康的商品或者服务的虚假广告，造成消费者损害的，广告代言人应当与广告主一起承担连带责任。广告代言人代言其他虚假广告，在明知或者应知广告虚假情况下仍作推荐、证明，造成消费者损害的，应当与广告主一起承担连带责任。

（二）互联网信息服务提供者的权利和义务

互联网信息服务提供者，是指仅提供信息服务的互联网服务提供者。其服务模式包括两种：一种是为网络用户提供信息技术服务，另一种是为网络用户提供信息内容服务。百度、腾讯、淘宝、京东等在很多情况下都属于互联网信息服务提供者。《广告法》第45条规定，公共场所的管理者或者电信业务经营者、互联网信息服务提供者对其明知或者应知的利用其场所或者信息传输、发布平台发送、发布违法广告的，应当予以制止。《互联网广告管理暂行办法》第17条规定，未参与互联网广告经营活动，仅为互联网广告提供信息服务的互联网信息服务提供者，对其明知或者应知利用其信息服务发布违法广告的，应当予以制止。

提供信息服务的互联网信息服务提供者并不直接参加互联网广告的经营活动，其本身属于第三方平台。但是互联网信息服务提供者的身份并不是一成不变的，在符合条件的情况下，互联网信息服务提供者的身份有可能转化为互联网广告发布者或者互联网广告经营者。比如，百度在付费搜索广告中的地位就是广告发布者，但是在互联网广告程序化购买中，则可能充当互联网广告经营者。这些情况下，它就应当依法履行互联网广告发布者和互联网广告经营者的相关义务，并承担相应的法律责任。

在不参与互联网广告经营的情况下，互联网信息服务提供者对互联网广告的注意义务远低于广告发布者或广告经营者。《广告法》和《互联网广告管理暂行办法》都只要求"对其明知或者应知利用其信息服务发布违法广告的，应当予以制止"。

根据《侵权责任法》第 36 条的规定，网络用户、网络服务提供者利用网络侵害他人民事权益的，应当承担侵权责任。网络用户利用网络服务实施侵权行为的，被侵权人有权通知网络服务提供者采取删除、屏蔽、断开链接等必要措施。网络服务提供者接到通知后未及时采取必要措施的，对损害的扩大部分与该网络用户承担连带责任。网络服务提供者知道网络用户利用其网络服务侵害他人民事权益，未采取必要措施的，与该网络用户承担连带责任。

（三）其他参与人的权利和义务

从维护互联网广告市场秩序的角度考虑，《互联网广告管理暂行办法》还对一些常见的扰乱互联网广告市场秩序的不正当行为予以了规范。这主要是《互联网广告管理暂行办法》第 16 条规定的内容，即互联网广告活动中不得有下列行为：①提供或者利用应用程序、硬件等对他人正当经营的广告采取拦截、过滤、覆盖、快进等限制措施；②利用网络通路、网络设备、应用程序等破坏正常广告数据传输，篡改或者遮挡他人正当经营的广告，擅自加载广告；③利用虚假的统计数据、传播效果或者互联网媒介价值诱导错误报价，谋取不正当利益或者损害他人利益。这些行为的主体既可能是参与互联网广告经营活动的主体，也可能是互联网广告活动之外的行为人。

互联网广告内容准则与行为规范

　　广告内容准则是指发布广告的原则与标准，既是广告发布者在发布广告时审查广告内容的主要依据，也是广告审查机关进行广告审查的依据。根据作用范围和重要性的不同，广告内容准则可以分为一般准则和特殊准则。前者是所有广告所必须遵守的最根本的原则和标准，后者是某些特殊商品或服务广告应遵守的要求和标准。广告的行为规范是广告活动的基本行为准则，包括法律法规规定的行为规范和广告活动主体的自律行为规范。

一、互联网广告内容的一般准则

　　互联网广告内容的一般准则，是指法律、法规对互联网广告内容的普遍性要求，以及对互联网广告内容的禁止性和限制性规定。

（一）互联网广告内容表述的基本要求

　　根据广告活动应遵守的真实性原则，互联网广告内容的表述应当准确、清楚、明白。对于消费者而言，辨别商品和服务的好坏或者决定是否消费，很大程度上是基于对商品的性能、功能、产地、用途、质量、成分、价格、生产者、有效期限、允诺等或者对服务的内容、提供者、形式、质量、价格、允诺等方面信息的判断和认识。而不同的商品在性能、产地、用途、质量、价格等方面有很大的差异，不同服务在内容、形式、质量、价格等方面也存在较大的区别。如果广告不能准确表述清楚这些内容，就可能产生对消费者的误导。因此，很多法律、法规对生产者或经营者应当履行向消费者提供商品或服务的真实信息的义务作出了明确规定。比如，《消费者权益保护法》规定，经营者向消费者提供有关商品或者服务的质量、性能、用途、有效期限等信息，应当真实、全面，不得作虚假或者引人误解的宣传。经营者以广告、产品说明、实物样品或者其他方式表明商品或者服务的质量状况的，应当保证其提供的商品或者服务的实际质量与表明的质量状况相符。

（二）互联网广告内容的禁止性规定

《广告法》第9条对广告中的禁止性内容作出了明确规定，这些规定同样适用于互联网广告。禁止的事项具体包括以下几种：

1. 不得使用或者变相使用中华人民共和国的国旗、国歌、国徽，军旗、军歌、军徽

国旗、国徽和国歌集中反映了我国的政治、历史文化和社会等内容，是国家主权的重要象征和标志，体现着国家和民族的尊严，为全国人民所敬仰，也为国际社会所尊重。中华人民共和国国旗是五星红旗，国歌是《义勇军进行曲》，国徽中间是五星照耀下的天安门，周围是谷穗和齿轮。禁止在广告中使用或变相使用我国的国旗、国徽、国歌是为了维护国家主权的神圣性。我国相关法律对此也作了明确规定。比如，《国旗法》规定，国旗及其图案不得用作商标和广告；《国徽法》规定，国徽及其图案不得用于商标、广告。军旗包括中国人民解放军军旗和陆军军旗、海军军旗、空军军旗，是中国人民解放军的标志，是中国人民解放军荣誉、勇敢和光荣的象征。军徽也是中国人民解放军的象征和标志。中国人民解放军军歌是中国人民解放军性质、宗旨和精神的体现。按照《中国人民解放军内务条令》的规定，禁止将军徽用于商业广告和有碍军徽庄严的装饰或者场合。军歌不得用于商业活动。广告不得使用国旗、国徽、国歌、军旗、军歌、军徽，是指完全不得使用，即国旗、国徽及其图案，军旗、军徽及其图案，国歌及其歌词与曲谱，军歌及其歌词与曲谱等均不得被整体或部分地用在商业广告中。

2. 不得使用或者变相使用国家机关、国家机关工作人员的名义或者形象

国家机关是指从事国家管理和行使国家权力的机关，包括国家元首、权力机关、行政机关、司法机关和军事机关。国家机关工作人员，是指在国家机关中从事公务的人员。国家机关代表国家从事管理活动，国家机关的工作人员具体执行国家管理社会事务的职能。

国家机关及其工作人员的公务活动体现的是国家的意志，在社会经济生活中具有重要的影响。如果允许以国家机关和国家机关工作人员的名义或者形象作广告或变相作广告，一方面，势必影响国家机关和国家机关工作人员的公正、公平形象；另一方面，会对消费者造成重大误解，同时对其他企业也会构成不正当竞争。为了维护国家的尊严，保证国家机关和国家机关工作人员正确行使职权，应当严格禁止在商业广告中使用国家机关和国家机关工作人员的名义或形象进行宣传。在公益广告等非商业广告中使用国家机关或者国家机关工作人员名义或者形象时，应遵守相关法律规定。由于使用已故或者已经离任的国家领导人的名义或者形象进行广告宣传，其广告效果相当于使用现职国家机关工作人员名义或者形象，因此，已故或者已经离任的国家领导人也属于禁止的范畴。此外，军人的名义或形象也不得用于商业广告。

3. 不得使用"国家级""最高级""最佳"等用语

在商业竞争激烈的社会，消费者总希望从众多商品和服务中选择最好的商品和接受最好的服务，商家也希望通过广告为自己的商品或服务树立"最好"的形象，以此吸引更多的消费者。但是广告必须真实、客观地介绍商品和服务，而不能作虚假的宣传。《广告法》禁止在广告中使用"国家级""最高级""最佳"等绝对化用语，主要是考虑到，绝对化用语违背了事物发展的客观规律，容易给消费者造成误导和导致不正当竞争。对绝对化用语，不能机械地从字面上来理解，应当依据广告内容、具体语境，综合判断是否属于绝对化用语。

4. 不得损害国家的尊严或者利益，泄露国家秘密

尊严对于一个国家来说至关重要，每个公民都负有维护国家尊严，爱护国家荣誉的义务，这也是爱国主义的集中体现。《保密法》规定，国家秘密是关系国家安全和利益，依照法定程序确定，在一定时间内只限一定范围的人员知悉的事项。一切国家机关、武装力量、政党、社会团体、企业事业单位和公民都有保守国家秘密的义务。一切商业利益都不得凌驾于国家利益之上或者以牺牲国家利益为代价。维护国家的尊严或者利益，保守国家秘密，这是广告活动

应当坚守的底线。

5. 不得妨碍社会安定，损害社会公共利益

社会公共利益是全体社会成员的共同利益，内容非常广泛，如民族团结、国家统一，国家政治安定等。广告具有巨大的传播效果，虚假、违法广告很有可能成为引发社会纠纷或消费者群体事件的不利因素，更严重的是会成为破坏社会安定的力量。

6. 不得危害人身、财产安全，泄露个人隐私

保护人民群众的人身、财产安全是我国法律制度的一项重要任务。法律对公民、法人等民事主体的人身权、财产权、隐私权予以严格保护。因此，广告内容危害人身权、财产安全，泄露个人隐私的应当予以禁止。

7. 不得妨碍社会公共秩序或者违背社会良好风尚

广告应当真实、合法，以健康的表现形式表达广告内容，符合社会主义精神文明建设和弘扬中华民族优秀传统文化的要求。社会公共秩序是指人们在社会公共生活中为维护公共事业和集体利益而必须共同遵守的原则。社会良好风尚是指社会存在和发展所必要的一般道德，或某一特定社会所尊重的伦理要求。在法律上，社会公共秩序和良好风尚通常合称为"公序良俗"。广告渗入社会的方方面面，影响着每个人的生活，妨碍社会公共秩序或者违背社会良好风尚的广告宣传，格调低下，有伤风化，内容粗俗，容易给社会造成不良影响。因此，法律明确要求广告中不得含有妨碍社会公共秩序和违背社会良好风尚的内容。

8. 不得含有淫秽、色情、赌博、迷信、恐怖、暴力的内容

由于受到不同社会形态、法律制度、民族风俗、宗教信仰、经济生活、文化背景、审美观念、社会发展水平等诸多因素的相互影响，各国认定淫秽和色情的标准并不统一。随着道德标准和法律制度的变化，认定标准也会不断发生变化。在我国，淫秽和色情通常是违反道德准则的性行为和下流的动作或者作品中与此有关的内容。赌博是一种用财物作赌注，以营利为目的的不良行为。迷信是指相信星占、卜筮、风水、命相、鬼神等的一种思想。恐怖是指以人们自己不能控制的恐惧为特征的一种心理状态。暴力是指侵犯他人人

身、财产等权利的强暴行为。淫秽、色情、赌博、迷信、恐怖、暴力的内容是与社会主义精神文明建设格格不入的，为了保护公众，特别是青少年的身心健康，维护社会公德，坚持社会主义精神文明建设，广告中就不得含有这些内容。

9. 不得含有民族、种族、宗教、性别歧视的内容

《宪法》规定，中华人民共和国各民族一律平等。国家保障各少数民族的合法的权利和利益，维护和发展各民族的平等、团结、互助关系。禁止对任何民族的歧视和压迫，禁止破坏民族团结和制造民族分裂的行为。我国是个多民族国家，维护民族团结是宪法规定的每个公民的义务。作为广告活动的主体，也应该自觉履行这一法律义务，广告中不得有不利于民族团结的内容，不得进行民族歧视。我国现存的宗教主要有佛教、道教、伊斯兰教、天主教和基督教等，宗教历史悠久，影响的人群非常广泛。《宪法》规定，中华人民共和国公民有宗教信仰自由。中华人民共和国妇女在政治、经济、文化、社会和家庭生活等各方面享有同男子平等的权利。因此，广告中不得含有宗教歧视和性别歧视的内容。

10. 不得妨碍环境、自然资源或者文化遗产保护

《宪法》规定，国家保护和改善生活环境和生态环境，防治污染和其他公害。国家保障自然资源的合理利用，保护珍贵的动物和植物。禁止任何组织或者个人用任何手段侵占或者破坏自然资源。物质和非物质文化遗产是一国历史与文化传统的反映，对于国民了解自己国家的国情有着不可替代的作用。同时物质和非物质文化遗产均属于不可再生资源，一旦这些遗产消失将会产生不可挽回的后果。所以，必须要加强对物质和非物质文化遗产的保护。广告中不得含有妨碍环境、自然资源或者文化遗产保护的内容。

11. 不得有法律、行政法规规定禁止的其他情形

法律、行政法规规定禁止的其他情形，是指除《广告法》以外的其他法律、行政法规规定的情况。比如，《妇女权益保障法》第38条规定，妇女的肖像受法律保护。未经本人同意，不得以营利为目的，通过广告、商标、展览橱窗、书刊、杂志等形式使用妇女肖像。再比如，人民币管理条例规定，未经中国人民银行批准，不得

在宣传品、出版物或者其他商品上使用人民币图样。因此，未经许可在广告中不得使用人民币图样。

（三）对互联网广告内容的可识别性要求

广告只是互联网的"副产品"，互联网信息并不全都是广告。广告信息与非广告信息在同一媒体上发布，如果不加区分或不易区分，很容易导致对消费者的误导。现实中，确有商家和媒体故意在广告中采用含混的方式介绍和推销商品或者服务，误导和欺骗消费者。要求广告内容具有可识别性，不但有利于保护消费者的合法权益，具有可识别性的广告更有利于广告监督管理机关及时、准确地依法实施监督管理。

广告具有可识别性是为了使消费者能够对广告推销商品或者服务的目的有比较清楚的认知，避免产生误解，并谨慎消费。这应当成为大众传播媒介的一项重要义务。为此，《广告法》第 14 条规定，广告应当具有可识别性，能够使消费者辨明其为广告。大众传播媒介不得以新闻报道形式变相发布广告。通过大众传播媒介发布的广告应当显著标明"广告"，与其他非广告信息相区别，不得使消费者产生误解。《互联网广告管理暂行办法》第 7 条也规定，互联网广告应当具有可识别性，显著标明"广告"，使消费者能够辨明其为广告。考虑到互联网广告的形式非常多样化，对于不同类型的互联网广告，其标注的具体方式可以根据互联网广告的特性来决定，但必须让消费者能辨别出这是广告。此外，《互联网广告管理暂行办法》对付费搜索广告作了专门的要求，即"付费搜索广告应当与自然搜索结果明显区分"。

值得注意的是，实践中某些场景下，可以通过其他方式来满足"可识别性"，并非一定要标注"广告"。比如，观看视频网站的内容时，贴片广告中会为用户设置"关闭广告"的按钮，用户当然可以识别这就是一个广告。类似这种情形，《广告法》强制要求所有广告都需标注"广告"二字，有些"一刀切"的嫌疑。

（四）不得含有贬低其他商品或服务的内容

贬低是指给予不公正的评价，含有贬低内容的广告是指对相同的或者近似的一个或者一组商品或者服务进行不公正的评价。贬低通常是针对竞争对象所进行的，广告的内容表现为通过比较，散布竞争对象的商品或者服务在质量、工艺、技术、价格等方面存在的不足或者问题，产生诋毁他人商业信誉的效果，以削弱其竞争能力。

从行为人主观方面来看，制作、发布此类广告时其主观上是故意的。含有贬低内容的广告损害的是竞争对象的商业信誉和商品或者服务的声誉。判断广告是否构成贬低他人商品或者服务的情形，应当从广告中是否含有指名或者不指名、特指或者泛指、直接的或者间接的故意降低他人商品或者服务的评价，损害他人商品或者服务的商业信誉的内容来进行。含有贬低其他商品或服务的内容的互联网广告属于损害他人合法权益的不正当竞争行为，违背了广告的基本准则，应当受到法律的禁止。

但是，"贬低"还存在一些待解决的问题。最典型的就是，在广告中就客观情况进行的比较，如某产品甲的质量，确实好过产品乙的质量，是否违反该规定？这需要进一步的研究讨论。

（五）不得含有损害未成年人和残疾人的身心健康的内容

广告的作用已经不再局限于单纯的商品推销，它往往被认为是时尚和流行的象征，与社会大众的生活息息相关，对社会大众产生着潜移默化的影响，在社会生活中发挥着越来越重要的作用。广告作为商业社会的产物，来源于社会大众的价值观念、道德观念和社会行为，同时，广告反过来也对社会大众的价值观念、道德观念和社会行为有着潜移默化的影响，对于社会大众的消费方式甚至是生活方式，都起着一定的导向及暗示的作用。因此，广告必须承担一定的社会责任，做到有所为有所不为。

根据《未成年人保护法》第2条的规定，未成年人是指"未满十八周岁的公民"。广告对于未成年人有着和成年人不同的意义。未成年人群体由于自身的心智发育尚不健全，对事物缺乏必要的认知和理性判断、辨别的能力，分不清广告世界和现实世界，而在成长过程中，其思维方式和行为方式最显著的一个特征就是模仿，因而很容易受到周围成人世界的影响。广告内容就不可避免地成了他们模仿的对象，有可能对未成年人的身心健康产生不可估量的负面影响。《广告法》第40条规定，在针对未成年人的大众传播媒介上不得发布医疗、药品、保健食品、医疗器械、化妆品、酒类、美容广告，以及不利于未成年人身心健康的网络游戏广告。针对不满 14 周岁的未成年人的商品或者服务的广告不得含有下列内容：劝诱其要求家长购买广告商品或者服务；可能引发其模仿不安全行为。

残疾人是指任何由于先天性或非先天性的身心缺陷，不能保证自己可以取得正常的个人生活和社会生活上的一切或部分必需品的人。广告内容不得有对残疾人施加不良导向和影响的语言、文字、图像等。常见的损害残疾人身心健康的违法行为主要有：广告中有损害残疾人的人格尊严的内容，如广告中使残疾人在名义、形象上直接或间接地受到讽刺、挖苦、讥笑；广告中有歧视、侮辱、侵害残疾人的语言、文字、形象和表现。

（六）对涉及专利的广告内容的基本要求

广告中涉及专利产品或者专利方法的，应当标明专利号和专利种类。专利权是国家依法在一定时期内授予发明创造者或者权利继受者独占使用其发明创造的权利。专利权是一种专有权，这种权利具有独占的排他性。专利产品是指获得专利保护的产品。专利方法是指取得专利权的生产工艺、技巧等。为了避免引起社会公众的误解和保证涉及专利产品或专利方法的广告的真实性，涉及专利产品或专利方法的广告应当标明专利号和专利种类。专利号是指国家在授予专利权时在专利证书上载明的用于区别其他专利的号码。专利种类是指发明创造的分类，按照《专利法》的规定，专利分为发明专利、实用新型专利和外观设计专利三种。

未取得专利权的，不得在广告中谎称取得专利权。专利权是一项国家法律赋予的权利，它不是在发明创造人完成发明创造时自动取得的，而是需要向专利管理机关提出专利申请，经专利管理机关审查核准后，方可取得。因此，未取得专利权的，不得在广告中谎称取得专利权。

禁止使用未授予专利权的专利申请和已经终止、撤销、无效的专利作广告。专利申请是指专利申请人以书面形式请求国家专利管理机关授予发明创造专利权的法律行为。专利申请受国家法律的临时保护。为了促进发明创造的早日实施和交流，各国法律都有此类规定，即在专利申请提出后至授予专利前，对发明创造给予一定的保护，以维护申请人的权利。我国《专利法》规定，发明专利申请公布后，申请人可以要求实施其专利的单位或者个人支付适当的费用。但是专利申请并不能表明该项发明创造一定能取得专利权。因此，为了避免消费者引起误解，法律禁止使用未授予专利权的专利申请作广告。

专利权具有时效性，专利权人只在专利有效期内享有专利权，有效期满，专利权自行失效。发明专利权的期限为20年，实用新型专利权和外观设计专利权的期限为10年，均自申请日起计算。专利有效期满前，由于出现了法律规定的情形，也可以导致专利权的终止。主要有两种情形：一种是专利权人没有按期缴纳年费导致专利权终止；另一种是专利权人以书面形式声明放弃专利权。专利的无效是指自国务院专利行政部门公告授予专利权之日起，任何单位或者个人认为该专利权的授予不符合专利法有关规定的，可以请求专利复审委员会宣告该专利权无效，宣告无效的专利权视为自始即不存在。由于已经终止、撤销或无效的专利都不再得到保护，原来的专利权人就不得在其生产经营活动中宣称仍对其享有专利权。因此，法律禁止使用已经终止、撤销、无效的专利作广告。

（七）对广告中引证内容的基本要求

广告的内容可能涉及多种学科的知识和资料，现实生活中各种数据、统计资料、调查结果、文摘、引用语在广告中被广泛使用。广告中使用各种数据、统计资料、调查结果、文摘、引用语，可以在一定程度上增强广告的证明力和说服力，扩大商品或者服务的影响。但是如果引证内容不真实或者在使用时不表明出处，很容易对消费者造成误解。为了规范广告引用中有关材料的问题，《广告法》对广告引用有关材料提出了一些具体的要求。

广告使用数据、统计资料、调查结果、文摘、引用语等引证内容的，应当真实、准确。真实、准确是指广告中使用的数据、统计资料、调查结果的取得方式是科学的，如广告中使用的数据是试验或测量得来的，试验或测量的方法应当是科学的等；真实、准确是指广告中使用的数据、统计资料和调查结果是有据可查的。当然，即使数据、统计资料、调查结果、文摘、引用语本身是真实的、准确的，在广告中的使用也应当有一个合理的程度，以能够真实、客观地介绍商品或者服务的情况为限，而不能过多、过滥地使用。在部分使用的情况下，不得与有关材料的原义相悖，不得省略对使用者不利并且可能使社会公众产生误解的内容。

广告使用数据、统计资料、调查结果、文摘、引用语等引证内容的，应当表明出处。要求表明出处是为了防止广告主毫无根据地使用数据、统计资料、调查结果、文摘、引用语，这可以增强社会公众对广告的信服力，同时在产生争议或者诉讼时，也便于当事人收集和提供证据。这一要求包含两层含义：一是在广告中使用数据、统计资料、调查结果、文摘、引用语必须要有出处，没有出处的不得在广告中使用；二是广告使用数据、统计资料、调查结果、文摘、引用语一定要表明出处，表明的出处应当真实、准确、明白、有据可查。

引证内容有适用范围和有效期限的，应当明确表示。广告所引用的数据、统计资料、调查结果、文摘、引用语等引证内容都是基于一定的时空条件得出的结果，只能说明特定时空条件下的问题，有其使用范围和有效期限。如果用来说明超出适用范围或有效期限的问题，违背广告的真实性原则，容易对消费者造成误导。

（八）对附带赠品的互联网广告内容的要求

经营者为了推销自己的商品或者服务，鼓励消费者购买或者接受自己的商品或者服务，可以采用购买商品或者接受服务附带赠送礼品的促销手段。但是如果在进行广告宣传时，没有明确说明附带赠送什么样的礼品或者赠送礼品的数量，就会使消费者产生误解，也容易引发法律纠纷。比如，有些广告有附带赠送的内容，当消费者购买了广告的商品或接受了服务后，才发现广告中赠送的内容是附条件的，而这些条件往往并不是消费者愿意接受的。再比如，广告中宣称"买一送一"，却不明确标明赠送的品种、价值或有效期限，消费者一般都会将"买一送一"理解为赠送与所购买产品同等的产品，即以一件产品的价格购买两件同等产品。但是广告中宣称的"送一"，往往并非指同等产品，而是指价格低廉、存在瑕疵或有效期将至的另类产品，有的甚至将"赠送"的商品价格暗中包括在"购买"的商品价格之内。

为了规范广告中表明附带赠送礼品的活动，《广告法》明确规定，广告中表明推销的商品或者服务附带赠送的，应当明示赠送的品种、规格、数量、有效期限和方式。这一规定包含了两层含义：首先，对广告活动主体而言，即使是赠送的礼品，该礼品也应当保证质量，不得以劣质产品作为赠品；其次，应当明确表明赠品的品种、规格、数量、有效期限和方式，不得误导消费者。

二、特殊商品和服务互联网广告准则

互联网广告除了应当遵守通用的准则外，对于一些特殊的商品和服务，法律还提出了针对性的要求，这些要求构成了广告内容的特殊准则。

（一）医疗、药品和医疗器械广告内容准则

1. 禁止特殊药品、医疗器械和治疗方法作广告的规定和处方药广告准则的规定

麻醉药品、精神药品、毒性药品、放射性药品都属于特殊药品，具有两重性，使用得当可以治病救人，使用不当将危害人民的生命健康。因此，我国对麻醉药品、精神药品、医疗用毒性药品、放射性药品实行特殊管理。药品类易制毒化学品以及戒毒治疗的药品、医疗器械和治疗方法也都属于国家严密监控的特殊商品和服务。因此，《广告法》明确规定，麻醉药品、精神药品、医疗用毒性药品、放射性药品等特殊药品，药品类易制毒化学品，以及戒毒治疗的药品、医疗器械和治疗方法，不得作广告。为了保障人民的身体健康和安全，我国实行处方药和非处方药分类管理制度。处方药必须凭执业医师或执业助理医师处方才可调配、购买和使用。《药品管理法》规定，处方药可以在国务院卫生行政部门和国务院药品监督管理部门共同指定的医学、药学专业刊物上介绍，但不得在大众传播媒介发布广告或者以其他方式进行以公众为对象的广告宣传。

2. 关于医疗、药品、医疗器械广告内容准则的规定

医疗服务、药品、医疗器械与人的身体健康和生命安全密切相

关，世界各国都将其列入特殊商品和服务，并制定严格的广告发布标准，以确保这些商品和服务广告信息的真实、可靠，不对消费者误导。根据《广告法》第16条规定，医疗、药品、医疗器械广告不得含有的内容和情形包括：表示功效、安全性的断言或者保证；说明治愈率或者有效率；与其他药品、医疗器械的功效和安全性或者其他医疗机构比较；利用广告代言人作推荐、证明；法律、行政法规规定禁止的其他内容。药品广告的内容不得与国务院药品监督管理部门批准的说明书不一致，并应当显著标明禁忌、不良反应。处方药广告应当显著标明"本广告仅供医学药学专业人士阅读"，非处方药广告应当显著标明"请按药品说明书或者在药师指导下购买和使用"。推荐给个人自用的医疗器械的广告，应当显著标明"请仔细阅读产品说明书或者在医务人员的指导下购买和使用"。医疗器械产品注册证明文件中有禁忌内容、注意事项的，广告中应当显著标明"禁忌内容或者注意事项详见说明书"。

3. 禁止在非医疗、药品、医疗器械广告中涉及疾病治疗功能和使用医疗用语的规定

随着生活水平的提高，国民对身体健康越来越重视，在广告中有关健康保健、疾病治疗功能或者其他医疗用语对消费者的影响力比较大。一些虚假广告正是利用消费者的这种心理，在非药品、非医疗器械和非医疗广告中，故意使用与疾病或健康有关的用语来误导和欺骗消费者。为此，《广告法》第17条明确规定，除医疗、药品、医疗器械广告外，禁止其他任何广告涉及疾病治疗功能，并不得使用医疗用语或者易使推销的商品与药品、医疗器械相混淆的用语。

（二）保健食品广告内容准则

保健食品是指具有特定保健功能，适宜于特定人群，具有调节机体功能，不以治疗疾病为目的的食品。保健食品与人的身体健康密切相关，世界各国都将其列入特殊商品和服务，并制定严格的广告发布标准，以确保广告信息的真实、可靠，不对消费者进行误导。保健食品的保健功能主要包括：增强免疫力，辅助降血脂，辅助降血糖，抗氧化，辅助改善记忆，缓解视疲劳，促进排铅，清咽，辅

助降血压，改善睡眠，促进泌乳，缓解体力疲劳，提高缺氧耐受力，对辐射危害有辅助保护功能，减肥，改善生长发育，增加骨密度，改善营养性贫血，对化学性肝损伤的辅助保护作用，祛痤疮，祛黄褐斑，改善皮肤水分，改善皮肤油分，调节肠道菌群，促进消化，通便，对胃粘膜损伤有辅助保护功能以及补充维生素或矿物质。

1.《广告法》对保健食品广告准则的规定

根据《广告法》第 18 条的规定，保健食品广告应当显著标明"本品不能代替药物"。保健食品广告不得含有的内容包括：表示功效、安全性的断言或者保证；涉及疾病预防、治疗功能；声称或者暗示广告商品为保障健康所必需；与药品、其他保健食品进行比较；利用广告代言人作推荐、证明；法律、行政法规规定禁止的其他内容。

2.《保健食品广告审查暂行规定》的要求

保健食品广告应当引导消费者合理使用保健食品，保健食品广告不得出现的情形和内容有：含有表示产品功效的断言或者保证；含有使用该产品能够获得健康的表述；通过渲染、夸大某种健康状况或者疾病，或者通过描述某种疾病容易导致的身体危害，使公众对自身健康产生担忧、恐惧，误解不使用广告宣传的保健食品会患某种疾病或者导致身体健康状况恶化；用公众难以理解的专业化术语、神秘化语言、表示科技含量的语言等描述该产品的作用特征和机理；利用和出现国家机关及其事业单位、医疗机构、学术机构、行业组织的名义和形象，或者以专家、医务人员和消费者的名义和形象为产品功效作证明；含有无法证实的所谓"科学或研究发现""实验或数据证明"等方面的内容；夸大保健食品功效或扩大适宜人群范围，明示或者暗示适合所有症状及所有人群；含有与药品相混淆的用语，直接或者间接地宣传治疗作用，或者借助宣传某些成分的作用明示或者暗示该保健食品具有疾病治疗的作用；与其他保健食品或者药品、医疗器械等产品进行对比，贬低其他产品；利用封建迷信进行保健食品宣传的；宣称产品为祖传秘方；含有无效退款、保险公司保险等内容的；含有"安全""无毒副作用""无依赖"等承诺的；含有最新技术、最高科学、最先进制法等绝对化的用语和表述的；声称或者暗示保健食品为正常生活或者治疗病症所必需的；含有有效率、治愈率、评比、获奖等综合评价内容的；直接或者间接怂恿任意、过量使用保健食品的。

（三）农药、兽药、饲料和饲料添加剂广告内容准则

农药、兽药、饲料和饲料添加剂这些特殊商品的质量不仅与农产品、畜产品的质量有关，而且关系到我们的生存环境、身体健康和公共安全。保证这些特殊商品广告内容的真实、合法、科学具有非常重要的现实意义。

1. 《广告法》规定的广告准则

根据《广告法》第 21 条的规定，农药、兽药、饲料和饲料添加剂广告不得含有的内容包括：表示功效、安全性的断言或者保证；利用科研单位、学术机构、技术推广机构、行业协会或者专业人士、用户的名义或者形象作推荐、证明；说明有效率；违反安全使用规程的文字、语言或者画面；法律、行政法规规定禁止的其他内容。

2. 《农药广告审查发布标准》规定的广告准则

根据原国家工商总局 2015 年 12 月 24 日发布的《农药广告审查发布标准》的规定，未经国家批准登记的农药不得发布广告。农药广告不得含有的内容包括：表示功效、安全性的断言或者保证；利用科研单位、学术机构、技术推广机构、行业协会或者专业人士、用户的名义或者形象作推荐、证明；说明有效率；违反安全使用规程的文字、语言或者画面；法律、行政法规规定禁止的其他内容。此外，《农药广告审查发布标准》还规定，农药广告不得贬低同类产品，不得与其他农药进行功效和安全性对比；不得含有评比、排序、推荐、指定、选用、获奖等综合性评价内容；不得使用直接或者暗示的方法，以及模棱两可、言过其实的用语，使人在产品的安全性、适用性或者政府批准等方面产生误解；不得滥用未经国家认可的研究成果或者不科学的词句、术语；不得含有"无效退款""保险公司保险"等承诺。

3. 《兽药广告审查发布标准》规定的广告准则

根据原国家工商总局 2015 年 12 月 24 日发布的《兽药广告审查发布标准》第 3 条的规定，不得发布广告的兽药包括：兽用麻醉药

品、精神药品以及兽医医疗单位配制的兽药制剂；所含成分的种类、含量、名称与兽药国家标准不符的兽药；临床应用发现超出规定毒副作用的兽药；国务院农牧行政管理部门明令禁止使用的，未取得兽药产品批准文号或者未取得《进口兽药注册证书》的兽药。根据《兽药广告审查发布标准》第4条的规定，兽药广告不得含有的内容包括：表示功效、安全性的断言或者保证；利用科研单位、学术机构、技术推广机构、行业协会或者专业人士、用户的名义或者形象作推荐、证明；说明有效率；违反安全使用规程的文字、语言或者画面；法律、行政法规规定禁止的其他内容。此外，《兽药广告审查发布标准》还规定：兽药广告不得贬低同类产品，不得与其他兽药进行功效和安全性对比；兽药广告中不得含有"最高技术""最高科学""最进步制法""包治百病"等绝对化的表示；兽药广告中不得含有评比、排序、推荐、指定、选用、获奖等综合性评价内容；兽药广告不得含有直接显示疾病症状和病理的画面，也不得含有"无效退款""保险公司保险"等承诺；兽药广告中兽药的使用范围不得超出国家兽药标准的规定。

（四）酒类广告内容准则

酒是一种特殊的食品，在一定的条件下会损害人的身体健康。酒类广告是指含有酒类商品名称、商标、包装、制酒企业名称等内容的广告。根据《广告法》第23条的规定，酒类广告不得含有的内容包括：诱导、怂恿饮酒或者宣传无节制饮酒；出现饮酒的动作；表现驾驶车、船、飞机等活动；明示或者暗示饮酒有消除紧张和焦虑、增加体力等功效。

（五）教育、培训广告内容准则

随着我国教育培训市场的发展，催生了不少教育培训机构，这些机构在传播教育文化知识、提供教育信息的同时，也利用广告的形式招揽生源和进行市场竞争。有些广告用语夸大，使用诸如"全市最佳""100%保证效果""排名第一"等绝对化用语；有些广告含有提高学习成绩、通过考试、就业前景和薪资待遇等保证性承诺；有些教育培训机构假冒"名师"或"名校"进行虚假招生宣传；有些则虚构办学资质或教育背景欺骗和误导公众。为了规范教育培训广告市场，保护、消费者的合法权益，2015 年修订后的《广告法》增加有关教育、培训广告内容准则的规定。根据《广告法》第 24 条的规定，教育、培训广告不得含有的内容包括：对升学、通过考试、获得学位学历或者合格证书，或者对教育、培训的效果作出明示或者暗示的保证性承诺；明示或者暗示有相关考试机构或者其工作人员、考试命题人员参与教育、培训；利用科研单位、学术机构、教育机构、行业协会、专业人士、受益者的名义或者形象作推荐、证明。

（六）招商等有投资回报预期的商品或服务广告的内容准则

近年来，投资理财活动的活跃带动了招商、投资咨询、金融服务或者有投资回报预期的商品或者服务广告的发展。与此同时，招商等有投资回报预期的商品或者服务领域虚假广告也越来越多，尤其是 P2P 等互联网金融类广告，诈骗案件高发频发，作案方式手段花样不断翻新。由于投资者缺乏专业的理财知识和安全防范意识，广告受众屡屡上当受骗。

1. 《广告法》规定的内容准则

为打击利用虚假广告诈骗或非法集资等违法犯罪活动，规范广告市场，教育消费者理性投资，保护投资者的合法权益，2015 年修订后的《广告法》新增了对招商等有投资回报预期的商品或者服务广告的内容准则的规定。根据《广告法》第 25 条的规定，招商等有投资回报预期的商品或者服务广告，应当对可能存在的风险以及风险责任承担有合理提示或者警示。广告中不得含有的内容包括：对未来效果、收益或者与其相关的情况作出保证性承诺，明示或者暗示保本、无风险或者保收益等，国家另有规定的除外；利用学术机构、行业协会、专业人士、受益者的名义或者形象作推荐、证明。

2. 《开展互联网金融广告及以投资理财名义从事金融活动风险专项整治工作实施方案》的要求

为了治理互联网金融行业违法违规的广告乱象，2016 年 4 月 13 日，原国家工商总局等 17 个部委出台《关于开展互联网金融广告及以投资理财名义从事金融活动风险专项整治工作实施方案》。其中第 2 条第（四）项要求，重点查处九类广告违法内容：一是违反《广告法》相关规定，对金融产品或服务未合理提示或警示可能存在的风险以及风险责任承担的；二是对未来效果、收益或者与其相关的情况作出保证性承诺，明示或者暗示保本、无风险或者保收益的；三是夸大或者片面宣传金融服务或者金融产品，在未提供客观证据的情况下，对过往业绩作虚假或夸大的表述的；四是利用学术机构、行业协会、专业人士、受益者的名义或者形象作推荐、证明；五是对投资理财类产品的收益、安全性等情况进行虚假宣传，欺骗和误导消费者的；六是未经有关部门许可，以投资理财、投资咨询、贷款中介、信用担保、典当等名义发布的吸收存款、信用贷款内容的广告，或与许可内容不相符的；七是引用不真实、不准确的数据和资料的；八是宣传国家有关金融、证券、保险法律、法规和行业主管部门明令禁止的违法活动内容的；九是宣传提供突破住房信贷政策的金融产品，加大购房杠杆的。当然，对于该实施方案中"不可补贴"的规定，如何在实践中进行认定，面临较大的争议，有待再具体研究。

（七）房地产广告内容准则

房地产广告，是指房地产开发企业、房地产权利人、房地产中介服务机构发布的房地产项目预售、预租、出售、出租、项目转让以及其他房地产项目介绍的广告。居民私人及非经营性售房、租房、换房广告，不属于广告法律调整的房地产广告。

1.《广告法》规定的广告内容准则

根据《广告法》第26条的规定，房地产广告，房源信息应当真实，面积应当表明为建筑面积或者套内建筑面积。房地产广告中不得含有的内容包括：升值或者投资回报的承诺；以项目到达某一具体参照物的所需时间表示项目位置；违反国家有关价格管理的规定；对规划或者建设中的交通、商业、文化教育设施以及其他市政条件作误导宣传。

2.《房地产广告发布规定》规定的广告准则

根据原国家工商总局2015年12月24日发布的《房地产广告发布规定》第4条的规定，房地产广告，房源信息应当真实，面积应当表明为建筑面积或者套内建筑面积，并不得含有下列内容：升值或者投资回报的承诺；以项目到达某一具体参照物的所需时间表示项目位置；违反国家有关价格管理的规定；对规划或者建设中的交通、商业、文化教育设施以及其他市政条件作误导宣传。根据《房地产广告发布规定》第 5 条的规定，不得发布广告的房地产包括：在未经依法取得国有土地使用权的土地上开发建设的；在未经国家征用的集体所有的土地上建设的；司法机关和行政机关依法裁定、决定查封或者以其他形式限制房地产权利的；预售房地产，但未取得该项目预售许可证的；权属有争议的；违反国家有关规定建设的；不符合工程质量标准，经验收不合格的；法律、行政法规规定禁止的其他情形。《房地产广告发布规定》还要求，发布房地产广告，应当具有或者提供的真实、合法、有效的证明文件包括：房地产开发企业、房地产权利人、房地产中介服务机构的营业执照或者其他主体资格证明；建设主管部门颁发的房地产开发企业资质证书；土地主管部门颁发的项目土地使用权证明；工程竣工验收合格证明；发布房地产项目预售、出售广告，应当具有地方政府建设主管部门颁发的预售、销售许可证证明；出租、项目转让广告，应当具有相应的产权证明；中介机构发布所代理的房地产项目广告，应当提供业主委托证明；确认广告内容真实性的其他证明文件。房地产预售、销售广告，必须载明的事项包括：开发企业名称；中介服务机构代理销售的，载明该机构名称；预售或者销售许可证书号。《房地产广告发布规定》还规定，房地产广告不得含有风水、占卜等封建迷信内容，对项目情况进行的说明、渲染，不得有悖社会良好风尚。房地产广告中涉及所有权或者使用权的，所有或者使用的基本单位应当是有实际意义的完整的生产、生活空间。房地产广告中对价格有表示的，应当清楚表示为实际的销售价格，明示价格的有效期限。房地产广告中的项目位置示意图，应当准确、清楚，比例恰当。房地产广告中涉及的交通、商业、文化教育设施及其他市政条件等，如在规划或者建设中，应当在广告中注明。房地产广告涉及内部结构、装修装饰的，应当真实、准确。房地产广告中不得利用其他项目的形象、环境作为本项目的效果。房地产广告中使用建筑设计效果图或者模型照片的，应当在广告中注明。房地产广告中不得出现融资或者变相融资的内容。房地产广告中涉及贷款服务的，应当载明提供贷款的银行名称及贷款额度、年期。房地产广告中不得含有广告主能够为入住者办理户口、就业、升学等事项的承诺。房地产广告中涉及物业管理内容的，应当符合国家有关规定；涉及尚未实现的物业管理内容的，应当在广告中注明。房地产广告中涉及房地产价格评估的，应当表明评估单位、估价师和评估时间；使用其他数据、统计资料、文摘、引用语的，应当真实、准确，表明出处。

（八）种子、种畜禽、水产苗种和种养殖广告内容准则

2015 年修订的《广告法》中新增加了有关农作物种子、林木种子、草种子、种畜禽、水产苗种和种养殖广告内容准则的规定。根据《广告法》第 27 条的规定，农作物种子、林木种子、草种子、种畜禽、水产苗种和种养殖广告关于品种名称、生产性能、生长量或者产量、品质、抗性、特殊使用价值、经济价值、适宜种植或者养殖的范围和条件等方面的表述应当真实、清楚、明白。农作物种子、林木种子、草种子、种畜禽、水产苗种和种养殖广告中不得含有的内容包括：作科学上无法验证的断言；表示功效的断言或者保证；对经济效益进行分析、预测或者作保证性承诺；利用科研单位、学术机构、技术推广机构、行业协会或者专业人士、用户的名义或者形象作推荐、证明。

三、互联网广告法律行为规范

互联网广告法律行为规范是指广告法律规定的参与互联网广告活动的主体应当遵守的行为准则，以及法律为维护广告市场秩序而作出的命令性和禁止性规定。

（一）互联网广告合同规范

《互联网广告管理暂行办法》第 9 条规定，互联网广告主、广告经营者、广告发布者之间在互联网广告活动中应当依法订立书面合同。《广告法》第 30 条也要求，广告主、广告经营者、广告发布者之间在广告活动中应当依法订立书面合同。合同是平等主体的公民、法人、其他组织之间设立、变更、终止债权债务关系的协议。广告合同是指广告主、广告经营者、广告发布者之间在广告活动中，为

了实现一定的经济目的，明确相互之间的权利和义务而签订的协议。

订立广告合同必须依照法律、行政法规和地方性法规的规定进行。广告合同的主体应当是法律认可的广告主、广告经营者、广告发布者，广告合同当事人应本着诚实信用的原则，平等互利、协商一致订立广告合同，不得利用合同形式损害消费者的合法权益。广告合同的订立包括要约和承诺两个阶段。广告合同有很多种类，不同的合同中，当事人的权利和义务不同，因此合同的内容也有所差异。根据合同的内容，可以将广告合同区分为广告设计合同、广告制作合同、广告发布合同、广告委托合同和广告代理合同。

《广告法》和《互联网广告管理暂行办法》都明确要求广告合同必须是书面形式，尤其是互联网广告，广告环节和参与主体众多，法律关系复杂，更需要用书面合同的形式明确各方参与主体的权利与义务。同时，合同采用书面形式，也有利于消费者在发生消费纠纷或者侵权行为时分清各方责任。书面合同形式主要有合同书、信件和数据电文（包括电报、电传、传真、电子数据交换和电子邮件）等形式。依法缔结的合同受法律保护，广告合同签订后，当事人应当依照合同的约定，全面、适当地履行合同约定的义务。

（二）显著、清晰地表示必须明示的内容

对于广告中的一些重要信息，法律、行政法规有时候会特别要求予以明示。比如，在大众媒介发布的广告中，让消费者清楚区分广告信息和非广告信息非常重要，因此《广告法》就明确规定，通过大众传播媒介发布的广告应当显著标明"广告"，与其他非广告信息相区别，不得使消费者产生误解。《互联网广告管理暂行办法》中也明确规定"互联网广告应当具有可识别性，显著标明'广告'，使消费者能够辨明其为广告。付费搜索广告应当与自然搜索结果明显区分"。再比如，清晰了解药品的禁忌和不良反应，对用药者非常重要，因为这直接关系着消费者的生命和健康。因此，《广告法》就明确要求在药品广告中应当显著标明禁忌和不良反应。此外，处方药广告应当显著标明"本广告仅供医学药学专业人士阅读"，非处方药广告应当显著标明"请按药品说明书或者在药师指导下购买和使用"。推荐给个人自用的医疗器械的广告，应当显著标明"请仔细阅读产品说明书或者在医务人员的指导下购买和使用"。医疗器械产品注册证明文件中有禁忌内容、注意事项的，广告中应当显著标明"禁忌内容或者注意事项详见说明书"。再比如，保健食品广告应当显著标明"本品不能代替药物"等。另外，随着新的产品和服务的出现以及广告业的发展，法律、行政法规对广告应当明示的内容还可能出现新的要求，广告活动也必须要遵守这些规定。

（三）不得妨碍用户正常使用网络

利用互联网发布、发送广告，不得影响用户正常使用网络。"发布"广告与"发送"广告有一定的区别。"发布"广告的对象是不特定的社会大众，即"广而告之"，如电视广告、广播电台广告、报刊杂志广告等；而"发送"广告一般是针对特定的人或受众，即"精准营销"，如移动短信广告、电子邮箱广告等。传统的广告一般采用发布的形式，电子信息广告则通常采用发送的方式。互联网既是发布广告的一个大众媒介，又是发送广告的网络平台。利用互联网提供信息服务和发布广告已成为互联网企业的主要收入来源，正因为如此，用户才能免费或廉价使用网络。用户在使用网络时应当容忍互联网广告的存在，但是这种容忍是有限度的，其界限就是广告不能影响用户正常使用网络。但是出于广告收入的考虑，互联网中出现了强迫用户浏览或剥夺用户选择权的广告。为此，《广告法》和《互联网广告管理暂行办法》都明确规定，利用互联网发布、发送广告，不得影响用户正常使用网络，以保障用户正常使用网络的权利。

在互联网页面上以弹出等形式发布的广告，应当显著标明关闭标志，确保一键关闭。随着互联网的发展和网络广告竞争的加剧，各种互联网页面广告层出不穷，甚至出现了无法关闭的恶意弹窗广告等形式，严重影响了用户对网络的正常使用，侵犯了用户合法权益。为此，《广告法》和《互联网广告管理暂行办法》都明确规定，在互联网页面以弹出等形式发布的广告，应当显著标明关闭标志，确保一键关闭。首先是应设置关闭广告的功能；其次是应显著标明关闭标志；最后是关闭功能的标志能够一键执行。当然，要注意的是，从《互联网广告管理暂行办法》制定过程中的变化情况来看，弹窗广告的"确保一键关闭"是从保障用户正常使用网络服务的角度提出的，要求关闭功能确实有效，保障用户能确实关闭广告，但并非用户关闭弹窗广告即意味着可以永久拒绝弹窗广告。也即，是"单次关闭单次有效"，而非"一次关闭永久拒绝"。

（四）电子信息广告发送规范

未经当事人同意或者请求，不得以电子信息方式向其发送广告。电子信息的出现改变了广告的发布方式，以电子信息技术、电子媒体通过移动电话、电子邮箱等来传达广告信息成了一种新的广告形式。但是过度泛滥的电子广告信息也扰乱了人们的正常生活。未得到用户允许的手机短信、恶意邮件等"垃圾广告"曾使得每个电子终端用户都苦不堪言。为此，《广告法》明确规定："任何单位或者个人未经当事人同意或者请求，不得向其住宅、交通工具等发送广告，也不得以电子信息方式向其发送广告。"

以电子信息方式发送广告的，应当明示发送者的真实身份和联系方式，并向接收者提供拒绝继续接收的方式。以电子信息方式发送广告本身并不违法，但应当尊重接受信息人的生活安宁权和自由选择权。因此，发送电子信息广告时，应当明示发送者的真实身份和联系方式，并向接收者提供拒绝继续接收的方式。这样可以方便接受者自由作出选择，并能够切实收到拒绝广告和免受打扰的效果。

未经允许，不得在用户发送的电子邮件中附加广告或者广告链接。电子邮件广告是一种常见的互联网广告类型，提供电子邮箱服务（尤其是免费提供电子邮箱服务）的互联网企业可以利用邮箱登录页、邮箱底部等广告位发布广告，但是未经用户允许，擅自在用户发送的电子邮件中附加广告或者广告链接的，就是对用户合法权益的侵犯，是为法律所禁止的。

（五）健全互联网广告业务管理制度

广告经营者和广告发布者从事广告活动，需要建立、健全一套日常的管理制度，这些制度包括广告业务的承接登记、审核、档案管理制度。建立、健全广告业务的承接登记、审核、档案管理制度具有重要的现实意义，既有利于促进对广告活动的规范管理，提高业务水平，减少违法广告；也有助于行政机关的执法和消费者的维权。这里的"建立、健全"包括两个方面：一是必须要有这些制度，二是这些制度的内容要全面完整，且行之有效。

《广告法》和《互联网广告管理暂行办法》对健全广告业务管理制度提出了具体的要求。《广告法》第34条第1款规定："广告经营者、广告发布者应当按照国家有关规定，建立、健全广告业务的承接登记、审核、档案管理制度。"《互联网广告管理暂行办法》第12条第1款规定："互联网广告发布者、广告经营者应当按照国家有关规定建立、健全互联网广告业务的承接登记、审核、档案管理制度；审核查验并登记广告主的名称、地址和有效联系方式等主体身份信息，建立登记档案并定期核实更新。"第15条第1款也规定："广告需求方平台经营者、媒介方平台经营者、广告信息交换平台经营者以及媒介方平台的成员，在订立互联网广告合同时，应当查验合同相对方的主体身份证明文件、真实名称、地址和有效联系方式等信息，建立登记档案并定期核实更新。"

（六）互联网广告其他行为规范

除了遵守上述各项行为规范外，《广告法》和《互联网广告管理暂行办法》还规定了另外一些行为规范。这些规范主要有：广告内容涉及的事项需要取得行政许可的，应当与许可的内容相符合；互联网信息服务提供者不得以介绍健康、养生知识等形式变相发布医疗、药品、医疗器械、保健食品广告；禁止利用互联网发布声称全部或者部分替代母乳的婴儿乳制品、饮料和其他食品广告；互联网广告主、广告经营者、广告发布者不得在互联网广告活动中进行任何形式的不正当竞争；互联网广告经营者、广告发布者应当公布其收费标准和收费办法；互联网广告发布者向广告主、广告经营者提供的覆盖率、点击率等资料应当真实；在针对未成年人的互联网传播媒介上不得发布医疗、药品、保健食品、医疗器械、化妆品、酒类、美容广告，以及不利于未成年人身心健康的网络游戏广告；未参与互联网广告经营活动，仅为互联网广告提供信息服务的互联网信息服务提供者，对其明知或者应知利用其信息服务发布违法广告的，应当予以制止；任何单位或者个人不得伪造、变造或者转让广告审查批准文件；工商行政管理部门依照法律法规规定行使职权，当事人应当协助、配合，不得拒绝、阻挠；不得以欺骗方式诱使用户点击广告内容。

四、互联网广告自律审查规范

如同行业内其他细分领域那样，互联网广告行业也应当施行广告自律审查规范。广告审查是指在广告发布前，对发布广告内容的真实性和合法性进行的审查。根据审查主体的不同，可以分为广告行政审查和广告自律审查两类。广告经营者、广告发布者依据法律、行政法规查验有关证明文件，核对广告内容。对内容不符或者证明文件不全的广告，广告经营者不得提供设计、制作、代理服务，广告发布者不得发布。这就是广告自律审查制度。狭义上的广告自律审查仅指广告经营者、广告发布者依据法律、行政法规查验有关证明文件，核对广告内容的活动。广义上的自律审查还包括广告主对自己广告的合法性进行的自查。互联网广告自律审查，是指在互联网广告活动中，互联网广告经营者、互联网广告发布者依据法律、行政法规查验有关证明文件，核对互联网广告内容的广告审核制度。

（一）互联网广告自律审查的特征

1. 自律性

广告自律审查是一项法律义务，也是行业自律的要求。《互联网广告管理暂行办法》第 4 条规定，鼓励和支持广告行业组织依照法律、法规、规章和章程的规定，制定行业规范，加强行业自律，促进行业发展，引导会员依法从事互联网广告活动，推动互联网广告行业诚信建设。行业自律体现为行业成员通过自我约束、自我限制、自我协调和自我管理，使其行为符合国家法律法规、职业道德和社会公德的要求。广告的自律审查正是行业自律的要求和重要内容。

2. 合法性

广告自律审查的合法性特征体现在三个方面：一是广告自律审查本身就是一项法律义务，认真开展广告自律审查是符合法律要求的；二是广告自律审查的依据是国家的法律，即法律、行政法规和规章等法律文件；三是广告自律审查的目的是保障广告的内容和形式合法。

3. 全面性

与广告行政审查的对象仅限于药品、医疗、医疗器械、保健食品、农药、兽药等有限的特殊商品或服务不同，广告自律审查是对设计、制作、代理、发布的全部广告都要进行的审查。此外，进行广告自律审查时，既要审查广告内容，也要审查广告形式；既要审查广告的合法性，也要审查广告的真实性。

4. 复杂性

与传统广告的自律审查相比，互联网广告的自律审查更具复杂性。传统广告的数量是相对有限的，比如电视广告，在某一时段其广告数量几乎是恒定的，审核的工作量较少；而互联网广告的数量却非常庞大，比如百度付费搜索广告，每天需要审查的数量至少是几十万条，审核工作量非常庞大。传统广告的内容是相对静止或固定的，比如纸媒广告，其内容是处于静止状态的，审核相对容易；而互联网广告具有动态性和易变性，尤其是程序化购买广告，有时候其最终的呈现形式审核者是无法预知的，难度较大。此外，互联网广告还涉及更多的参与者和链接环节，这些都增加了互联网广告自律审查的复杂性。

（二）互联网广告自律审查人员与机构

《广告法》第 29 条对传统广告自律审查人员和机构提出了要求，即"广播电台、电视台、报刊出版单位从事广告发布业务的，应当设有专门从事广告业务的机构，配备必要的人员，具有与发布广告相适应的场所、设备，并向县级以上地方市场监督管理部门办理广告发布登记"。

早在互联网广告出现之前，我国广告行业已经建立了广告审查员制度。广告审查员制度，是指广告经营者和广告发布者设置专门人员负责查验广告主体资格以及审查广告内容真实性和合法性的措施，是广告自律审查最为重要的形式。1996 年，原国家工商总局发布的《广告审查员管理办法》（工商广字［1996］第 239 号）明确指出："设立广告审查员是建立广告业务管理制度的一项内容。广告经营者、广告发布者应当依照本办法的规定，配备广告审查员，并建立相应的管理制度"，"广告经营者、广告发布者设计、制作、代理、发布的广告，应当经过本单位广告审查员书面同意"。可见，广告审查员应当履行的职责是：①依照国家法律、法规、行政规章和国家有关规定，审查本单位设计、制作、代理、发布的广告，签署书面意见；②负责管理本单位广告档案；③向本单位的负责人提出改进广告审查工作的意见和建议；④协助本单位负责人处理本单位遵守广告管理法规的相关事宜。2003 年，原国家工商行政管理局发布了《关于广告审查员管理工作若干问题的指导意见（试行）》，又重申了广告审查员的管理工作对维护广告市场秩序具有的重要意义。

互联网广告兴起后，开展互联网广告业务的网站也都自觉建立了广告审查员队伍，专门负责互联网广告的自律审查。《互联网广告暂行办法》第 12 条第 2 款明确规定："互联网广告发布者、广告经营者应当查验有关证明文件，核对广告内容，对内容不符或者证明文件不全的广告，不得设计、制作、代理、发布。"这是对互联网自律审查制度的专门规定。《互联网广告管理暂行办法》同时要求"互联网广告发布者、广告经营者应当配备熟悉广告法规的广告审查人员；有条件的还应当设立专门机构，负责互联网广告的审查"，明确了互联网广告自律审查的人员和机构设置。

（三）互联网广告自律审查的环节

互联网广告自律审查大体上包括承接登记、全面审核和归档三个环节。

广告经营者和广告发布者开展广告业务时，首先要做好承接业务的登记工作，并通过承接登记环节做基础信息的审查。《互联网广告管理暂行办法》规定，互联网广告发布者、广告经营者应当按照国家有关规定建立、健全互联网广告业务的承接登记、审核、档案管理制度；审核查验并登记广告主的名称、地址和有效联系方式等主体身份信息，建立登记档案并定期核实更新。针对程序化购买广告，《互联网广告管理暂行办法》要求"广告需求方平台经营者、媒介方平台经营者、广告信息交换平台经营者以及媒介方平台的成员，在订立互联网广告合同时，应当查验合同相对方的主体身份证明文件、真实名称、地址和有效联系方式等信息，建立登记档案并定期核实更新"。

对承接的广告业务进行全面审核。广告审查员应当查验各类广告证明文件的真实性、合法性、有效性，对证明文件不全的，提出补充收取证明文件的意见；核对广告内容的真实性、合法性；检查广告形式是否符合有关规定；审查广告整体效果，确认其不致引起消费者的误解；检查广告是否符合社会主义精神文明建设的要求；签署对该广告的书面意见。

广告的档案管理不仅是广告经营者和广告发布者日常管理制度的重要组成部分，也是工商行政管理机关对广告经营活动进行检查的主要内容。广告经营中需要保管的档案内容是非常广泛的，涉及广告业务的各个环节和流程，包括但不限于广告主出具的各种证明文件、广告活动当事人之间签订的广告合同、广告内容的修改记录、广告主对广告发布样稿的确认记录、广告审核意见、广告客户和消费者对广告发布后的反映等。按照一定的规则将审核广告及其相关材料整理归档以备后查是非常重要的。

（四）互联网广告自律审查的内容

广告自律审查的依据是法律、行政法规和规章等有效的规范性法律文件。广告自律审查的具体内容包括：查验广告主体的身份、资质和证明文件的合法性和真实性；查验各类广告证明文件的真实性、合法性、有效性，对证明文件不全的，要提出补充收取证明文件的意见；根据《广告法》以及相关法律法规的要求，核对广告内容的真实性、合法性、科学性，审查广告内容是否符合实际，是否有违法内容，表达是否容易产生误导；对广告的形式进行检查，检查是否存在国家禁止发布的形式；检查广告内容和形式是否健康，是否符合社会主义精神文明建设和弘扬中华民族优秀传统文化的要求；对广告的整体效果进行检查，确保不具备专业背景的普通消费者能够正确理解广告内容，不至于引起消费者的误解。

在《广告法》的修订过程中，关于广告经营者、广告发布者应当对广告内容承担"核实"义务还是"核对"义务，有过一些争论。1995年《广告法》确定的是"核实"义务，即"广告经营者、广告发布者依据法律、行政法规查验有关证明文件，核实广告内容"。"核实"义务实际上要求广告经营者、广告发布者对广告主提供的文件和材料进行实质审查。这在以广播、电视、报刊、杂志为主要广告载体的传统广告中是可行的，但是随着互联网等新兴广告媒体的发展，以互联网为载体的互联网广告出现了一些新的特征。与20世纪90年代的广告行业相比，现代广告行业发展在用户日到达率、沟通模式、覆盖范围、信息容量、交互性等方面都具有显著不同。现代传播技术下的广告形式能够展示的内容无限，广告发布者能够提供的广告位也无限。互联网广告还可以最快速度把产品介绍精准地推送到全球各地的客户，比传统广告具有更宽的覆盖面，拥有更庞大的受众群体。在这种情况下，广告经营者、广告发布者对广告内容承担实质审核义务就非常困难了。

2015年修订后的《广告法》将"核实"义务修正为"核对"义务，即"广告经营者、广告发布者依据法律、行政法规查验有关证明文件，核对广告内容"。这样的规定，一方面是考虑到广告业自身发展给广告经营者、广告发布者履行实质审查义务带来的困难；另一方面，是因为《广告法》已明确规定"广告主应当对广告内容的真实性负责"。这样就将广告主明确为广告内容真实性的第一责任人。广告主是广告活动的主动发起者，而广告经营者、广告发布者只是接受广告主的委托，设计、制作、发布广告。广告主、广告经营者、广告发布者三者具有不同的职能和分工，广告经营者和广告发布者是为广告主服务的辅助角色，只有广告主对自己的产品和服务最为了解，理应对其广告的真实性负责，后两者依法核对相关证明文件即可。一旦出现违法广告行为，首先应该审查广告主是否违反了真实性义务，而广告经营者、广告发布者仅对证明文件承担审查责任。这样的责任分配更加科学合理。

《互联网广告管理暂行办法》重申了《广告法》关于广告发布者"核对广告内容"的义务，即"互联网广告发布者、广告经营者应当查验有关证明文件，核对广告内容，对内容不符或者证明文件不全的广告，不得设计、制作、代理、发布"。需要注意的是，互联网广告形式与传统广告有很大的不同，在传统的电视、纸媒广告中，广告内容与具体商品和服务的消费场景相去甚远，而互联网广告的广告内容可能与商品或服务的消费场景仅相隔一个网页。所以公众更容易将互联网广告的内容与商品或服务消费场景进行混淆。因此，在互联网广告中，明确界定互联网广告发布者应尽的"核对"义务的范围非常重要。互联网广告发布者对自己平台上与广告相关内容负有"核对"义务，但是对与广告内容相近似的消费场景不应负有"核对"义务。互联网广告发布者的审核义务应该仅限于在其广告发布平台上展示的内容，不包括点击广告内容链接跳转到的落地页的具体场景。另外，从互联网广告的发展趋势来看，全球互联网行业越来越重视利用系统技术来完成对广告的审核，传统的依靠发布者投入人工对广告内容进行逐字核对的模式正在被智能系统审核所取代。智能系统审核主要采取的是利用数据库对敏感词、禁止词过滤的方式。因此，应当支持和鼓励互联网广告业不断开发和完善审核技术，采用技术手段来开展互联网广告自我审查。

程序化购买广告

程序化购买（Programmatic Buying）是一种建立在数据和技术基础之上的广告交易形式，主要目的是实现广告投放的自动化、精准化和灵活化。这种交易方式主要涉及四方主体：媒介方平台，负责整合媒体资源，发送广告位参与竞价；广告交易平台，居于需求方和媒介方之间，负责完成广告的实时竞价；需求方平台，负责整合广告主需求，分析所收到的广告位数据，制定竞价策略；数据管理平台，负责管理各方数据，细分人群，指导和优化广告投放。程序化购买广告已渗透到互联网的各个角落，用户打开网站时一般都能看到一些"恰好"满足自身需求的广告，就是由程序化购买交易方式实现的。

众多广告主	需求方平台 DSP	信息交换平台 ADX	媒介方平台 SSP	众多媒介

一、程序化购买的概念

程序化购买交易模式通过数字化、自动化、系统化的方式改造广告主、代理公司、媒体平台，进行程序化对接，帮助其找出与受众匹配的广告信息，通过程序化购买的方式进行广告投放，并实时反馈投放报表。程序化购买把从广告主到媒体的全部投放过程进行了程序化投放，实现了整个数字广告产业链的自动化，是高度定向、高效自动化的过程。简单来说，程序化购买就是基于自动化系统（技术）和数据来进行的广告投放。与常规的人工购买相比，程序化购买可以极大地改善广告购买的效率、规模和策略。

程序化购买广告作为互联网广告，改变的不仅仅是广告信息的承载媒介，更多的是改变互联网广告的展现逻辑和触发机制。传统的互联网广告生态链一般最多只有三方，分别是广告主、广告代理商（即广告经营者）以及互联网媒体（广告发布者）。而在程序化购买广告交易模式中，原有的广告生态链发生了变化，整个生态链包括广告主、需求方平台、广告交易平台以及媒介方平台和互联网媒体等多个主体。广告主将自己的广告需求上传到需求方平台上，互联网媒体将自己的广告流量资源统一到媒介方平台，需求方平台通过与广告交易平台的技术对接完成竞价购买，并通过媒介方平台投放到某一具体互联网媒介资源。

程序化购买有如下特征：

首先，程序化购买中各方主体被数字化、系统化处理，真正"参与"广告制作、交易和投放的是一个个数字化的平台。在程序化购买交易模式中，广告主提出需求，需求方平台（Demare-Side Platform，简称"DSP"）负责制作和投放广告，信息交换平台（Ad-exchange，简称"ADX"）负责实时竞价，媒介方平台（Supply-Side Platform，简称"SSP"）负责发送每一次的曝光机会，数据管理平台（Date Management Platform，简称"DMP"）负责处理交易所需的数据。四个平台互相配合，共同实现广告的交易。

其次，程序化购买的交易过程是由系统自动实现的，处理时间以毫秒为单位。实时竞价（Real Time Bidding，简称"RTB"）是一种利用第三方技术在数以百万计的网站或移动端针对每一个用户的展示行为进行评估以及出价的竞价技术。它可以帮助广告主提升广告投放的精准度，降低网络广告的无效预算，从而减少成本浪费。实时竞价是 DSP、广告交易平台等在网络广告投放中采用的主要售卖方式，在极短的时间内通过对目标受众竞价的方式获得该次广告展现的机会，仅限于购买广告交易资源，无论在 PC 端或是移动端均可以实现。RTB 相关技术的不断发展和大数据的分析利用提高了推荐服务的精准性，帮助用户过滤海量互联网信息，使得互联网用户得以免费享受个性化推荐的便利服务。用户浏览器上特殊位置的广告是根据其信息而推送的，用户所看到的广告内容对他来说已经不仅仅是广告了，而是根据他的个人信息与兴趣而展示出的一条有用的信息。这一分析数据，然后"定制化"推送广告的过程看起来复杂无比，但却在一瞬间就完成了。这就是程序化的智能之处，它能够让广告展现在你面前的时候，你并不会觉得这是一条广告，而是与你的生活兴趣息息相关的一条可用信息，也就是让恰当的广告在合适的时间出现在正确的人面前。

在采购方式上，广告主买的不再是广告位，而是每一个用户个体。每个人的关注点都不同，因此每个人看到的广告也可能完全不同，同一个广告位展出的广告可能属于不同的广告主，同一个广告主的广告也会在不同的广告位上被展出。对于广告主来说，每条广告的出现都是有效的，从而在理论上省下了很多广告费。但同时，也因为这样不确定的广告位、不确定的排期以及不确定的价格，让广告主的心里也有许多顾虑。因为这些不确定，广告主事先无法了解到自己的广告位具体在哪里，也不知道到底有多少兴趣用户看到了自己的广告牌，更不知道收了广告费的哪些流量是不是真实的。

下面以程序化购买中最为常见的交易方式 RTB 来说明，程序化购买广告的交易过程如下：

（1）互联网用户访问一个拥有 RTB 资源位的网页页面，向媒体发起访问请求；

（2）SSP 平台代表媒体将此次曝光的属性，如物料的尺寸、广告位出现的 URL 和类别、用户的 Cookie ID 等，发送给 ADX；

（3）ADX 向多家 DSP 同时发起曝光竞价请求；

（4）DSP 接收到该竞价请求之后，在得到用户允许的情况下，DMP 会分析用户的身份背景、兴趣爱好、所在地点等，分析匹配结果连同广告位的具体信息被发送给 DSP，DSP 会根据相关数据决定竞价策略，如果决定竞价，就把竞价响应发送回 ADX；

（5）ADX 集齐 DSP 报价后进行广告位拍卖，把出价最高的 DSP 代表的广告主的广告迅速输送到用户的浏览器中；

（6）用户浏览页面，就看到了页面中的广告，广告得以曝光。

从用户访问、竞价到完成投放，这一系列的过程仅需 100 毫秒，全部依托机器完成。以腾讯 ADX 为例，一个曝光从发生到实时竞标，直到最后获胜广告展示的全过程如下：

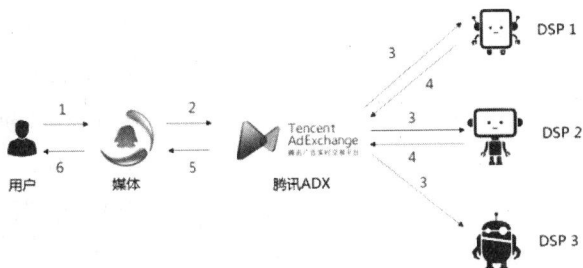

最后，程序化购买通过对用户数据进行挖掘、分析，实现广告投放与受众的高度匹配。事实上，从广告的本质来说，广告是一种信息传递，产品的生产者通过一定的媒介将产品的样态、质量、产地和功能等信息向大众传播，最终目的是为了树立或改变人们对广告商品的态度，进而诱发其购买行动。只有向那些有此类需求的受众传递广告，才最有可能实现"诱发行动"的目的。在程序化购买交易中，DSP 通过对每一次曝光背后的用户的购物、社交、搜索等数据进行挖掘和分析，判定该用户对何种产品或服务具有需求，然后制定广告推送投放和竞价策略。程序化购买广告能够实现对每一个用户的每次点击，依据场景进行独立判断，最大限度地加强了广告投放的精准性。

综上，程序化购买广告是数字化平台参与的、由系统自动进行销售的、能够最大化匹配广告商品和受众需求的互联网广告交易方式。

对于品牌广告主来说，总是想得到最好的广告位、优先的排期、相对让人放心的固定价格以及广告位的绝对所有权。可这些听起来怎么都像是传统的人力购买媒体的方法——事先选择广告位，确定投放的时间，谈好价钱，最后就是投放看效果。可见广告主其实从内心来说，还是无法放下那种透明的、能让他们看到的传统的广告交易模式。那么有没有一种方法能够让这种类似传统的广告交易方法也程序化起来呢？答案是肯定的，那就是程序化的新生代平台——PMP（Private Market Place），私有交易市场。与此同时，除了实时竞价这种公开交易方式之外，程序化购买还能够提供非实时竞价模式（Non-RTB），基于传统购买的媒体资源，进行程序化购买的优化，包括私有程序化购买（Programmatic Direct Buying 或 Premium Direct Buying，简称"PDV"，把广告主常规购买的保量的优质媒体资源，利用程序化购买的方式进行人群定向等多维度定向的广告投放。无论 RTB 或 PDB 模式都需要以 DSP 的系统作为实现投放的桥梁。）、优先交易（Preferred Deals，简称"PD"，与 PDB 的区别在于广告资源具有一定的不确定性，广告位的展示量，不能预先保证）、私有竞价（Private Auction，简称"PA"，指媒体把较受广告主们欢迎的广告位置专门拿出来，放到一个半公开的市场中进行售卖，供有实力的广告主们竞价，价高者得）等私有交易方式，实时竞价模式与非实时竞价模式的区别在于是否竞价以及广告位是否预留。不同的程序化购买方式能够覆盖广告主的不同需求，广告主可以按照自身需求选择。[1]

二、程序化购买的平台构成

程序化购买广告的产业链参与者主要有：广告需求方，包括广告主和广告代理商；需求方服务平台，包括 DSP 和采购交易平台（Trading Desk）；流量供应方，包括媒体网站、移动端 APP、广告网盟 Ad Network；流量方服务平台，即 SSP；广告交易平台，即 ADX；广告服务和数据管理平台，包括程序化创意平台（Programmatic Creative Platform，简称"PCP"）、广告验证平台（Ad Verification Platform，简称"AVP"）、数据管理平台（Data Management Platform，简称"DMP"）、监测分析平台（Measurement & Analytics Platform，简称"MAP"）。目前这些平台尚在市场整合与发展中。对于程序化购买而言，最为重要的有以下四个平台：

---

[1] 本书如未特别指明，程序化购买广告一般指的是以实时竞价方式交易的互联网广告。

（一）需求方平台（DSP）

DSP 是程序化购买广告的核心环节，即由 DSP 代表广告主进行广告竞价投放。需求方平台，为广告主提供跨媒介、跨平台、跨终端的广告投放平台，通过实时数据整合、分析实现基于受众的精准投放以便进行购买、投放广告，并且实时监控不断优化，形成报表。区别于传统的广告网络，DSP 不是从网络媒体那里购买广告位，而是从广告交易平台通过实时竞价的方式获得对广告进行曝光的机会。

DSP 的主要功能包括：①整合、分析数据，依据受众的人群分析精准投放广告；②通过 SSP、ADX 或 Ad Network 接入媒体资源，帮助需求方进行跨媒介、跨平台、跨终端的广告投放，并对不同的媒体资源进行规划和预算分配；③对广告投放效果进行实时监测及优化，并向需求方提供报表。广告主、广告代理商可以通过 DSP 平台提供的统一界面管理多个数字广告和数据交换账户。

需要注意的是，DSP 为用户提供了开放的服务类型，需求方可以根据自身广告投放需求，选择利用不同的服务类型。这些服务类型有：①软件即服务（Software-as-a-Service，简称"SaaS"），产品形态即软件，需求方使用 DSP 可以自运营或者托管运营服务。自运营指需求方利用 DSP 平台自行进行广告投放管理及优化，托管运营指由 DSP 平台指定专门人员负责需求方的广告投放管理及优化。②平台即服务（Platform-as-a-Service，简称"PaaS"），产品形态是平台，需求方会用到 DSP 提供的数据、算法等来制定广告投放策略，整合投放需求。③基础设施即服务（Infrastructure-as-a-Service，简称"IaaS"），产品形态是基础设施。需求方利用到的是 DSP 提供的技术模块。从托管运营到仅适用技术模块，需求方对 DSP 服务的应用依赖性逐渐减弱。

（二）广告交易平台（ADX）

ADX 是汇聚各种媒体流量的大规模交易平台，是 DSP 实现受众精准购买的交易场所。ADX 充当的是在线广告交易市场的角色，用于连接 DSP 和 SSP 进行广告的交易、竞价、匹配和结算等业务，主要采用的交易模式是实时竞价模式。按照广告位资源的来源范围可以将 ADX 分为开放式的公有广告交易平台与封闭式的私有广告交易平台（Private Ad Exchange）。两者的主要区别在于，开放式广告交易平台是一个开放的，能够将媒体和广告主与广告代理商联系在一起的在线广告市场（类似于股票交易所）。也即，公有平台上的广告位资源来自不同媒体，其运营商以能够网罗大量媒体资源的互联网巨头为主；而私有平台上的广告位资源通常是以一家媒体或一家广告网络的广告资源为主，其运营商主要以大型门户和视频网站为主。这些网站更倾向于搭建私有交易平台，单独出售自己的广告位资源，以提升对自有媒体资源的控制，是介于广告交易平台和 SSP 之间的模式。

（三）媒介方平台（SSP）

与 DSP 相对，SSP 服务于供应方，帮助媒体对自身不同的广告位进行管理。具体而言，它是帮助互联网媒介资源主体进行流量分配管理、资源定价、广告请求筛选，为媒体的广告投放进行全方位的分析和管理的平台，使其可以更好地进行自身资源的定价和管理，优化营收。SSP 是媒体优化自身收益的工具，一般来说一个媒体会采用多个 SSP 来管理、销售自身流量，使每一个流量，尤其是剩余流量都能达到最大的收益，但是 SSP 并非媒体优化营收的必选项。理论上由 SSP 负责对接媒体，然后对接进入 ADX。但是现在 SSP 的功能基本与 ADX 一致了，DSP 可以通过 API 对接 ADX 或直接对接 SSP，实现广告的程序化购买。[1]这种趋同性源于中国互联网广告市场的特殊情形，中国事实上并不存在真正意义上的 SSP，各家媒体直接绕过 SSP 与 Ad Exchange 连接。

（四）数据管理平台（DMP）

数据是程序化购买的两大基石之一，是广告投放受众群精准定向的基础。DMP 通过将各种来源的数据进行规范化、标签化管理，提供全面深入的数据洞察和智能管理，指导广告主进行广告优化和投放决策。具体而言，DMP 可以实现收集、存储、集中、分析、挖掘以及运用原先隔离而分散的数据，建立全方位的、更加精确的人

---

[1] 梁丽丽：《程序化广告个性化精准投放实用手册》，人民邮电出版社 2017 年版，第 29 页。

群标签和用户画像，从而使得广告主能够更加精准地投放广告，帮助广告主形成基于人群投放并获得更高效果转化的有效指导，获得更好的广告收益。数据管理平台服务于广告主和 DSP，DSP 可以导入 DMP 的数据用来补充、丰富自有数据，广告主可以用 DMP 的数据对 DSP 的投放进行检验，调整广告投放策略，优化投放收益。

　　程序化购买各方主体之间的关系可以用下图[1]来说明。

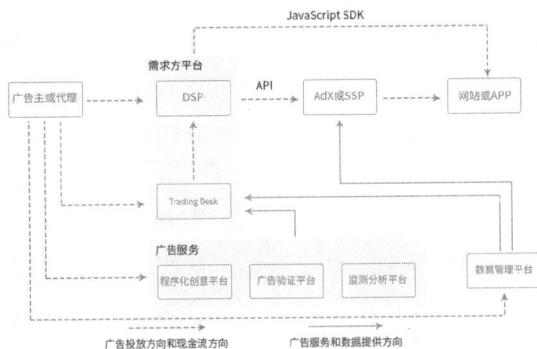

需要注意的是，上述平台的划分并不代表这些平台之间是相互割裂的。事实上，在中国程序化购买广告的市场环境中，很多互联网企业会同时布局上述平台中的一个或多个，这与当前程序化购买广告交易模式尚处于快速发展阶段相关。

---

〔1〕　图片来源：http：//www.rtbchina.com/sunteng-biddingx-publish-2017-program-matic-guide-book.html.

从上图〔1〕可以看出，ADX 平台的运营商往往也同时运营着产业链上的其他产品，如 DSP、DMP、SSP 等，而且同一家运营商运营的 DSP 和 ADX 之间并无绑定关系。这些 DSP 既是其自有的广告交易平台上的重要参与者，也是其他广告交易平台上的参与者。比如，百度作为搜索引擎行业的领头羊，已构筑起以百度 DSP、SSP 为核心的完整的程序化购买生态，吸引了大量业界第三方 DSP、监测等合作伙伴的紧密合作。腾讯也拥有腾果、广点通、Tencent AdExchange、Tencent Social Ads 等平台用以进行程序化广告的营销和投放。阿里则在其以运营广告为主的阿里妈妈平台下，输出 TanX、AFD 和达摩盘等 RTB 相关产品。事实上，这些产品从性质上不能单纯地定义为 DSP、DMP、SSP 或 ADX，而是一种具有综合性功能的平台，涉及从分析广告主需求到最终广告投放的全过程，因为 BAT 都是拥有大量互联网媒体资源的企业。这就导致在互联网广告行业中有些既是裁判者（广告交易平台），又是运动员（DSP），有可能会出现违背公平原则的局面。

三、各方主体的法律责任分配

在对程序化购买广告交易模式的法律问题进行研究时，首要的问题是各方主体责任的分配。《广告法》规定了四种主体：广告主、广告经营者、广告发布者和广告代言人。那么，在程序化交易广告中，谁是广告经营者和广告发布者，能否将媒体直接认定为广告发布者，其他平台是否承担责任，承担何种责任，这些都是值得研究的。如前面所说，有些大的平台会有好几种产品同时存在，甚至包括集合了 DSP、ADX 和 SSP 的产品。因此，责任划分对这类主体整体影响不大，对于一种或几种的主体而言影响重大。本书将结合《广告法》《互联网广告管理暂行办法》《网络安全法》《消费者权益保护法》等法律的相关规定分析上述问题。

---

〔1〕 图片来源：http://www.rtbchina.com/china-programmatic-ad-tech-landscape.

（一）对广告主、互联网广告发布者、互联网广告经营者的责任
　　　分配

1. 互联网广告内容审核的责任分配

如何从立法角度定义程序化购买中的各个角色以及划分责任，是《互联网广告管理暂行办法》立法过程中的一大重点、难点和亮点。其第 10 条到第 12 条对广告主、广告经营者和广告发布者的规范经营提出了责任要求。想要科学地划分广告发布者和广告主的审核责任，首先要界定互联网广告内容的内涵和外延。根据《互联网广告管理暂行办法》第 3 条的规定可知，互联网广告是指通过网站、网页、互联网应用程序等互联网媒介，以文字、音频、视频或者其他形式直接或间接地推销商品或服务的商业广告。对于付费搜索广告来说，广告内容仅应包括其抓取的包含关键字的标题、商标、图案以及描述，行业内称"广告创意"，而并非点击标题链接后跳转的落地页，业内称"物料指向页面"；对于展示类广告来说，广告内容也仅应包括在媒体上展示的包含文字、音频、视频在内的广告素材，业内称"广告物料"，而不包含第一次跳转乃至第二次继续跳转后的落地页。因为物料指向页面通常是广告主官网或者二级域名网页等，系属广告主的网站，并不等同于广告发布者发布的广告。广告主委托广告发布者进行推广的目的是通过广告物料的展现吸引用户访问自己的网站、app 等经营媒介。任何网站、app 都有可能给自己作广告，但是并不能因此说广告主自己的网页就成了广告发布者发布的广告，不然，互联网上任何广告主的网站、网页以及 app 都成了广告内容，将导致广告这一特殊的信息无法与其他一般信息进行区分。

2. 广告经营者、广告发布者审核广告内容的责任边界问题

广告经营者、广告发布者"核对"广告内容的责任边界也是业内一直以来的困惑。1995 年《广告法》第 27 条规定："广告经营者、广告发布者依据法律、行政法规查验有关证明文件。对内容不实或者证明文件不全的广告，广告经营者不得提供设计、制作、代理服务，广告发布者不得发布。"而条文中的"核实""内容不实"在2015 年《广告法》中改为了"核对"和"内容不符"。一字之差，相差万里。"核实"内容是否属实为实质审查，而"核对"内容是

否相符可理解为较之内容是否属实，给人一种欲减轻实质审核责任但仍需尽到审慎审查义务的立法意图。然而在互联网广告生态下该规定指的是核对广告物料中对商品或服务的描述是否与广告主真正提供的产品或服务相符，还是与广告物料指向链接中所描述或展现对内容相符，并未找到明确的法律依据。

3. 程序化购买情境下的主体认定规则及责任划分思路

在传统广告模式中，广告主、广告经营者和广告发布者构成的商业模式简单清晰，非常容易分辨。然而，在复杂的网络广告生态中，一般受众可能以为看到一条精准推送的广告背后的原理与发送一条短信没什么区别。其实，一条网络广告背后的产业链条已经变得空前的复杂，每一个类型的主体都有数量庞大的同行提供着细分服务，并且不断地演变成新的服务模式。

在《互联网广告管理暂行办法》征求意见稿中，曾试图采用根据存储行为来认定广告发布者的思路："第五条　符合下列情形之一的广告主、广告经营者、广告代言人、互联网信息服务提供者，同时为互联网广告发布者：（一）对互联网广告内容具有最终修改权、决定权的；（二）发布存储于本网站的广告信息的网站经营者；（三）在自设网站自行发布广告的广告主；（四）本办法第十二条规定的利用他人互联网媒介资源，发布存储于本网站的广告信息的广告经营者。"也即，遵从"谁存储，谁负责"的原则来认定广告发布者主体责任。这样的规则是具有合理性的，因为存储素材的广告活动主体能够控制、决定以及修改广告内容因而由这类主体承担广告发布者责任。然而，这种设置的弊端在于：首先，经过调研发现，实践中在程序化购买的情境下多个主体都有存储，每条网络广告物料的存储情况较为不确定。比如对于视频类的广告物料，考虑到流畅度、质量度和大小格式、推送速度等因素，很多媒体自身会存储广告物料；有些业内有名、认可度较高的广告信息交换平台会因为被信任而存储、审核媒体应存储的广告物料。因此，基层工商执法部门如何在复杂的广告投放链条众多主体中找到并证明是哪些主体存储的是一个执行层面会遇到的问题。其次，因为管辖的新增规定很可能会导致违法广告的行政监管处罚的增加进而影响到广告活动主体的信用公示、业务运营，所以广告活动的主体很可能为了规避这些法律风险而选择尽量不存储、不审核素材甚至设立马甲公司来存储素材，这样会降低广告物料质量及展现速度，降低用户体验，长远来看对行业发展和用户利益不利。最后，对于网络广告发布者的认定采用了认定推送或者展示互联网广告，并能够核对广告内容、决定广告发布的主体为互联网广告发布者的逻辑。

《互联网广告管理暂行办法》第 11 条规定："为广告主或广告经营者推送或者展示互联网广告，并能够核对广告内容、决定广告发布的自然人、法人或者其他组织，是互联网广告的发布者。"这里面含两个要素，一个是"推送或展示"，另一个是"能够核对、决定广告发布"，那么在经营广告信息交换平台、媒介方平台等非典型广告发布者、广告经营者的业务模式中，如果符合本条款上述两个要素，是不是也会被认定为互联网广告发布者并应当承担相应的责任呢？这一点值得我们加以思考。

《互联网广告管理暂行办法》首次认定了推销商品或者服务的付费搜索广告属于互联网广告，那么按照其第 11 条来分析，搜索引擎服务提供商是不是就必然属于互联网广告发布者呢？因关键字购买而展示的抓取内容是否为广告内容？在付费搜索广告中，展示的文字是由广告主撰写，而真正触发广告推送到用户面前的动作是用户的搜索行为，如果用户不搜索相关关键字，付费搜索广告是不会曝光展示给用户的。从这个角度来看，搜索引擎服务提供商是否应该承担互联网广告发布者、广告经营者的责任存在争议。

（二）需求方平台的法律责任

根据《互联网广告管理暂行办法》的规定，广告需求方平台的经营者是互联网广告发布者、广告经营者。从程序化购买广告交易的过程来看，由于交易广告的时间被大幅度缩短，媒体接到用户的访问请求到收到出价最高的广告主的广告并予以展示的过程是由程序自动进行的，媒介方平台所做的仅仅是发送用户等相关信息给广告交易平台供竞价使用。虽然广告最后被发布在了流量供应方成员的平台上，但是媒介方并没有决定发布哪个广告主的或哪个广告的权利，事实上，我们认为是由 DSP 平台制定定价策略并决定广告发放的。因此，DSP 平台的经营者应该被定义为广告发布者。至于广告经营者，根据广告法的规定，广告经营者是指"接受委托提供广告设计、制作、代理服务的自然人、法人或者其他组织"。由于 DSP 提供的是一种开放的服务类型，只有广告主选择 SaaS 服务且托管运营时，DSP 才充当广告经营者的角色，而不能一概而论地将所有的 DSP 平台的经营者均认定为广告经营者。

根据当前法律规定，需求方平台经营者作为广告发布者和广告经营者时，应当承担如下责任：

1. 在互联网广告活动中订立书面合同

《互联网广告管理暂行办法》第 9 条规定，互联网广告主、广告经营者、广告发布者之间在互联网广告活动中应当依法订立书面合同。这就表明互联网广告合同是要式合同，需求方平台经营者与广告主、程序化购买其他参与方订立互联网广告合同时应当采用书面形式，并查验合同相对方的主体身份证明文件、真实名称、地址和有效联系方式等信息，建立登记档案并定期核实更新。

2. 标明广告来源

《互联网广告管理暂行办法》第 13 条第 2 款规定，通过程序化购买广告方式发布的互联网广告，广告需求方平台经营者应当清晰标明广告来源。标记来源的主要目的是为了清晰广告发布主体，明确是哪一个需求方平台提供的广告，方便后续责任的承担。但是，考察目前互联网网站中的广告，对来源的标示并未达到清晰的要求。《互联网广告管理暂行办法》中所谓的"清晰"标准目前并未得到统一的实践，可能需要官方出具相应的解释来说明。从用户观感的角度来说，字体过小，颜色过浅，广告标记与广告内容本身反差程度小，不直接显示广告主名称等因素都会导致"不清晰"的情况出现；但是从监管或维权的角度来说，只要进行了标记，能够找到对应的广告发布者的，就可以基本满足需求。据了解，现在有关广告监管机关正在制定互联网广告业务管理规范及相关技术标准，期待有进一步落实"清晰"标准的技术层面的规范出台，降低消费者及监管机关从最终广告内容中判断交易路径的难度。

3. 建立广告主、广告业务的管理制度

《互联网广告管理暂行办法》第 12 条规定，互联网广告发布者、广告经营者应当按照国家有关规定建立、健全互联网广告业务的承接登记、审核、档案管理制度；审核查验并登记广告主的名称、地址和有效联系方式等主体身份信息，建立登记档案并定期核实更新。互联网广告发布者、广告经营者应当查验有关证明文件，核对广告内容，对内容不符或者证明文件不全的广告，不得设计、制作、代理、发布。互联网广告发布者、广告经营者应当配备熟悉广告法规的广告审查人员；有条件的还应当设立专门机构，负责互联网广告的审查。第 15 条规定，广告需求方平台经营者、媒介方平台经营者、广告信息交换平台经营者以及媒介方平台的成员，在订立互联网广告合同时，应当查验合同相对方的主体身份证明文件、真实名称、地址和有效联系方式等信息，建立档案并定期核实更新。根据这些规定可见，DSP 平台发布广告应当建立相应的管理制度，对广告主和广告内容进行审核：审核查验并登记广告主的名称、地址和有效联系方式等主体身份信息，建立登记档案并定期核实更新；查验有关证明文件，核对广告内容，对内容不符或者证明文件不全的广告，不得设计、制作、代理、发布。

对于 DSP 审查广告的义务，如上所述，有一个特殊问题需要注意。互联网广告一般以链接形式出现，若广告主或广告代理商对广告页面中的内容进行了变更，变更之后的内容与广告不相符的，DSP 是否需要承担责任呢？《互联网广告管理暂行办法》第 10 条第 4 款规定，互联网广告主委托互联网广告经营者、广告发布者发布广告，修改广告内容时，应当以书面形式或者其他可以被确认的方式通知为其提供服务的互联网广告经营者、广告发布者。因此，在广告主未将变更以书面形式通知提供服务的互联网广告经营者、广告发布者的情况下，广告经营者和广告发布者无需为因变更导致的违法情况承担责任。责任的承担需要在因果关系范围之内，在侵权责任的相关理论中，损害赔偿的因果关系受到可预见性规则的限定，加害人仅对自己能够遇见到的结果承担责任，对于自己不能够预见到的结果不承担责任。[1]在认定 DSP 平台对违法广告的责任承担中，也可以引入可预见性规则作为限定，避免给 DSP 平台施加过重的法律责任。倘若违法广告是链接类型，且存在多层链接，仅在最后一层链接中出现违法情形的，那么此时需要考量 DSP 平台对这种违法情形是否能够预见，如果答案是否定的，则不应承担责任。

4. 建立网络信息安全保护制度

DSP 在制定广告竞价策略时，依据的是广告主需求与用户的匹配度。只有把广告投放给那些对该广告产品有需求的用户，才能实现广告的目的。因此，DSP 平台挖掘大量的数据进行人群分析，这些数据可能来自用户在社交网络、购物平台、搜索引擎中的行为，也可能来自用户的线下行为。广告程序化场景营销追求的是对用户数据的全方位把握，最大化提高广告投放的精准性，于是更大程度、范围的用户数据将被 DSP 平台掌握。DSP 平台对用户数据的收集和使用不是随意的、无限制的，而必须受到法律的规范。

根据《网络安全法》第 40 条、第 41 条和第 42 条的规定，网络运营者在收集、使用个人信息时应当遵守如下规定：遵循合法、正当、必要的原则，公开收集、使用规则，明示收集、使用信息的目的、方式和范围，并经被收集者同意；不得泄露、篡改、毁损其收集的个人信息；对收集的用户信息严格保密，并建议健全用户信息保护制度，未经被收集者同意，不得向他人提供个人信息；采取技术措施和其他必要措施，确保其收集的个人信息安全，防止信息泄露、毁损、丢失。

DSP 作为网络运营者之一，应当严格遵守上述规定中对用户个人信息收集、保管、使用的要求，不得收集与其提供的服务无关的个人信息，不得违反法律、行政法规的规定和双方的约定收集、使用个人信息；并应当依照法律、行政法规的规定和与用户的约定处理其保存的个人信息。为了更好地保护用户数据，DSP 平台应当建立网络信息安全保护制度，严格对所收集到的信息实施保密处理，

---

〔1〕 张继承、邓杰："论可遇见规则在侵权责任法中的适用"，载《时代法学》2016年第 4 期。

在发生或者可能发生个人信息泄露、毁损、丢失的情况时，应当立即采取补救措施，按照规定及时告知用户并向有关主管部门报告。

（三）媒介方平台的法律责任承担

前文中笔者已经提到，目前中国并不多存在独立的 SSP，且程序化购买交易市场存在 SSP 和 ADX 融合或功能一致的趋势。在这一行业背景之下，媒介方平台的责任集中在对其平台成员的管理上。

1. 审核需求方平台、广告交易平台和媒介方平台成员的资质

根据《互联网广告管理暂行办法》第 15 条第 1 款的规定，媒介方平台在订立互联网广告合同时，应当查验合同相对方的主体身份证明文件、真实名称、地址和有效联系方式等信息，建立档案并定期核实更新。我们知道互联网程序化购买广告中参与方较多，且多通过电子平台在线操作进行，各方身份信息很难被固定、保存作为证据使用。为了避免因此导致的违法广告责任主体难以明确的问题，《互联网广告管理暂行办法》首先规定互联网广告应当采取书面形式订立，其次施加给程序化购买各方主体订立合同时的审核义务。媒介方平台作为链接广告发布者和广告发布载体的重要中间环节，在实践中应当严格遵守上述规定，便于后续问题的监管和处罚。媒介方平台对其成员进行身份、名称、地址等信息的核验，建立档案并定期核实更新的行为，也是媒介方平台管理成员、优化资源的重要方式。显而易见，广告收入在互联网网站整体盈利模式中占有重要的位置，盗版网站和"三无"网站也不例外，大部分也是通过或谋求通过广告收入来维持运营的。如果媒介方平台对相对方的身份及相关信息进行核验、档案管理，那么，就能在客观上排除与信息不齐全、主体多变的盗版、"三无"网站的合作，保留那些在 ICP 正常备案的、具有良好运营资质的媒体。这样不仅可以净化自身媒体资源，保障广告投放者的利益，还能够切断违法、违规网站的收入来源从而减少其数量，创造清明的互联网环境。

2. 对明知或应知的违法广告承担责任

《互联网广告管理暂行办法》第 15 条第 2 款规定，媒介方平台经营者对其明知或者应知的违法广告，应当采取删除、屏蔽、断开链接等技术措施和管理措施，予以制止。在程序化购买广告中，媒

介方平台并不承担对其成员最后展示的广告进行提前审核的责任，但是应当在得知广告违法之后，采取技术措施断开传送渠道，阻止该广告的继续流通。

（四）广告交易平台的法律责任承担

广告交易平台即《互联网广告管理暂行办法》规定中的"广告信息交换平台"，主要功能是为程序化购买广告提供流量交易的载体。广告交易平台类似于自动化的证券交易平台，商品是展示广告位，出价方是 DSP 背后的广告主和广告代理商，整个出价过程很短，完全由计算机程序来执行。将交易过程系统化、自动化处理能够提高效率，实现规模效应和更精准的定向投放，但也为数据造假提供了条件。因此，ADX 平台需要对市场上流通的流量进行审核，管理DSP 和 SSP 的交易行为，保证交易市场秩序。

1. 审查需求方平台和媒介方平台的资质

同样，根据《互联网广告管理暂行办法》第 15 条第 1 款的规定，广告信息交换平台经营者在订立互联网广告合同时，也应当查验合同相对方的主体身份证明文件、真实名称、地址和有效联系方式等信息，建立登记档案并定期核实更新。广告交易平台在与需求方平台和媒介方平台订立广告投放、流量售卖协议时，应当采用书面合同，并审核对方的身份、资质信息，检验业务所涉及主体的真实联系方式，并建立档案实时更新以供查验。

2. 对"明知或应知"的违法广告承担责任

与 SSP 类似，根据《互联网广告管理暂行办法》第 15 条第 2 款的规定，广告信息交换平台经营者，对其明知或者应知的违法广告，应当采取删除、屏蔽、断开链接等技术措施和管理措施，予以制止。同样地，ADX 也应当承担畅通违法广告投诉渠道，及时通知其他平台方的责任，这一点前面已有详细论述，此处不再赘述。

（五）数据管理平台的法律责任

数据管理平台是专门对数据进行处理的平台，主要为广告主和DSP 服务。《互联网广告管理暂行办法》并未对数据管理平台的法律责任进行规定，但是根据目前数据管理平台的发展状况，进行法律规范是很有必要的。

DMP 这一概念在广泛的意义上被使用，其中涵盖数据管理、数据提供和数据交易平台的三种类型，数据管理即数据的管理、分析平台，数据提供方即拥有大量数据的公司为了变现自己的数据资产建立的对外售卖平台，而数据交易平台就是线上数据交易平台。程序化购买广告的发展使得数据的作用越来越重要，并逐渐演变出数据交易市场。

互联网大数据是一种重要的资产，开发这种资产是很有必要的，但是在开发过程中必须遵守数据安全和信息保护相关的法律规定。与 DSP 对用户数据的使用和保护类似，数据管理平台也应当在收集、使用和交易互联网数据时遵守合法、正当、必要的原则，并建立网络信息安全保护制度，对所收集的数据进行严格的保护。

四、程序化购买广告相关问题及建议

程序化购买广告是一种互联网广告的交易模式，这种模式将广告的投放进行系统化、自动化处理，使得广告可以在用户点击载有展示广告位的媒体网站之后开始投放，同时依靠强大的数据分析能力，对用户的点击行为进行场景化定位，最终实现用户需求与广告投放的精确匹配，满足广告主的需求，实现广告投放的价值。

对程序化购买广告的法律规制，应当涉及违法广告的及时处理、责任追究，广告主、数据提供方、消费者（互联网用户）等弱势群体的利益保护，合理、合法使用数据资源，流量交易市场的"商品质量"规制等层面，作为对第四章的补充，本章将进一步论述违法广告的投诉渠道、广告主利益的保护、流量数据管理等问题。

（一）程序化购买广告的违法投诉渠道

在程序化购买广告的法律规制中，最为重要的问题是对违法广告的处理。因此，建立投诉举报通道是非常必要的。事实上程序化购买广告的违法投诉渠道有其特殊性，需要涉及多方主体联动处理。

首先，该投诉渠道的开端是媒介方成员。尽管法律认定 DSP 平台是程序化购买广告的发布者，而不是实际登载广告的媒介方成员。但是，对于广告受众一方，即互联网用户来说，最为合理、便捷的投诉对象是媒介方成员。因为用户不清楚该广告是以何种交易方式实现投放的，也无法得知该广告所登载页面属于哪个媒介方的成员。从目前程序化购买广告的实际案例来看，DSP 对广告来源的标示方式并不清晰，多数情况下用户无法得知可以投诉的 DSP 平台具体是哪个。因此，应当允许用户直接向媒介方成员进行投诉。媒介方成员接到用户投诉之后，应当依据投诉内容进行审查，若认定被投诉广告确为违法广告的，应当立即采取措施停止展示，并向上游平台方发出通知。

其次，上游平台，包括 SSP、ADX 和 DSP 都应当建立并畅通相应的举报渠道，及时制止违法广告的传播。SSP 在接到媒介方成员的举报后立即定位广告来源，并依法通知 ADX 和 DSP；ADX 收到 SSP 的通知之后应当立即停止该广告的交易活动，并向 DSP 发出通知；DSP 接到通知之后停止该广告的投放，并依法审查违法广告的责任主体，追究相关负责人的责任。

最后，违法广告的事先审查由 DSP 承担，投诉审查则由媒介方平台进行。在上述投诉审查机制中，我们赋予了媒介方平台审查被诉广告违法情况的责任，SSP 和 ADX 也要在接到通知之后进行相应的处理。因为这些平台都要"对其明知或应知的违法广告"承担"采取删除、屏蔽、断开链接等技术措施和管理措施，予以制止"的责任。当然，违法广告的最终责任人是广告主、广告代理商和 DSP 平台。

（二）用户隐私数据的保护

程序化购买广告已经进入场景化营销的阶段，对用户需求的把握将依赖用户的时间、地点、行为等全方位的数据。RTB 是一种技术为王的精准营销手段，当一个用户在全网浏览过某种商品，或点击过特殊类目的广告后，其浏览痕迹都会通过 cookie 记录在案，而通过广告交易平台，用户在下一次浏览网页的时候，将被推送符合其偏好的广告。DSP 也需要知道用户在所在时间、所在地点进行的特定行为中，最适合被推送的广告是什么。在这一过程中，DSP 通过用户移动端设备中的定位系统、打车软件、支付软件、设备信息、搜索记录等数据对用户进行场景化分析，在这一过程中用户的所有数据全部暴露无遗。为了避免类似 Facebook 的"泄密门"事件的发生，在程序化购买广告中，用户隐私数据的保护势在必行。

为保障用户的知情权和选择权，互联网网站通常会在法律声明或者隐私权声明中明确告知用户使用 cookie 技术是为用户提供服务，通常也会为用户提供选择推出机制，用户可以通过关闭设置，阻止相关广告的展现；同时，用户也可以通过互联网浏览器对 cookie 进行设置，包括禁用 cookie 或者清除 cookie。在审判实践中，倾向于认定互联网公司在提供个性化推荐服务中运用网络技术收集、利用的是未能与网络用户个人身份对应识别的数据信息，此类数据信息的匿名化特征不符合"个人信息"的可识别性要求（参见江苏省南京市中级人民法院民事判决书［2014］宁民终字第 5028 号）。笔者认为，对于用户数据隐私的保护，有如下几点需要关注：

首先，对于涉及用户隐私数据的信息，在收集时要征得用户的同意。事实上，大部分数据都是通过用户的移动端设备收集的，因为移动设备与用户的关系更为紧密。收集方式是在某个应用程序的安装过程中以弹窗的方式来询问的。在大多数情况下，仅询问所安装的程序能否对通讯录、位置信息等进行访问，用户根本意识不到这种访问意味着其数据将会被使用甚至买卖。某些 APP 会提供用户使用协议，协议中对使用数据作出约定，目前这些征求同意的形式都有值得商榷的地方。

其次，应当建立数据安全保护系统，对所收集的数据进行保护。一方面要按照数据的隐私程度设立安全级别进行分级保护，另一方面要配备辅助的内部管理规则，防止人为泄密，使用户信息向外界流失，为不法分子所利用。

最后，在对数据的使用中应当确保数据源头的可追溯性，检验审核数据源的合法性。在程序化购买广告中，DSP 与 DMP 所使用的数据来源多样，既可能是本网站的数据，也可能是通过爬虫技术获取的其他网站的数据，还有可能是在数据交易市场上购买的数据。明确数据来源，审查数据源的合法性，可以减少对非法来源数据的使用，规范数据的收集和交易。

从数据的来源中我们可以看到，程序化购买广告是渗透到互联网，包括移动互联网、OTT 大屏等全领域的商业行为。因此，对程序化购买广告的法律规制绝不仅限于参与各方平台，而更应该重视对数据的保护。

（三）广告主利益的保护

目前在程序化购买广告市场中存在诸多乱象，其中最为严重的就是数据造假和虚假流量的问题，这已经到了困扰整个行业发展的程度。为了解决这一问题，"透明化"成为必然选择，当广告主、DSP、ADX/SSP、媒体之间存在信息透明的协作流程时，暗箱操作、虚假流量和数据等乱象就无处遁形了。[1]目前在行业内已经出现透明化的风潮，2017年新上线的 DSP 基本都以透明化作为卖点进行宣传。尽管行业内已经有了解决策略，但是法律上也需要进行一定的辅助性规制。为了保护广告主的利益，肃清行业内的不良现象，程序化购买广告的各个参与平台都应当顺应透明化的浪潮，打破信息不对称的壁垒，推动建立良好的行业生态环境。

作为 DSP 平台，应当对广告主披露广告投放的真实情况，包括投放成本的使用情况、投放广告产生的数据、投放策略等内容；ADX 平台应当在其技术和业务允许的范围内对广告主披露广告投放数据、SSP 成员方流量数；SSP 应当在不违背保密协议规定的前提下向广告主披露其成员方的流量数据等。当然，ADX/SSP 对数据的披露应当建立在收到在广告主的请求，并且这种请求无法获得 DSP 平台回应的前提之下。

至于透明化方面的具体规则，也可以留待行业发挥自律功能，主动建立相应的行业标准和操作方法。

（四）发挥程序化购买广告对版权保护的价值

广告收入是网站收入的主要组成部分，程序化购买广告能够将闲置广告位集合起来，发挥剩余流量的价值，给媒介方平台带来经济收益，因而吸引了大批中小媒体加入。其中不乏以盗版为业的网站和无信息产业部注册许可、无邮电管理局注册许可、无电子工商

---

〔1〕 "2017 年，DSP、RTB 和程序化广告的'透'视与展望"，载 http://www.rtbch-ina.com/2017-the-year-of-transparency-debate-for-dsp-and-programmatic.html，2018 年 2 月 4 日最后访问。

管理许可的"三无"网站。供应方平台在接收媒体时应当对网站运营者的资质进行严格的审核，排除这些严重扰乱互联网行业秩序和竞争秩序的网站。

目前，在网络视频行业，存在以盗链正版视频网站资源向用户提供为业的一类网站，那就是视频聚合平台。这类平台本身不购买也不存储任何版权资源，通过技术手段盗取正版网站的视频资源用于本网站的运营。与视频网站类似，这类网站的收入来源主要也是广告收入和会员收入（以前者为主）。为了打击盗版，取缔这类网站，除了正版视频网站积极的维权行为之外，也可以将其排除到供应方平台之外，直接切断其广告收入来源。

当然，如果直接让 SSP/ADX 承担审核媒介方成员网站是否存在侵权问题，会导致其承担过重的义务。正如"剑网"行动中的做法一样，可以由国家版权局出面，整理一批侵权盗版"黑名单"网站，提供给程序化购买广告交易的各个平台，平台对"黑名单"中的网站终止投放广告。当然，各个平台应当加强审核力度，"建立并完善内部版权管理制度，严格规范广告投放程序，防止将广告投放在未经 ICP（网络内容服务商）备案，以及未获得网络出版或信息网络传播视听节目许可证而非法开展网络出版或通过信息网络传播视听节目的网站"。[1]

（五）互联网广告的执法管辖

《互联网广告管理暂行办法》第 18 条明确了互联网广告违法行为实施行政处罚的管辖，即"广告发布者所在地工商行政管理部门管辖异地广告主、广告经营者有困难的，可以将广告主、广告经营者的违法情况移交广告主、广告经营者所在地工商行政管理部门处理。广告主所在地、广告经营者所在地工商行政管理部门先行发现违法线索或者收到投诉、举报的，也可以进行管辖。对广告主自行发布的违法广告实施行政处罚，由广告主所在地工商行政管理部门管辖"。笔者认为，此规定倾向于广告发布者所在地工商行政管理部

---

〔1〕"网络广告联盟版权自律倡议"，载 http://money.163.com/16/1206/00/C7IG1QOI002580S6.html，2018 年 2 月 3 日最后访问。

门管辖相对优先，其管辖有困难的，可以移交广告主、广告经营者所在地工商行政管理部门处理。但是，广告主所在地、广告经营者所在地工商行政管理部门先行发现违法线索或者收到投诉、举报的，也可以进行管辖。也就是说，互联网广告活动的参与主体所在地的工商行政管理部门都有可能全案管辖违法广告，而并非针对某一主体。这样的规定很可能会导致多个广告活动主体所在地区的工商行政管理部门争抢管辖权或有意回避管辖等情况。并且，由于各地基层工商执法部门对法律法规理解不一，执法标准不同，可能导致同类型案件处理结果矛盾，进而使广告活动主体落实责任要求标准有较大差异。根据《广告法》第 55 条规定，广告经营者、广告发布者 2 年之内有 3 次以上 2 年内有 3 次以上明知或者应知广告虚假仍设计、制作、代理、发布的，就有可能被有关部门暂停广告发布业务，甚至吊销营业执照。此种管辖标准很可能会增加违法广告的监管处罚数量，这对广告经营者、广告发布者的合规风控提出了更大的考验。

　　继消费者权益保护立法中明确平台责任制度之后，我国广告监管立法中也明确规定了"互联网信息服务提供者"并建立起相应制度，为完善行政监管领域的平台责任制度继续添砖加瓦。《广告法》第45条规定，公共场所的管理者或者电信业务经营者、互联网信息服务提供者对其明知或者应知的利用其场所或者信息传输、发布平台发送、发布违法广告的，应当予以制止。《互联网广告管理暂行办法》则依此规定，在第17条规定，未参与互联网广告经营活动仅为互联网广告提供信息服务的"互联网信息服务提供者"，对其"明知或者应知"利用其信息服务发布违法广告的，应当予以制止。随着平台业务模式的不断拓展，行政监管领域也需要合理的制度来区分平台及平台上用户的行为，从而既能解决监管难题，又可符合行业发展需求。

一、平台业务模式已经给广告监管带来挑战

　　互联网广告监管领域的"互联网信息服务提供者"，与行业中新出现的"平台"业务模式密切相关。这种业务模式，为"用户发布广告"的新广告行为提供了基础，也给广告监管带来了新的难题。

　　（一）互联网行业存在Web1.0与Web2.0两种业务模式

　　Web1.0与Web2.0间的区别核心在于，谁实施了具体的行为。Web2.0模式产生后，才有所谓的Web1.0，而新浪微博类的"用户产生内容"的产品类型则是Web2.0的典型代表。在这类产品中，互联网企业如新浪公司只提供中立的信息存储和发布的技术服务，并不参与具体的信息内容的发布行为。具体而言，企业只提供技术服务，用户上传文字、图片和视频等内容，存储在新浪公司的服务

器中，并向其他用户转发发布。这就是所谓的互联网企业自己也可以在自己的平台上注册自己的账号，并自行发布信息的行为，但这并不是主流。Web1.0 则可以新浪门户网作为典型示例，在这类产品中，互联网企业不仅搭建了网络产品的技术框架，同时也可以自己的名义发布信息内容，或转发他人的信息内容，但最终的责任都由互联网企业自行承担。

也就是，在 Web2.0 模式中，互联网企业搭建了一个信息存储和发布的平台，而平台上所有的内容或具体行为，都源于用户的行为，也就是所谓的 UGC 产品（User Generated Corrcent，，用户生成内容）。当然，文字、图片、视频网站等细分领域，也都有典型的产品。例如，天涯社区、百度贴吧、微信公众号等是典型的文字类 UGC 产品；而国内的美图秀秀（不仅仅是个美图软件）、国外的 instagram 和 Pinterest 等，则是典型的图片类 UGC 产品；优酷土豆、微视，以及国外的 YouTube 等，则是典型的视频类 UGC 产品。这些产品都拥有大量用户，在平台上产生了大量信息内容，也存在大量潜在消费者。所以，广告主会利用各种方式，向这些潜在消费者推广自己的商品或服务。有的是委托互联网企业，在这些互联网产品的固定位广告中发布广告；有的是委托平台上拥有大量"粉丝""关注者"的"大V"或草根大号，发布广告。于是，平台类产品也就与广告监管关联了起来。

（二）平台业务模式给广告监管带来的新挑战

平台类产品中的用户从事各种行为，给广告监管带来了新的难题。互联网行业面临激烈竞争，能存活下来的平台类产品拥有海量活跃用户，而基于平台的信息存储和发布功能，这些用户可在平台上从事各种行为，如发布他人作品构成侵权、以不当言论侵害他人人身权、销售侵犯他人商标权的商品等。

而在广告监管领域，正如前面所介绍的，广告主可以有两种方式在平台产品中发布广告，一是通过互联网企业直接发布广告，二是通过用户发布 UGC 内容推广商品或服务。对于前一种行为，由于最终都可以通过互联网企业进行广告监管，所以并没有新的难题；但若是由平台上的用户发布广告，构成违法广告行为的，应该由谁来承担责任？这个问题的困难在于，平台上往往有海量用户。对于广告主管部门来说，一方面，海量用户发布的大量信息中，往往夹杂着广告内容，这些海量行为难以有效监测；另一方面，即使能监测到违法广告行为，主管部门也难以定位到具体用户的真实情况，也就难以有效查处违法行为。

作为广告信息传播者主要体现为提供平台服务，如电子公告服务商、电子商务广告服务商等互联网信息服务提供者，实质就是一个网络存储空间，是一个虚拟的公共场所。平台上的广告信息具有即时性、海量性、多变性等的特点，互联网信息服务提供者没有办法对其平台上的互联网广告进行逐一事先审查，只能依赖于权利人和消费者的有效投诉。

互联网信息服务提供者作为广告信息传播者，以互联网为基础，以网络技术为依托，构建起一个平台架构，实施的是一种平台化经营。媒介资源所有者在其平台上为互联网客户提供一站式服务，吸引广告主和广告受众到其网站上。平台服务的关键在于，运营良好的平台自身就是巨大的网络资源，信息传播者和受众可以通过这个迅捷、便易、范围广泛的平台媒介，更加容易、快速地传播和获取信息。互联网信息服务提供者，作为信息发布和受众的中间环节，集散内容丰富的海量信息，高度依托互联网的新型服务模式，提供一种交互的、跨地域的综合服务。

（三）行政监管领域"平台"概念的辨析

在"互联网信息服务提供者"出现之前，法学领域存在"互联网服务提供者"的概念。互联网服务提供者是 Internet Service Provider 的意译，简称"ISP"。由于互联网科技水平的与日俱进，互联网服务内容也不断丰富和完善，互联网服务提供者往往身兼数职，早已超出了仅提供给互联网接入技术服务的范畴。

互联网服务提供者实际拥有广义和狭义两个层面的使用含义。广义的互联网服务提供者包含网络上所有提供服务的经营者，狭义的互联网服务提供者仅指提供技术服务的经营者。广告监管领域的"互联网信息服务提供者"涉及的是狭义上的互联网服务提供者，其行为包括为用户提供互联网接入技术服务、信息技术服务。在这种模式下，与广告有关的全部信息内容都由用户提供，互联网信息服务提供者不会发布信息内容，也不会主动编撰、改动其网站上用户发布的内容。

对于"互联网信息服务提供者"概念的含义，学界主要有三种观点：第一种观点把互联网信息服务提供者界定为内容服务提供者（ICP），认为信息服务即内容服务。互联网信息服务提供者是指提供内容服务的网络服务商，通过媒介资源所有者的信息发布平台，向特定或不特定的网络用户提供各种网络信息，该信息的来源既可以是其自行原创的信息资料，也可以是其转载、搜集、整理、编辑、推荐的二手信息资料，后者是其主要方式。第二种观点认为，互联网信息服务提供者是指提供信息存储空间、搜索链接等技术服务的互联网服务提供者。第三种观点认为，互联网信息服务提供者包含从事互联网信息内容服务的互联网信息服务提供者，也包含从事搜索或链接等信息技术服务的互联网信息服务提供者。从广告监管制度来看，互联网信息服务提供者的服务仅指为网络用户提供信息技术服务，也就是第二种。

在《广告法》修订之前，我国已有立法对"互联网信息服务提供者"予以规制。根据《互联网信息服务管理办法》第2条第2款规定，互联网信息服务是指"通过互联网向上网用户提供信息"的服务活动，既包括电子公告服务，也包括新闻、出版服务。所以，按此行政法规，"互联网信息服务经营者"包括提供中立技术服务和提供内容服务两种情形。实际上，《互联网信息服务管理办法》制定于2000年，虽使用了类似表述，但并非指向同一范畴，因为当时远没有预测到后来的Web1.0与Web2.0两种模式的区别。

后来，借鉴美国DMCA的规定，《信息网络传播权保护条例》率先在我国民事立法体系中创设了避风港规则。随后，又先后通过最高院的信息网络传播权司法解释、侵权责任法，在民事立法中系统规定了"避风港"加"红旗标准"的制度，既为民事权利提供保障，也为平台业务模式提供庇护。当前，知识产权三大法律的修订和电子商务法的制定，都在围绕"避风港"规则和"红旗标准"做进一步完善。

而在刑事领域，刑法已经带头对平台责任进行了规定。2015年修订的《刑法》第287条之二规定："明知他人利用信息网络实施犯罪，为其犯罪提供互联网接入、服务器托管、网络存储、通讯传输等技术支持，或者提供广告推广、支付结算等帮助，情节严重的"，构成"帮助信息网络犯罪活动罪"。按理，"互联网接入、服务器托管、网络存储、通讯传输"等技术服务属于中立的平台服务，提供这些服务的主体并不构成犯罪，但若明知他人利用信息网络实施犯罪仍为其提供服务的，则构成此罪。另外，诸如《最高人民法院、最高人民检察院关于办理利用互联网、移动通讯终端、声讯台制作、复制、出版、贩卖、传播淫秽电子信息刑事案件具体应用法律若干问题的解释（二）》等，也作了类似规定。比如，根据其第6条第1款的规定，互联网信息服务提供者在明知网站为淫秽网站的情况下，为其提供网络存储空间等服务且具备规定情形的，以传播淫秽物品牟利罪处罚。这其实是"红旗标准"在刑事法律制度中的体现。

不管是知识产权领域、人身权领域，还是网络交易领域或消费者权益保护领域，以及这里讨论的广告监管领域，平台上都可能存在侵权行为、违法行为。在考虑问题的解决方案时，都需考虑在责任追究与行业发展间的平衡。这就是平台责任或"互联网信息服务提供者"制度的关键所在。

二、互联网广告监管领域平台责任制度的建立

正是考虑到上述情形，《广告法》修订和《互联网广告管理暂行办法》制定对此作出了回应，一前一后分别规定了"互联网信息服务提供者"，在行政监管领域树立了认可平台责任制度的先例。

（一）《广告法》修订与《互联网广告管理暂行办法》制定过程中条文变化

早在2012年2月，《互联网广告管理暂行规定》的制定过程中就启动了企业座谈和征求意见，《广告法》则于2013年6月开始进行企业座谈和征求意见。而且《广告法》后来居上，以法律位阶规定了"互联网信息服务提供者"，为下位法的细化提供了依据。

在2013年6月18日原国务院法制办和原国家工商总局联合召

开的《广告法》修订座谈会上，草案新增第 42 条，即"营业场所或者公共场所的经营管理者和电信运营商、互联网信息服务提供商"等，应当对广告主、广告经营者、广告发布者利用其场所或者信息传输平台进行的"广告违法活动"进行制止。这个版本并没有规定"明知"，但在之后的版本中，除了将"互联网信息服务提供商"修改为"互联网信息服务提供者"之外，并增加了"明知或者应知"的主观要件。在最后由全国人大常委会在 2015 年 4 月 24 日通过的条文中，第 45 条明确规定："公共场所的管理者或者电信业务经营者、互联网信息服务提供者对其明知或者应知的利用其场所或者信息传输、发布平台发送、发布违法广告的，应当予以制止。"由此，为互联网广告监管领域的平台责任制度的确定定下了基调。

而在《互联网广告管理暂行办法》制定过程中，除了根据《广告法（草案）》的趋势，规定"明知或者应知"之外，还曾出现过对"明知或者应知"的情形进行细化的表述。具体如，有主管部门公示、消费者组织发函或消费者集中举报等情形的，都应作为互联网信息服务提供者"明知或者应知"的情形，并应当采取有效措施予以制止。最后，在 2016 年 7 月 4 日公布的条文中，第 17 条规定："未参与互联网广告经营活动，仅为互联网广告提供信息服务的互联网信息服务提供者，对其明知或者应知利用其信息服务发布违法广告的，应当予以制止。"沿袭《广告法》的路径，以部门规章的位阶，对互联网广告监管中的平台责任制度的完善画下重要一笔。

由此，广告监管领域中的平台责任制度得以确立。

（二）互联网信息服务提供者与广告发布者的区分

消费者权益保护制度较为特殊，消费者权益保护立法中关于平台责任制度的规定，更多的还是民事责任的归属制度。《广告法》《互联网广告管理暂行办法》中平台责任制度条款的规定，率先建立起了行政监管领域的平台责任制度。

对互联网广告而言，《广告法》修订中最重要的一点，是第 45 条承认了互联网信息服务提供者这一主体。在实践中，经常出现一些利用他人的场所或者信息传输平台发送、发布广告的现象，其中不乏违法广告。例如，利用门户网站的论坛、博客、微博等媒介信息平台发布广告，此类广告没有利用网站的正常广告位、网站没有参与广告费用分成，内容混淆在用户的正常交流信息当中，隐蔽性很强。

互联网信息服务平台概念的出现，是对网络广告行业和互联网信息技术发展现状的正视，承认了在某种特定情形下，互联网信息服务提供者本身并不是广告发布者，也不是广告信息的接收者，只是为他人发送、发布广告的活动提供了一个信息传输的场所或平台，它的角色属于"第三方平台"。

实践中存在着两个困扰互联网信息服务提供者与互联网广告发布者的区分认定的问题：

一是是否对相关服务进行收费的就是互联网广告发布者？根据《互联网信息服务管理规定》，互联网信息服务，是指通过互联网向上网用户提供信息的服务活动，包括了经营性和非经营性的互联网信息服务。经营性信息服务是指通过互联网向网络用户有偿提供信息或者网页制作的服务活动。非经营性互联网信息服务，是通过互联网向网络用户无偿提供具有公开性、共享性信息的服务活动。但值得注意的是，这里的经营性"有偿服务"，与广告活动是两个问题。经营性的有偿服务，可能是向用户提供信息技术服务、收费会员服务、增值服务等，不一定是收广告费的活动。例如，新浪微博的微博会员服务，自2012年起新浪为其微博会员提供身份、功能、手机及安全四类增值服务。每月只需支付10元，开通会员后，关注对象的上限可以突破2000人，其中VIP1至VIP3档会员可关注2500人，VIP4至VIP6档会员可关注3000人；会员可以在微博平台各个推荐展示列表中得到优先推荐；会员还将享受VIP专属标识、专属个人页面模板、等级加速及语音微博等服务。这种收费活动并不是广告活动。因此，即便互联网信息服务提供者收取了费用，但只要收取的不是广告费，就不是广告发布者。

二是广告代言人利用了互联网信息平台的自媒体媒介资源，为商品或服务作推荐、证明的，互联网信息服务提供者就是广告发布者？比如，作为广告代言人的某"大V用户"在微博中发布广告，既属于广告代言人且为广告发布者。此时，新浪微博是广告发布者还是互联网信息服务提供者？这就要看新浪微博是否就该广告与该"大V用户"进行了合作，比如参与了该条广告微博的推荐并收取了相关广告费用，就应当承担广告发布者角色。但如果新浪微博仅仅作为网络中间平台，仅为该广告发布行为提供信息传输、存储等服务，则其应当被认定为互联网信息服务提供者。在全国人大常委会法制工作委员会经济法室副主任王清主编的《中华人民共和国广告法解读》中，对互联网信息服务提供者在互联网广告中的角色进行了界定。其解释第 45 条"第三方平台义务"时认为，互联网信息服务提供者本身并不是广告发布者，也不是广告信息的接受者，只是为他人发送、发布广告的活动提供了一个信息传输的场所或平台，它们的角色属于"第三方平台"。所以，互联网企业何时视为互联网广告的发布者，还要回归到具体的广告活动行为中去判断。关键在于，如果互联网企业参与到广告行为的商业链条中，接受了广告主或广告经营者的委托，利用自有网站媒介资源发布广告中，就是互联网广告的发布者，并对应承担相应的法定义务与责任；如果没有参与到具体的广告商业活动中，仅提供了发送、发布平台的，互联网企业就应当是互联网信息服务提供者，需要对其平台中明知或应知违法的广告进行处理。

（三）互联网信息服务提供者的法定义务及待解决的问题

不管是《广告法》第 45 条，还是《互联网广告管理暂行办法》第 17 条，虽然明确了互联网信息服务提供者的特殊地位，但都给其设定了法定义务，即互联网信息服务提供者应对其明知或者应知的利用其信息发布平台发布违法广告的，应当予以制止。当然，言外之意则是，对于互联网信息服务提供者主观上不明知、应知的情况，无需承担责任。值得注意的是，不管是《广告法》还是《互联网广告管理暂行办法》，在解决了互联网信息服务提供者的角色认定问题之后，又留下了两个有待进一步研究的新问题。

1. 判断"明知或者应知"的标准尚不明确

从这个义务我们可以看出，互联网信息服务提供者主观上的明知或者应知，是其履行制止违法广告义务的前提，也就是主观上要有过错。如果是不明知、也不应知的前提下，互联网信息服务提供者就不必承担责任。《广告法》第 45 条缺乏对明知、应知情形的进一步细化。在《互联网广告管理暂行办法》制定过程中，出现了列举主管部门公示、消费者组织发函或消费者集中举报等属于互联网信息服务提供者"明知或者应知"的情形，要求互联网信息服务提供者"采取有效措施予以制止"。所以，结合侵权领域的过错原则和刑事领域犯罪构成要件中的主观要件来看，如何解决互联网信息服务提供者"明知或者应知"平台上用户的行为违法的问题，还有待进一步研究。

2. 直接由平台认定他人的广告行为违法导致的新问题

第三方平台的义务，在行政法上被称为第三方义务，是指政府指定的私人主体，既不是所监督行为的主要实施者，也不是违法行为的受益者，但其承担着必须将私人信息提供给行政机关，或者由其本身采取阻止性措施防止有害行为发生的义务。让互联网信息服务提供者承担对违法广告的认定和制止，有一定道理，也符合经济外部性原理。互联网信息服务提供者凭借天然的主场优势和一定的专业技术人员、设备，容易发现平台内的涉嫌违法广告内容，但是在其在发现之余，直接认定广告内容违法，则不甚妥当。

原因在于：第一，平台作为企业，不属于公权力主体，没有法定赋予的监管职能，若直接判定其他平等的民商事主体的行为违法，并予以"制止"，于法无据。第二，根据《行政处罚法》第 15 条、第 18 条规定，只有行政机关才能在法定职权内实施行政处罚，不得委托其他组织或个人实施行政处罚。《行政强制法》第 2 条规定，行政机关为制止违法行为可以采取行政强制措施，且行政强制措施权不得委托。经过对我国现行法律的统计，涉及"制止"的法律共103 部和 189 处，其中行政机关作为"制止"实施者的 135 处，私人主体的为 54 处。所以说"制止"带有鲜明的行政职权色彩。第三，互联网企业缺乏专业人员、专业知识及专业技术手段等。如何认定违法广告，仅以北京市为例。根据北京市政府法制办公布的《市属部门行政执法主体依据和职权》，北京市工商行政管理局行政处罚共761 项，其中"广告类处罚事项"126 项，此外涉及广告问题的其他行政处罚另有数十项。除北京市外，几乎各个省市、有立法权的地方都有自己关于广告的地方性法规和规章。因此可以说，如何认定违法广告，需要相当复杂的知识背景和专业水平，网站及其工作人员确实难以胜任，尤其是广大中小网站。第四，如何确保各个平台企业都有能力承担认定违法行为的义务？如何保障各个平台企业对违法行为认定的标准统一？如果标准不统一，如何得到社会民众的普遍认同？第五，如果认定错误，进而引发违约、侵权等民事纠纷和相应诉讼的，法律后果由谁承担？如果法律后果都由平台企业承担的话，民事审判的压力将明显增大。对被认定错误的被侵权人，有哪些救济措施？其合法权利能否得到有效保障？第六，一味加重第三方平台责任，将加大企业运营成本，尤其是对刚刚创业起步的中小型平台企业，不利于互联网产业的创新和发展。第七，加重平台责任与当前国际立法趋势并不一致。第三方交易平台责任问题是当前各国互联网发展中都面临的问题。目前美欧日韩等相关立法均未要求平台承担极为严格的责任，而是要求平台履行合理注意义务，根据过错承担相应责任，而非赋予平台直接监管的义务。这样的立法符合互联网的发展特性，能很好地保护消费者权益。

总之，这种公权力的转移，需要特别的审慎；否则立法目的不能很好实现，社会利益得不到很好的维护，行政相对人权利得不到充分保护，与行政处罚法、行政强制法原则精神不一致，也得不到社会普遍认可。

三、行政监管领域平台责任制度的误解及解决思路

除了以上两大问题之外，行政监管领域的"互联网信息服务提供者"的平台责任制度还面临着以下三大误解，值得结合广告监管立法中的新动向作专门研究。

（一）行政监管领域平台责任制度的三大误解

1. 混淆或不认可"平台"

讨论"平台"，需以准确区分 Web1.0 和 Web2.0 两种模式为前提。以新浪门户网和新浪微博为例，前者的所有内容都由新浪公司以自己的名义发布（或转发），出现问题则由新浪公司自行承担责任；后者的内容则几乎都由用户发布，并非是新浪公司以自己的名

义所发布的。但是，有观点认为，只要某业务场所足够大，就可以称之为"平台"。这就混淆了 Web1.0 和 Web2.0 两种模式的本质区别，实质上否认了"平台"。进而，认为互联网企业应就"平台"上用户的违法行为承担责任，这相当于取消了"避风港"规则给互联网企业提供的庇护。法律意义上的"平台"有其特殊含义。该概念最先起源于美国的《千禧年数字版权法》，其核心在于：基于Web2.0 模式，互联网企业只提供信息存储、发布与下载等中立的技术服务，侵权行为往往是由平台上的用户所实施的。为此，对Web2.0 模式下的平台责任承担，现有的民事和行政相关立法作了相应的规定。《侵权责任法》第 36 条率先规定了"网络服务提供者"，从法律位阶的角度，将平台模式下著作权领域中的"避风港"规则，推广到整个网络侵权领域；《消费者权益保护法》第 44 条、《广告法》第 45 条规定了"网络交易平台服务提供者"和"互联网信息服务提供者"，分别在消费者权益保护和广告监管领域，明确认可"平台"的业务模式，赋予了互联网企业"避风港"的庇护。因此，应当以上述立法为据，消除这一误解。

2. 误认"平台"为经营者，并要求"平台"就用户行为承担责任

该观点没有认清 Web1.0 和 Web2.0 两种模式的区别，混淆了实际经营者与网络服务提供者，要求互联网企业就他人的违法行为承担责任。该误解的根源在于：行政处罚制度的客体理论体系不够完善，面对互联网新业务模式的崛起，还来不及对平台业务模式中的用户及平台提供者作出明确的区分。由此导致行政执法机关以"平台"为"抓手"，仅仅将互联网企业视为行政相对人，从而要求其对平台上所有的违法行为承担责任。实际上，正如前面介绍的，《消费者权益保护法》已区分了商品销售者与网络交易平台，《网络交易管理办法》进而区分了经营者与网络交易平台服务提供者；《广告法》《互联网广告管理暂行办法》则区分了广告发布者与互联网信息服务提供者。这些立法，为其他细分行政监管领域应对 Web2.0 模式下的业务提供了参考。

3. 混淆各类"平台"

这一误解体现在，虽然区分 Web1.0 与 Web2.0 模式、认可"平台"，但却忽视了各类"平台"的区别，错把此平台当彼平台。这在"微商"问题的探讨时最为典型，主要表现为：虽然区分了经营者与平台提供者，但在讨论碎片化的微商活动链条中不同环节的平台责任时，又混淆了不同类型的"平台"，笼统按照网络交易平台的监管制度，要求所有"平台"都按照网络交易平台服务提供者的规定来承担责任。其中最典型的表现就是要求信息存储及发布（微博、微信朋友圈等）、即时通信（微信、QQ等），甚至支付、物流等服务提供者，承担网络交易平台服务提供者的责任。比如：要求实名登记用户经营信息、保存交易记录、进行交易风险预警，以及建立售后服务体系、交易当事人信用评价制度、支付担保制度等。随着"微商"的不断发展，行政监管制度及理论未及时更新，导致难以区分不同类型的经营行为及相应的"网络服务平台"及提供者，从而笼统要求各种平台都承担网络交易平台服务提供者的责任。另外，这也与不同行政许可制度的主体资质和行为规范的混淆有关。例如，网络中的食品药品交易、外卖配送、出版、理财或出行，都有对应的经营行为（狭义）及服务平台，不能笼统按照某一监管领域的制度，要求其他平台都承担一样的责任。不同领域有不同的行政许可制度，应当识别出不同类型的服务平台，而设置对应不同的监管要求。

（二）应当在行政监管领域建立平台责任制度

有必要在行政监管领域中细分不同的平台责任制度。不仅要区分狭义的经营行为与平台服务提供行为，还要借鉴网络交易平台的界定标准，区分不同细分领域的平台。

1. 区分狭义的经营行为与平台服务提供行为

基于行业实践的发展变化，并借鉴民事侵权理论的变革思路，从"经营行为"的角度切入，从而在行政监管领域中引入"平台"的概念。正是基于 Web2.0 模式的发展，网络平台中出现了类似于"用户实施侵权行为，平台是否需要承担责任"的问题。基于过错责任原则，又发展出了"避风港"规则和"红旗标准"，通过对平台的主观状态予以区分，妥善地解决了上述问题。Web2.0 模式同样给行政监管带来了挑战，因此，要区分一般的违法行为和经营活动中的违法行为，并将后者区分为经营者实施的违法行为和平台模式下的违法行为。

一方面，一般民众所实施的违法行为，与经行政许可之后从事的经营活动中的违法行为，有着明显区别。前者对应的是，民众享有"法无禁止即自由"的行为空间，只有在违反法律规定时才可能构成违法行为，比如用户在网上发布违法信息的行为。后者则不同，依照"解禁说"的理论，经营者需在获得行政许可之后获得解禁，才能从事特定领域的经营行为。同时，配套的行政监管制度要求，经营者必须在法律规定的经营范围内从事经营活动，无证经营或超范围经营都可能构成违法行为。例如，网络餐饮服务经营者需获得食品经营许可证，并在加工制作、配送等环节中遵循行政监管的要求，否则可能构成行政违法。

另一方面，在 Web2.0 模式下，需将狭义的经营行为与提供"平台"服务中的行为相区分，界定不同的违法行为。从经营行为的角度看，Web1.0 模式是指，经营者通过自建网站从事商品销售等经营活动，如京东最初以自营 3C 电器销售起家，若经营者实施了违法行为，就应当由其自行承担责任。但在 Web2.0 模式下，互联网企业仅提供平台服务，如京东为"入驻商家"提供网络交易平台服务，入驻的经营者利用京东提供的网络交易平台从事经营活动。在这种情况下，若"入驻商家"实施了违法行为，显然不同于前一情形下京东自己的违法行为。这两种经营行为不能等同，特别是在讨论违法责任时，需明确违法行为是是由入驻的经营者实施的还是由平台服务提供者所实施的，并对两种情形予以区别对待。

2. 以网络交易平台界定为参考，在不同行政监管领域区别对待

在区分了狭义的经营行为与"平台"的基础上，还需考虑到"平台"类型的细分。比如，在碎片化的微商活动中，信息存储和发布服务提供者、即时通信服务提供者是否需要承担平台服务提供者的责任，又带来了不同监管领域对应着不同类型的"平台"的新问题，也即前述第三个误解相关的问题。对此，《网络交易管理办法》

第 22 条详细规定了"第三方交易平台"的含义。该规定明确指出该服务是"在网络商品交易活动中""为交易双方或多方"所提供的"网页空间、虚拟经营场所、交易规则、交易撮合、信息发布"等服务的集合。该规定将提供配套服务、确保平台上的用户能够"独立开展交易活动"的"信息网络系统"界定为"平台",这一思路值得借鉴。《电子商务法草案》(二次审议稿)第 10 条在设定"电子商务平台经营者"的含义时,就采纳了上述规章的思路。

因此,要基于特定的行政监管领域,设置相对应的界定标准,为该平台服务提供者设置区别于经营者的"避风港"规则的庇护。换言之,需要考虑不同监管领域的特色,设定该领域的"平台"判定标准。在确保平台服务提供者履行义务且享有庇护的基础上,既要避免经营者错误主张自己是"平台",又要防止其他主体被误认为是该领域的"平台"。这样既能避免经营者滥用"避风港"规则的庇护,也防止了张冠李戴地要求此领域的主体承担彼领域的责任。

(三)平台模式下不同领域的行政监管问题的解决路径

基于上述分析,对于平台上的行政监管领域中的问题,应分别监管狭义的经营行为、专门的平台以及其他的网络服务提供行为,并配置不同的权利、义务和责任制度。具体可以从几个角度切入:首先,身为平台用户的行为人,是具体违法行为的实施者,需就其违法行为受到相应的行政监管并承担责任。其次,若该领域存在专门的网络平台,如网络交易平台、互联网金融平台、网络出行平台,则这类平台应该履行各自的义务并承担相应责任。最后,提供信息存储、发布服务的互联网企业,并未从事具体违法行为,也不是带有专门目的的平台,角色与前两者明显不一样。但是,若他们同时也从事了广告发布或经营活动的,则需就其行为分别承担相应的责任。

也就是说,要从行为的角度,对不同主体的不同角色分别进行监管。即便是同一主体,也可能因为从事的行为不同,而同时具备"互联网信息服务提供者"或广告发布者、广告经营者或网络交易经营者的角色。但是,特别要注意的是,不能因为同一主体在特定的情况下可能具备多种角色,就笼统地要求该主体就其提供的所有服务，都承担平台服务提供者的责任。例如，微博、微信若也提供广告发布或广告经营服务，则其经营企业应当就其相关事宜承担相应的责任，但不能要求它们就其信息存储、发布服务中用户的广告行为也承担广告发布者或广告经营者的责任。

事实上，肇始于著作权制度的"避风港"规则，根植于 Web2.0 模式中，其根本目的在于平衡法益保护与行业发展。Web2.0 模式下的平台业务模式，同样也给行政监管带来了冲击并提出了要求，需要在行政监管领域中识别出不同类型的"平台"，并配以相应的平台责任和提供适当的庇护。网络交易和广告的监管领域已率先推出相关立法，将民事领域的"避风港"规则移植到行政监管领域中。其他行政监管领域，也可根据行业实践发展的需要，作出相应的回应。更进一步来讲，还需区分狭义的经营行为与平台服务提供行为，并考虑针对细分化的行政监管领域而规定不同类型的"平台"界定标准。

互联网社交广告的法律规制 第七章

　　互联网社交广告的繁荣，依赖于互联网社交产品的飞速发展。这一新型广告模式，既为社交产品服务提供者带来了收入，也为用户免费使用社交产品提供了可能。但社交广告也引发了一些误解，在《互联网广告管理暂行办法》的制定过程中有所反映。为此，有必要对它的含义与特征、发展概况、分类，以及与之有关的信息流广告进行梳理，并提供相应的监管思路。

一、社交广告的含义与特征

　　社交广告的发展离不开社交产品的产生和发展，随着社交产品的更新变化，社交广告的类型更丰富，呈现方式更多元化。只有了解了社交产品的含义和发展，才更能理解社交广告的含义和特征。

　　（一）社交产品的发展为社交广告提供了温床

　　社交产品的核心是为人们的社会交往提供沟通、互动的功能。具体而言，基于人际关系网络，为用户提供沟通信息的点对点或多人间的发送，或文字、图片、视频内容的发布等核心功能的产品。据中国互联网络信息中心（CNNIC）于 2018 年 1 月 31 日发布的第41 次《中国互联网络发展状况统计报告》的统计，即时通信服务的用户数为 7.2 亿、网民使用率为 93.3%，微博的数据分别为 3.16亿、40.9%。而以 Facebook 为例，从 2009 年开始，广告收入占比稳定，最低的 2012 年都达 80%，其他年份几乎都在 90%以上。作为用户高频使用的应用软件，广告主乐意在这些产品中投放广告，以增加自己商品或服务的曝光量。

　　社交产品的发展经历了多次变革。最初，BBS 论坛社区占据了网友交流互动的主战场，1999 年 3 月创办的天涯社区、2003 年 12

月上线的百度贴吧，都是这类社交产品的典型。1999 年腾讯推出 QQ 软件，通过客户端软件为用户提供"添加好友""好友聊天"等功能；2000 年博客开始流行，"名人博客"引导网民进入"全民皆博"时代；2003 年 12 月百度贴吧上线，引导大量用户进入主题贴吧进行互动。在国外，Facebook 于 2004 年面世，当时主要为学校用户提供服务，2009 年推出了线上主题活动，并通过分享照片和视频，吸引了超过十万的粉丝关注；Twitter 则于 2006 年发布，该产品最显著的特点是用户只能发布有限的文字信息。

在后来的移动互联时代，腾讯于 2011 年推出微信，基于用户的熟人关系，利用手机通讯录打造具有极强用户黏性的社交工具；之后于 2012 年 4 月推出"朋友圈"功能，方便用户快捷地发布文字、图片、视频等内容并与好友分享；公众号功能则于 2012 年 8 月推出，引发了自媒体潮流。

在这些产品中，因为用户的点击操作，比如用户在 QQ 空间、微信朋友圈及微博等其他平台上发布"信息"，他的好友或粉丝"刷屏"阅读这些信息时，就产生了数以亿计的大量流量，为互联网广告的发布提供了丰富的"库存"资源。也就是说，基于人际关系互动的需求，社交产品满足了用户需求，产生了极强的用户黏性；再加上日常互动的频次原因，社交产品上产生了大量的用户流量。于是，用户每次操作打开的页面，为社交广告的发布提供了载体。根据微信提供给 vivo 公司的数据显示，从 2015 年 1 月 25 日 20 点 45 分广告上线至 27 日上午 9 点整，vivo 的总曝光量接近 1.55 亿，用户点击"vivo 智能手机"logo、赞、评论等行为超过 720 万次，vivo 官方微信增加粉丝 22 万。同时，据 AdMaster 数据统计，超过 70% 的消费者都比较喜欢朋友圈广告这种形式，88.5% 的消费者看过广告后，都愿意与广告产生互动。由此可以看出，即时通信信息广告只要有足够的创意，不仅不会骚扰到用户，还受到用户的极大欢迎。

（二）社交广告的含义及特征

社交广告有广义和狭义之分。广义的社交广告是指，在即时通信、贴吧、论坛社区、网络游戏等一切具备社交属性的社交产品中发布的广告；狭义的则是指在陌生人社交、熟人社交的媒体产品、即时通信产品等社交平台中发布的广告。当然，按照广告发布者身份的不同，社交广告还可以分为社交产品服务提供者发布的广告和用户发布的广告。前者与互联网企业在门户网站、搜索引擎中发布的广告并无本质差别，以文字、图片、视频等为表现形式；后者则是社交产品用户利用信息发送、发布功能，在点对点聊天、群组，以及微博、"朋友圈"等功能中自行发布的广告。

基于社交产品所具有的用户黏性、好友互动、使用高频次等特性，社交广告也具有区别传统互联网广告的特点。其中最典型的就是微信朋友圈广告创立的用户互动模式。此外，移动端的发展，使得"离线状态"慢慢消失，用户全天与社交产品的接触，意味着发布在其中的广告，几乎可以实现全时段的推送。而基于大数据等精准推荐技术，用户使用社交产品时所接收到的社交广告，可以实现针对用户的使用习惯来推送不同广告内容，从而达到"千人千面"的效果；再加上用户间的评论、互动，广告会变得更加印象深刻，从而带来不一样的广告效果。

二、社交广告的发展

伴随着互联网的发展趋势，社交广告给网络广告行业的发展增添了新动力。由于大多数社交产品都以免费的方式提供给用户，社交产品服务提供者往往会选择以投放广告的形式获得收入，维持业务运营并谋求盈利。

（一）社交广告的初期

早在拨号网络时代的论坛社区产品中，就已经可以承载社交广告。这其中，以广告主委托社交产品服务提供者发布的固定位广告为代表，为社交产品服务提供者提供了重要的收入来源。当然，广告主也可自行或委托他人，以产品用户的身份在论坛中发布广告。社交产品服务提供者自行发布的广告，可通过弹窗、通栏、Banner等形式，发布文字、图片、视频等类型的广告；对于社交产品的用户所发布的广告，则受限于特定社交产品的功能，如基于产品功能，发布文字、图片或视频类广告。

但基于当时的产品形态，论坛社区的功能比较简单，对用户的吸引并不明显；同时，这些产品的用户数并不多，以共同的兴趣爱好或特定主题为中心，并没有太强的用户黏性，宽带、硬件和软件性能也制约了用户体验。所以，当时的社交广告市场，并没有获得足够发展。

（二）社交广告的发展期

而随着个人电脑性价比的普及和提升，网民数量获得大幅攀升，QQ、微信等客户端类的社交产品的功能和黏性增强，通过"占领用户窗口"，为社交广告带来了新的想象空间。新浪微博、人人网（校内网）等网页版的社交产品，在博客之后，也经历了一定的发展高峰期，进一步丰富了社交产品的种类，但客户端类的社交产品明显有更大的用户群体。这些社交产品中的社交广告也类似，既有网络服务提供者发布的广告，也有网络服务用户发布的广告。以QQ空间、新浪微博几亿的用户群为例，庞大的用户群，为社交广告的发展提供了巨大想象空间。

此外，因为用户参与的可能性，用户群体对广告内容进行话题运营，产生热点话题，在社交产品中通过用户间的口碑传播，会带来不一样的广告效果。这主要是因为，微博这种产品满足了人们关注"大V用户"、获取信息的需求，用户活跃度极高，这就为广告发布提供了巨大的流量。除了微博服务提供企业自行发布的广告，许多微博用户也可以发布广告：对于知名度较高的"大V"名人微博，除了日常发布的微博可能构成广告外，他们微博页面都可能有赞助品牌商，通过页面设置，投放固定位置的广告；而粉丝众多的"草根用户"，则主要通过平常的内容运营积累粉丝，之后再收费为广告主代发广告，在粉丝中进行宣传推广。

（三）社交广告的成熟期

移动互联网的快速发展，"手机成为人的器官"，为以微信为代表的基于人际关系的社交产品带来了数以亿计的大量用户，也为社交广告的发展丰富提供了更大的想象空间。这主要表现在用户流量和用户直接参与广告活动两个方面，如前面分析的，社交产品本身的用户黏性和使用频次，为流量增加提供了基础；而移动互联网背景下用户数量的增加，为社交产品流量的扩张带来了指数级效应。

这里再介绍一下腾讯社交广告的发展情况。腾讯从 2011 年开始推出社交广告，其发展过程与腾讯的社交产品的发展密切相关。最初，腾讯在 2011 年 11 月推出"广点通"这一具体业务，以 QQ、QQ 空间为广告投放系统的主战场。2013 年 6 月，广点通移动联盟内测上线，其日均曝光量突破 10 亿，日覆盖独立活跃用户 6000 万，涉及移动端 90% 以上用户。2014 年 2 月，基于手机 QQ 好友动态、QQ 空间移动端的信息流广告上线。之后，随着产品线的扩张和业务成熟度，社交广告也囊括了腾讯视频、腾讯新闻、天天快报等具有社交因素的产品。之后微信在朋友圈中添加信息流广告、在公众号文章页面中添加固定位广告，产品矩阵不断优化。2015 年 5 月，广点通与微信广告合并，受 QQ 空间手机版广告、微信公众平台广告收入的影响，当年腾讯广告收入快速增长。2016 年 5 月，"广点通"更名为"腾讯社交广告"，将腾讯社交产品上的广告资源进行整合，随后，腾讯广告收入的增长主要来自微信朋友圈、微信公众平台和新闻移动端的广告收入。据腾讯财报的数据：2017 年第四季度网络广告业务收入为 123.61 亿元，社交广告等的收入为 82.40 亿元人民币，"主要来自微信朋友圈、公众平台及广告联盟的广告收入增长"；到 2018 年第一季度，社交广告等收入同比增长 69%（不同季度有不同表现，财务上一般与上一年的同一季度进行对比），为 73.90 亿元，"主要受益于广告主基数扩大而提高了微信朋友圈广告填充率，以及移动广告联盟 CPC 收入的增长"。

三、社交广告的分类

根据社交广告的发布主体，可以将社交广告分为社交产品服务提供者发布的广告和社交产品用户发布的广告。

（一）社交产品服务提供者发布的广告

社交产品服务提供者本身只为用户提供社交产品服务，但当他受广告主委托而发布广告时，则扮演广告发布者的角色。就当前的业务形态来看，社交产品服务提供者发布的广告目前主要有固定位广告和信息流广告两种形式。这里对固定位广告作专门介绍，后文再专门涉及信息流广告。

与门户网站的网页广告或其他软件客户端中的广告类似，社交产品中也存在类似的固定位广告。比如，微信公众号系统中，出现在公众号文章详细页面底部的固定位广告，或者是出现在 QQ 客户端聊天界面中的固定位广告。

社交产品服务提供者发布的固定位广告，与其他互联网产品中的固定位广告，在法律性质上没有区别。微信公众号文章详情页相当于 PC 端网页在移动互联网、智能手机上的移植，由此，其中的固定位广告也就相当于 PC 端网页中的广告；而 QQ 聊天界面中的广告，又与其他所有软件客户端中的广告类似。这些固定位广告，都为免费提供服务的企业提供了通过收取广告费获得回报的机会，这种商业模式广泛存在于中国互联网行业中。此时，网络服务提供者是固定位广告的发布者，理应承担广告发布者的责任。此类广告的性质等同于 PC 端网页的 banner 广告，固定在文章结束后的最下方页面或者边栏，不会对用户造成感官上的骚扰。

（二）社交产品用户发布的广告

由于社交产品的用户可以分为企业类用户和普通用户，所以，这种广告可分为企业类用户向普通用户发布的广告（类似 B2C）和普通用户向普通用户发布的广告（类似 C2C）。

1. B2C 形式的点对点广告

以微博或微信中存在的广告形式为例，诸如滴滴打车、邻宝（销售水果）等企业，可注册微博、微信公众号的账号，经用户关注后，这些企业可自行发布微博、公众号文章，这些内容可能涉及广告活动，此即所谓的 B2C 形式的点对点广告。

此类广告是企业类用户利用微博、公众号，向关注他的用户发布的点对点信息，此企业为广告发布者，只是借助了微博、微信的平台与空间，社交产品服务提供者并不参与广告内容的制作、发布过程，因此，属于《广告法》第 45 条规定的"互联网信息服务提供者"，在明知、应知的前提下承担法律责任。由于用户需以关注微博或公众号为前提，才能收到对应广告信息，对于这种点对点广告，如果对自己造成了骚扰，用户可以自行"取消关注"。

2. C2C 形式的点对点广告

社交产品的普通用户，也可通过发送点对点文字、图片信息的方式，向其他普通用户发布广告。此类 UGC 形式广告（User Generated Content，用户生成内容），在实践中并不多见。但如果数量增加，也会给其他用户造成骚扰。以"Facebook 垃圾信息案"为例，一美国男子在 2008 年和 2009 年间入侵 50 多万 Facebook 账号，并利用这些账号以他人名义在 Facebook 平台上发送 2700 万条垃圾信息，给用户造成了骚扰，被判处了 3 年监禁。鉴于此，目前各个公司主动对用户自行发布的广告采取了各种严格的技术过滤手段。同时如果用户觉得其他用户对自己构成了骚扰，也可以对发送者自行采取屏蔽、拉黑和取消关注等多种措施。

社交产品用户发布的广告给监管带来了难题。当然，社交产品服务提供者发布广告和 B2C 形式的点对点广告的业务开展较为规范。关键在于，社交产品中的每个用户，也都可以成为广告内容的发布者，加上部分用户因为"微商"等原因，通过社交产品的功能群发、滥发 UGC 广告，又导致"病毒式广告"，引发了类似手机垃圾短信、骚扰推销电话的问题。这些问题，在《互联网广告管理暂行办法》的制定过程中有所体现，但最终得以妥善解决。

四、信息流广告

信息流广告是社交网站、信息存储空间等服务提供者发布的新广告形式。实际上，在搜索引擎产品中，搜索结果页面中插入的广告，也属于信息流广告；但因为 Facebook、微信朋友圈等社交产品中加入了信息流广告，导致其进入一个新阶段，所以有必要在"社交产品"的部分来介绍信息流广告。

信息流广告以社交产品、新闻软件等为基础，基于这些高频应用用户不断刷新阅读内容而形成的"信息流"的流量，社交产品服务提供者转变为广告发布者，将广告加载在内容信息流中，向用户进行推广，形成信息流广告。据 CNNIC 报告，除社交产品之外，新闻阅读应用有 6.46 亿用户，使用率是 83.8%。这些活跃用户，为互联网广告的展示提供了大量库存。

（一）信息流广告是互联网广告的阶段性产物

信息流广告之所以成为一种趋势，不仅因为整个互联网环境催生的社交信息爆炸，更是因为它的运作模式可以很好地融入用户的产品使用过程中，不会像弹窗广告那样带来骚扰。在用户的网络浏览操作中，信息流广告并不会破坏用户体验，能够为互联网企业提供发布广告的服务。它最早于 2006 年出现在社交巨头 Facebook 上，随后 Twitter、Pinterest、Instagram 和 LinkedIn 以及国内的 QQ 空间、微博、人人网和微信等社交媒体也相继推出信息流广告。

信息流（Feeds）广告的发展与社交网络、即时通信软件在移动智能终端上的兴盛有着很强的关联性。2011 年 7 月，Twitter 正式推出"Promoted Tweets"，在关注了该企业的用户的信息流中显示广告，这种广告形式按照用户参与程度收费。Facebook 也在其网站中的实时社交信息流中显示广告内容，"Sponsored Stories"即在用户的新鲜事栏插入广告的方案。微博、微信及今日头条先后推出了各自的程序化广告平台。腾讯在 2011 年 11 月推出"广点通"系统，2014 年 2 月就上线了信息流广告。新浪微博的微博粉丝通于 2012 年 12 月诞生，定位为针对中小客户的信息流产品，2013 年 3 月正式上线。2014 年 2 月，腾讯宣布在 QQ 空间移动端推出信息流广告。2014 年，今日头条推出广告投放管理平台，其中的广告资源主要是原生性较强的信息流广告。

信息流广告的种类很丰富，如图文广告、随播图文广告、多图轮播广告、本地广告、品牌页卡广告、视频故事广告、好友动态信息流广告、随心互动广告、全景交互广告等。2015 年 7 月，QQ 空间发布官方消息，要在移动端推出 15 秒信息流视频广告，将传统的视频广告移植到了移动社交产品中，而视频所能承载的信息更加多样，包括文字、场景、声效等。同时，还支持点赞、转发、评论的互动操作，在投放期内所有好友的评论均可见。之后推出的微动广告，介于短视频和静图之间，将动态图和静态图自动播放，用一种动静结合的方式进行广告展现。还有沉浸式体验的视频浮层广告，这种广告在用户点击视频后会自动进入观影模式；视频采用上下滑动的方式，不仅符合用户的社交习惯，也使得场景更集中并提升了用户的关注度。

实际上，Google、百度类的搜索平台也早就采用了信息流广告，甚至成为它们的主要收入来源。之后，Facebook 和 twitter 等社交媒体进行的创新提供了经验沉淀，国内的社交产品或新闻聚合应用再采用信息流广告模式时，已经有了非常成熟的信息流广告业务模式。

就信息流广告而言，网络服务提供者同样是广告发布者，应承担广告发布者的责任。在绝大多数信息流广告中，用户可以选择主动屏蔽，当点击"我不感兴趣"按钮时，该条广告将不会再出现。

（二）典型的信息流广告

最典型或为人所知的信息流广告是"朋友圈"等社交产品中的广告。腾讯的信息流广告通常的展示形式有：信息流大图、内容页大图、评论页大图、内容页文字链或信息流新闻广告。以资讯形态展现的信息流广告拥有良好的用户体验，占据了腾讯新闻客户端、天天快报客户端和微信热文三个核心流量位。2015 年 1 月，微信团队开始在朋友圈测试广告，首发的是宝马汽车、VIVO 智能手机、可口可乐的信息流广告。这类广告以类似朋友圈原创内容的形式出现，形态比较原生，不会对用户的社交活动造成影响。该广告同样有头像和名称，可以进行点赞、评论、转发等互动操作，赋予了用户极大的参与权利，也可作为数据积累加强微信对用户的了解，只是在右上角会标明"推广"二字。用户也可以选择主动屏蔽，当点击"我不感兴趣"按钮时，该条广告将不会再出现在朋友圈，避免广告对用户造成骚扰。这种基于熟人社交性质的营销模式，把广告内容放入到双向关注的互动机制中，用户不仅可以与广告内容进行实时互动，其互动本身也能被其他的好友看到，从而可以形成多层次的信息传播和碰撞。

2012 年创立的今日头条，在内容分发上作出尝试，于 2014 年推出今日头条广告平台，其广告收入的增长也是非常迅速。2016 年，今日头条迅速在短视频领域占有领先优势，也迅速向视频类信息流广告进行倾斜，推出"视频+信息流"模式的移动视频广告产品。《2017 年中国网络广告市场年度监测报告》显示，2016 年我国信息流广告的市场规模同比增长率为 89.5%，其中视频信息流广告增长迅速。

五、社交广告的监管思路完善

社交产品的提供者何时视为社交广告的发布者，还要回归到具体的广告行为中作出判断，关键是看该社交产品的提供者是否真正参与到了广告活动中。如果社交产品的提供者参与了广告经营行为，或者接受广告主、广告经营者的委托而利用自有媒介资源发布广告的，就属于广告经营者或者发布者，应当承担相应的责任。如果并没有参与到具体的广告活动中，只是为发布广告提供信息传输的平台，就应当属于《广告法》第 45 条规定的"互联网信息服务提供者"，只需通知广告经营者和发布者。此时，广告经营者和发布者接到通知，对涉嫌违法违规的广告要采取有效的技术措施，停止广告服务。根据《互联网信息服务管理办法》，互联网信息服务，是指通过互联网向上网用户提供信息的服务活动，包括了经营性和非经营性互联网信息服务。这里的经营性"有偿服务"，不一定是广告收费活动，也可能是向用户提供信息技术服务、收费会员服务或其他增值服务等。

（一）企业与用户发布的广告监管

B2C 形式的点对点广告，诸如滴滴打车、邻宝（销售水果）等企业注册了微信公众号，经用户关注后，这些企业可通过公众号平台向用户推送可能涉及广告内容的公众号文章。此类广告是公众号向关注他的用户发布的点对点信息，此时公众号为广告发布者，只是借助了微信的发布平台，微信并没有参与广告内容的制作和发布过程。而且从微信 5.0 版本开始，微信将公众号进行折叠，对公众号发布的广告进行最大限度的位置压缩，与朋友发送的信息进行了物理切割。如果公众号广告对自己造成骚扰，用户可以自行"取消关注"该公众号。因此，此类属于《广告法》第 45 条规定的"互联网信息服务提供者"，只有对其明知或者应知的利用其信息发布平台发布违法广告的行为，才应当承担制止责任。

C2C 形式的点对点广告，在实践中并不多见。但如果数量增加，也会给其他用户造成骚扰。以"Facebook 垃圾信息案"为例，一名美国男子在 2008 年和 2009 年间入侵 50 多万 Facebook 账号，并利用这些账号以他人名义在 Facebook 平台上发送了 2700 万条垃圾信息，给用户造成了骚扰，被判处了 3 年监禁。鉴于此，目前各个社交平台对用户自行发布的广告，主动采取了严格的过滤技术手段。同时，如果用户觉得其他用户对自己构成了骚扰，也可以对发送者自行采取屏蔽、拉黑和取消关注等多种措施。

（二）不能要求社交广告都一键关闭

立法对于垃圾邮件、骚扰电话和垃圾短信的监管模式，要求社交广告能"一键关闭"。值得注意的是，在《互联网广告管理暂行办法》的制定过程中，曾出现过"在电子邮箱、即时通信工具等私人空间发布广告"的表述，并要求都需为用户设置统一、拒绝或退订的选择，且不得在用户拒绝或退订后再次发送广告。这就意味着：一是，立法者把即时通信工具与电子邮箱同等对待；二是，"在……即时通信工具……发布广告"的表述，既包括社交产品服务提供者发布的广告，也包括社交产品用户向其他用户发布的点对点广告，按该表述则所有"在即时通信工具中发布的广告"，都需为用户提供永久拒绝、退订的选择。对此，有两个问题需要厘清。

首先，实际上，以公众号固定位广告和朋友圈信息流广告为例，这些即时通信工具中的广告，虽然出现在用户的"私人即时通信工具"中，但在法律性质上与门户网站等的固定位广告没有区别，属于利用了社交产品中的非即时通信功能，不应被要求为用户提供永久拒绝、退订的选择。社交产品提供者免费向用户提供软件和技术平台，需要在用户使用社交产品的过程中，在页面中展示广告。这样，用户接收广告信息的同时也间接实现了社交产品提供者商业化的需求，是属于互联网"免费服务+增值服务"的正常运营模式。因此，在保护用户权益、打击骚扰广告的同时，也要尊重互联网企业的运营模式，避免一刀切地笼统要求所有广告都"一键关闭，永久失效"。

其次，相较于手机短信、电子邮件的"发送者为中心"的功能设计理念，社交产品则是"接收者为中心"，可以为用户提供的更好的体验，无需要求"一键关闭"。"发送者为中心"是指，在电子邮件、电话和短信息业务中，只要有对方的电子邮箱地址或电话号码，发送者即可以不经对方同意，直接向对方发送含有广告内容的电子邮件、电话推销或发送短信，对方只能被动收取陌生人的广告推送。这也是邮件广告、短信广告大量存在的技术原因。"接收者为中心"是指，在社交产品中，用户需要添加对方为好友之后，才能发送或接收信息；对方用户可以拒绝添加其为好友，或添加之后再屏蔽、拉黑或取消关注；如果不愿接收对方的广告信息，可以主动采取方式予以拒绝。因此，在立法上，不应当将社交产品与电子邮件邮件、电话和短信同等对待。

也就说，为了最大限度地保护用户体验，社交产品本身已经设置了各类免打扰的功能。社交产品完全是从用户的需求出发，用户需要加对方为好友，才可接收对方的信息。并且用户有绝对的选择权，其可以在市场中自由选择使用何种社交产品，对发送骚扰信息的用户也可以自行选择屏蔽、拉黑、取消关注等措施。

最后，相较于手机短信用户付费使用已经支付过对价依然被骚扰，以及用户对垃圾信息广告根本没有有效的抵制措施，即时通信是免费服务，且为用户提供了足够的选择权，不应当沿用规制手机垃圾短信的思路对即时通信软件进行监管。基于此，《互联网广告管理暂行办法》草案后来曾修改为"通过…电子邮件、即时通信信息等发布广告"，不再使用"在电子邮箱、即时通信工具中发布广告"的表述，特指这些产品的用户以电子邮件、即时通信信息等方式向其他用户发送的 UGC 广告。最后通过的条文中，第 8 条第 1 款则规定："利用互联网发布、发送广告，不得影响用户正常使用网络。在互联网页面以弹出等形式发布的广告，应当显著标明关闭标志，确保一键关闭。"这与《广告法》第 44 条第 2 款的规定保持一致。

（三）可通过行业自律实现监管目的

从 PC 互联网进入到移动互联网后，网络广告也进入了一个新的时代。第一，面临着从 PC 机的"大"屏向各种移动终端"小屏"的迁移，留给广告创意人员、文案设计可以发挥的物理空间更小；

第二，用户在每个移动终端能长期使用的各类 APP 等客户端数量并不多，放弃率非常高。根据 2012 年《USATODAY》的报道，美国独立研究机构《Pew Research Center& American Life Project》调查发现，68% 的智能手机使用者每个星期至少会打开一次的 APP 数都在 5 个以下。[1]

在这种背景下，移动网络广告市场未来发展会呈现以下几个趋势：①广告制作会更有创意，在有限的物理空间内发挥最大作用；②广告投放会更加精准，大数据精准广告投放成为必然，以不骚扰不必要的用户为目的；③广告市场会启动自净，用户对各类移动应用的挑剔程度、放弃率非常高，导致企业会无比珍惜用户体验，更加"视用户体验为生命"，会用更加精良的制作内容和更加容易接受的方式，争取增加用户黏性，会主动采取多种措施防止用户被骚扰。那些用户体验不好的产品，用户自然会用脚投票，使其被快速淘汰。在激烈竞争的环境下，移动网络广告市场的自净机制会被最大程度地激发出来。因此，这里并不需要花费过多的立法资源。

2011 年 8 月 1 日，中国互联网协会发布了《互联网终端软件服务行业自律公约》，旨在规范互联网终端软件服务，保障互联网用户的合法权益，维护公平和谐的市场竞争环境。其中第 19 条规制了对用户造成严重干扰的"恶意广告"，可以针对特定信息服务提供商进行拦截、屏蔽。因此，不需要花费过多的立法资源，依靠行业自律，即加强行业规范的监管效果，就可以有效地监管社交广告。

互联网企业会主动采取各种垃圾信息屏蔽技术并不断进行技术升级，包括但不限于黑名单技术、关键字技术、发送频率技术和标识技术，对社交产品用户发布的 UGC 广告进行处理。据统计，2014 年 QQ 全年共打击垃圾信息 420 亿条，使用户不被垃圾信息骚扰。微信也采取了多种措施保障用户体验，从微信 5.0 版本开始，将订阅号进行折叠，对公众号发布的广告进行最大限度的位置压缩，与朋

---

〔1〕 "调查显示：智能手机用户常用 APP 不超过 5 个"，载 http://www.cww.net.cn/mobile/html/2012/2/2/2012221442529057.htm，2015 年 9 月 15 日最后访问。

友发送的信息进行"物理切割"。在微信朋友圈广告业务中,一则广告的有效期仅为 7 天,而单个用户 48 小时之内只会收到一条广告;如果广告出现的 6 个小时之内没有进行互动,则会从朋友圈中消失,该条广告出现在该用户其他好友朋友圈中的概率也仅 20%。

互联网广告的行政监管 第八章

　　互联网广告的监督管理包括行政管理和社会监督。互联网广告的行政管理，是指政府依照法律、法规和有关政策，对互联网广告行业和广告活动进行监督、检查、审查、指导等一系列活动的总称。互联网广告的社会监督则是由消费者、消费者组织和社会各界以及新闻媒体对互联网广告活动进行的监督、举报、批评和建议。

一、互联网广告行政审查

　　广告不仅关系到广告主、广告经营者、广告发布者的经济利益，更与消费者的生活和健康息息相关。如何保证广告信息的真实可靠，是每个国家广告立法特别关注的问题。有些国家采取前置审查制，有些国家采取事后惩罚制，还有的国家实行前置审查和事后惩罚相结合的制度。我国对部分特殊商品和服务实行强制性前置广告审查制。

　　（一）互联网广告行政审查的含义

　　《广告法》第46条规定："发布医疗、药品、医疗器械、农药、兽药和保健食品广告，以及法律、行政法规规定应当进行审查的其他广告，应当在发布前由有关部门（以下称广告审查机关）对广告内容进行审查；未经审查，不得发布。"据此，互联网广告行政审查，是指利用互联网发布医疗、药品、医疗器械、农药、兽药和保健食品广告，以及法律、行政法规规定应当进行审查的其他广告之前，应当由广告审查机关对广告内容进行审查的行政审批制度。

　　（二）互联网广告行政审查的意义

　　对特殊商品和服务的互联网广告依法进行行政审查的意义是非常重大的。首先，互联网广告行政审查是遏制互联网虚假广告产生的第一道防线。行政审查机关依法开展广告行政审查，可以有效预防虚假违法广告的发生。其次，广告行政审查是维护消费者合法利益的重要保障。虚假广告不仅会误导消费者的消费行为，还有可能对消费者的身体健康和财产造成损害。通过广告进行行政审查，核实广告内容的真实性，可以有效维护消费者的合法权益。最后，对互联网广告实行行政审查还是维护广告行业信誉，促进广告业健康发展的有效措施。广告主体受利益的驱使，发布虚假广告，必然会丧失商业信誉。这种不信任会在民众之间迅速传播，最终形成全社会对广告行业的信任危机。严格落实广告行政审查制度可以维护广告行业的整体信誉，促进行业健康发展。

（三）互联网广告行政审查的内容

1. 对广告主资格的审查

广告主是广告的提供者，每一个待发布的广告都是广告主为了实现自己的经济利益或某种主观意愿而向社会公众作出的表示。广告主与广告的联系要比广告经营者、广告发布者密切得多。因此，广告是否合法必须以广告主自身的合法性为前提和基础。只有核实广告主具有生产、销售某种商品或提供某种服务的营业执照，且待发布广告内容与营业执照规定的生产经营范围相一致时，广告审查机关对广告主的主体资格审查才算结束。

2. 对广告内容及其表现形式的审查

广告行政审查的核心是真实性和合法性。审查的重点是广告内容是否具有虚假、违法宣传或者容易误导消费者、使消费者出现歧义的画面或文字内容等。

对广告内容的真实性的审查。审查机关要核实该广告内容是否与客观实际相符合、有无虚构夸大成分和隐瞒事实真相的现象存在，对涉及质量标准、机构认定等部分应当要求广告主出具质量检验机构的证明文件及确认广告内容真实性的认定文件。

对广告形式的真实性审查。广告的表现形式包括画面、声音、语言文字等，如其中一样与广告内容不符，都不能认定该广告经过审查。只有当广告内容与形式同样真实、可靠、合法、正当时，对广告真实性的审查才算结束。

要确定广告内容及表现形式与我国广告管理法律法规及政策性文件规定相符合。广告内容及表现形式还要符合其他部门法，如民法、刑事诉讼法、知识产权法等的规定。

（四）互联网广告行政审查机关与法律依据

广告审查机关并不是指一个专门行使广告审查权的机关，而是与法律、行政法规规定的需要进行广告审查的商品或服务"有关的部门"，通常是对这些特殊商品或服务实施行政管理的主管部门。互联网广告行政审查的法律依据，除了《广告法》和《互联网广告管理暂行办法》外，因广告商品或服务的不同，还需要分别依据不同的法律开展。审查机关负责依据法律、行政法规的规定开展广告审查工作。

1. 医疗广告审查机关与依据

根据《医疗广告管理办法》[1]的规定，医疗广告，是指利用各种媒介或者形式直接或间接介绍医疗机构或医疗服务的广告。医疗机构发布医疗广告，应当在发布前申请医疗广告审查。未取得《医疗广告审查证明》的，不得发布医疗广告。医疗机构发布医疗广告，应当向其所在地的省级卫生行政部门申请。非医疗机构不得发布医疗广告，医疗机构不得以内部科室的名义发布医疗广告。

根据《中医药条例》的规定，发布中医医疗广告，医疗机构应当按照规定向所在地省、自治区、直辖市人民政府负责中医药管理的部门申请并报送有关材料。省、自治区、直辖市人民政府负责中医药管理的部门应当自收到有关材料之日起 10 个工作日内进行审查，并作出是否核发中医医疗广告批准文号的决定。对符合规定要求的，发给中医医疗广告批准文号。未取得中医医疗广告批准文号的，不得发布中医医疗广告。

2. 药品广告审查机关与依据

《药品管理法》第 59 条第 1 款规定："药品广告须经企业所在地省、自治区、直辖市人民政府药品监督管理部门批准，并发给药品广告批准文号；未取得药品广告批准文号的，不得发布。"

---

[1] 《医疗广告管理办法》目前正在修订中。

根据《药品广告审查办法》的规定，凡利用各种媒介或者形式发布的广告含有药品名称、药品适应症（功能主治）或者与药品有关的其他内容的，为药品广告，应当按照本办法进行审查。申请审查的药品广告，符合下列法律法规及有关规定的，方可予以通过审查：《广告法》《药品管理法》《药品管理法实施条例》《药品广告审查发布标准》[1]、国家有关广告管理的其他规定。省、自治区、直辖市药品监督管理部门是药品广告审查机关，负责本行政区域内药品广告的审查工作。

3. 医疗器械广告审查机关与依据

《医疗器械监督管理条例》第45条规定："医疗器械广告应当真实合法，不得含有虚假、夸大、误导性的内容。医疗器械广告应当经医疗器械生产企业或者进口医疗器械代理人所在地省、自治区、直辖市人民政府食品药品监督管理部门审查批准，并取得医疗器械广告批准文件。广告发布者发布医疗器械广告，应当事先核查广告的批准文件及其真实性；不得发布未取得批准文件、批准文件的真实性未经核实或者广告内容与批准文件不一致的医疗器械广告。省、自治区、直辖市人民政府食品药品监督管理部门应当公布并及时更新已经批准的医疗器械广告目录以及批准的广告内容。省级以上人民政府食品药品监督管理部门责令暂停生产、销售、进口和使用的医疗器械，在暂停期间不得发布涉及该医疗器械的广告。医疗器械广告的审查办法由国务院食品药品监督管理部门会同国务院工商行政管理部门制定。"

《医疗器械广告管理办法》第5条规定："发布医疗器械广告，必须持有经过国家医药管理局或省、自治区、直辖市医药管理局或同级医药行政管理部门核发的《医疗器械广告证明》（以下简称《证明》）。未有《证明》的，不得发布广告。"第6条规定："医疗器械广告证明出具机关在办理广告证明手续时，应当查验有关证明、审查广告内容。对不符合本办法规定的，不得出具《证明》。《证明》有效期以医疗器械生产或经营准许证的有效时间为准。医疗器

---

[1]　《药品广告审查发布标准》正在修订中。

械生产或经营准许证有效期满后,《证明》自动失效。"

根据《医疗器械广告审查办法》第 2 条的规定,通过一定媒介和形式发布的广告含有医疗器械名称、产品适用范围、性能结构及组成、作用机理等内容的,应当按照本办法进行审查。第 3 条规定,申请审查的医疗器械广告,符合下列法律法规及有关规定的,方可予以通过审查:《广告法》《医疗器械监督管理条例》《医疗器械广告审查发布标准》〔1〕、国家有关广告管理的其他规定。第 4 条规定,省、自治区、直辖市药品监督管理部门是医疗器械广告审查机关,负责本行政区域内医疗器械广告审查工作。

4. 农药广告审查机关与依据

根据 2001 年《农药管理条例》第 34 条的规定,未经登记的农药,禁止刊登、播放、设置、张贴广告。农药广告内容必须与农药登记的内容一致,并依照广告法和国家有关农药广告管理的规定接受审查。

根据《农药广告审查办法》的规定,凡利用各种媒介或形式发布关于防治农、林、牧业病、虫、草、鼠害和其他有害生物(包括病媒害虫)以及调节植物、昆虫生长的农药广告,均应当按照本办法进行审查。农药广告审查的依据包括《广告法》《农药登记规定》及国家有关农药管理的法规、国家有关广告管理的行政法规及广告监督管理机关制定的广告审查标准。国务院农业行政主管部门和省、自治区、直辖市农业行政主管部门在同级广告监督管理机关的指导下,对农药广告进行审查。

根据《农药广告审查发布标准》的规定,未经国家批准登记的农药不得发布广告。农药广告内容应当与《农药登记证》和《农药登记公告》的内容相符,不得任意扩大范围。

5. 兽药广告审查机关与依据

根据 2004 年《兽药管理条例》第 31 条的规定,兽药广告的内容应当与兽药说明书内容相一致,在全国重点媒体发布兽药广告的,应当经国务院兽医行政管理部门审查批准,取得兽药广告审查批准

---

〔1〕 《医疗器械广告审查发布标准》正在修订中。

文号。在地方媒体发布兽药广告的，应当经省、自治区、直辖市人民政府兽医行政管理部门审查批准，取得兽药广告审查批准文号；未经批准的，不得发布。

根据《兽药广告审查办法》的规定，凡利用各种媒介或者形式发布用于预防、治疗、诊断畜禽等动物疾病，有目的地调节其生理机能并规定作用、用途、用法、用量的物质（含饲料药物添加剂）的广告，包括企业产品介绍材料等，均应当按照本办法进行审查。兽药广告审查的依据包括《广告法》《兽药管理条例》、国家有关兽药管理的规定及兽药技术标准、国家有关广告管理的法规及广告监督管理机关制定的广告审查标准。国务院农牧行政管理机关和省、自治区、直辖市农牧行政管理机关，在同级广告监督管理机关的监督指导下，对兽药广告进行审查。

6. 保健食品广告审查机关与依据

根据《食品安全法》第79条的规定，省级人民政府食品药品监督管理部门为保健食品广告审批部门。

根据《保健食品广告审查暂行规定》的要求，发布保健食品广告的申请人必须是保健食品批准证明文件的持有者或者其委托的公民、法人和其他组织。国产保健食品广告的发布申请，应当向保健食品批准证明文件持有者所在地的省、自治区、直辖市（食品）药品监督管理部门提出。进口保健食品广告的发布申请，应当由该产品境外生产企业驻中国境内办事机构或者该企业委托的代理机构向其所在地省、自治区、直辖市（食品）药品监督管理部门提出。

7. 其他商品或服务广告审查机关与依据

根据《食品安全法》的规定，特殊医学用途配方食品广告适用药品广告管理的规定。特殊医学用途配方食品是为了满足进食受限、消化吸收障碍、代谢紊乱或特定疾病状态人群对营养素或膳食的特殊需要，专门加工配制而成的配方食品，应当在医生或临床营养师指导下食用。鉴于其属性特殊，特定全营养配方食品广告按处方药广告审批管理，其他类别特殊医学用途配方食品广告按非处方药审批管理。

（五）互联网广告行政审查的法律责任

广告审查的法律责任是指未经行政审查机关审查擅自发布广告或提供虚假证明、伪造编造或违法转让广告审查批准文件、广告行政审查机关对违法广告内容作出审查批准决定应承担的法律责任。根据《广告法》的规定，互联网广告行政审查的法律责任主要有以下几种情况：

1. 未经依法审查发布广告的法律责任

《广告法》第 46 条规定："发布医疗、药品、医疗器械、农药、兽药和保健食品广告，以及法律、行政法规规定应当进行审查的其他广告，应当在发布前由有关部门（以下称广告审查机关）对广告内容进行审查；未经审查，不得发布。"如果违反本条规定，未经审查发布广告的，应当承担《广告法》第 58 条规定的法律责任，即"由工商行政管理部门责令停止发布广告，责令广告主在相应范围内消除影响，处广告费用一倍以上三倍以下的罚款，广告费用无法计算或者明显偏低的，处十万元以上二十万元以下的罚款；情节严重的，处广告费用三倍以上五倍以下的罚款，广告费用无法计算或者明显偏低的，处二十万元以上一百万元以下的罚款，可以吊销营业执照，并由广告审查机关撤销广告审查批准文件、一年内不受理其广告审查申请"。

2. 隐瞒真实情况或提供虚假材料申请广告审查的法律责任

《广告法》第 47 条第 1 款规定："广告主申请广告审查，应当依照法律、行政法规向广告审查机关提交有关证明文件。"在广告审查时隐瞒真实情况或者提供虚假材料的，应当承担《广告法》第 65 条规定的法律责任，即"广告审查机关不予受理或者不予批准，予以警告，一年内不受理该申请人的广告审查申请；以欺骗、贿赂等不正当手段取得广告审查批准的，广告审查机关予以撤销，处十万元以上二十万元以下的罚款，三年内不受理该申请人的广告审查申请"。

3. 伪造、变造或者违法转让广告审查批准文件的法律责任

《广告法》第 48 条规定："任何单位或者个人不得伪造、变造或者转让广告审查批准文件。"违反此规定的，按照《广告法》第 66

条的规定，应当"由工商行政管理部门没收违法所得，并处一万元以上十万元以下的罚款"。

4. 广告审查机关违法审查的法律责任

《广告法》第47条第2款规定："广告审查机关应当依照法律、行政法规规定作出审查决定，并应当将审查批准文件抄送同级工商行政管理部门。广告审查机关应当及时向社会公布批准的广告。"广告审查机关对违法的广告内容作出审查批准决定的，按照《广告法》第72条的规定，对负有责任的主管人员和直接责任人员，由任免机关或者监察机关依法给予处分；构成犯罪的，依法追究刑事责任。

二、互联网广告的行政管理

广告的行政管理，是指政府依照法律、法规和有关政策，对互联网广告行业和广告活动进行监督、检查、审查、指导等一系列活动的总称。

(一) 互联网广告的行政管辖

1. 行政管辖权与行政管辖

行政管辖权是行政主体之间就某一行政事务的首次处置所作的权限划分。行政管辖权明确了某一行政事务由哪一个行政主体首次处置，同时也可以使行政相对人知晓受理处置行政事务的行政主体。行政管辖包括级别管辖、地域管辖和特别管辖。级别管辖是指行政主体系统中确定上下级行政主体之间首次处理行政事务的分工和权限。如《广告法》第6条中规定："国务院工商行政管理部门主管全国的广告监督管理工作"，"县级以上地方工商行政管理部门主管本行政区域的广告监督管理工作"。地域管辖是指行政主体系统中确定同级行政主体之间首次处理行政事务的分工和权限。如《行政处罚法》第20条规定："行政处罚由违法行为发生地的县级以上地方人民政府具有行政处罚权的行政机关管辖。法律、行政法规另有规定的除外。"特别管辖是级别管辖和地域管辖的一种补充，主要有共同管辖、移送管辖和指定管辖。共同管辖是指两个以上的行政主体对同一行政事务都具有法定的行政管辖权。移送管辖是指已经受理行政事务的行政主体因没有法定的管辖权，依法将此行政事务移送给有管辖权的行政主体处理的一种管辖制度。指定管辖是指上级行政主体将某一行政事务依法指定给某一行政主体管辖的一种管辖制度。

2. 互联网广告违法案件的管辖权

2004年原国家工商总局发布了《关于加强广告执法办案协调工作的指导意见（试行）》，即工商广字［2004］第163号，首次提及互联网广告的管辖问题。其中规定了"对报纸、电视、广播、杂志、互联网站等大众传播媒介的广告违法案件，由违法行为发生地县级以上工商行政管理机关管辖，实行分级管理的，适用级别管辖"，"工商行政管理机关在本辖区内对查处异地广告主、广告经营者确有困难的，可经由省级工商行政管理机关移送广告主、广告经营者所在地省级工商行政管理机关处理，并报国家工商行政管理总局备案"。

2007年10月1日起施行的《工商行政管理机关行政处罚程序规定》（第28号令）第8条规定："对利用广播、电影、电视、报纸、期刊、互联网等媒介发布违法广告的行为实施行政处罚，由广告发布者所在地工商行政管理机关管辖。广告发布者所在地工商行政管理机关管辖异地广告主、广告经营者有困难的，可以将广告主、广告经营者的违法情况移交广告主、广告经营者所在地工商行政管理机关处理。"

对报纸、电视、广播、杂志等传统的大众传播媒介而言，广告发布者所在地一般是比较清楚的。利用广播发布违法广告的，广告发布者所在地就是电台所在地；利用电视发布广告的，广告发布者所在地就是电视台所在地；报纸、期刊发布广告的，广告发布者所在地就是报刊社址所在地；对于利用电影发布广告的，应将电影发行商所在地作为发布地。但是互联网广告就不同了。由于互联网的跨域性，广告主、广告发布者和广告受众一般不在同一地区，因此管辖权问题比传统广告案件更为复杂。有的广告主租用其他网络公司的网络服务器，有的自己建立网站发布广告，还有的委托其他门户网站发布，或者通过电子邮件发布。最为复杂的是通过程序化购买发布的互联网广告，网络交易平台非常丰富，在不同平台上广告的具体表现形式也非常多样化，有链接广告、页面宣传展示广告、平台广告、搜索引擎排名广告、论坛广告、基于移动互联网的即时通信广告等，按类型还可以分为贴片式、嵌入式、弹窗式、漂浮式等。

2015 年修订后的《广告法》明确将"利用互联网"开展的广告活动纳入《广告法》的调整范围，但是对违法互联网广告行政处罚的管辖并没有作出专门的规定，导致在执法实践中有关互联网广告的行政管辖成了一个问题 。

2016 年 9 月 1 日起实施的《互联网广告管理暂行办法》结合互联网广告的特点，明确规定了对互联网广告违法行为实施行政处罚的具体管辖。根据《互联网广告管理暂行办法》第 18 条的规定，对互联网广告违法行为实施行政处罚的管辖共分为以下几种情况：

一是以"广告发布者所在地管辖"为原则。即"对互联网广告违法行为实施行政处罚，由广告发布者所在地工商行政管理部门管辖"。这与《工商行政管理机关行政处罚程序规定》所确立的原则保持了一致。

二是特殊情况下的移送管辖。即"广告发布者所在地工商行政管理部门管辖异地广告主、广告经营者有困难的，可以将广告主、广告经营者的违法情况移交广告主、广告经营者所在地工商行政管理部门处理"。

三是特殊情况下由广告主所在地、广告经营者所在地先行管辖。即"广告主所在地、广告经营者所在地工商行政管理部门先行发现违法线索或者收到投诉、举报的，也可以进行管辖"。这一变通性规定便于消费者异地维权，有利于避免互联网广告主或者广告发布者、为广告提供服务平台的互联网信息服务提供者将违法广告删除、屏蔽或者断开连接，提高监管执法的效率。

四是由广告主所在地管辖。即"对广告主自行发布的违法广告实施行政处罚，由广告主所在地工商行政管理部门管辖"。广告主在自设网站或者其拥有合法使用权的互联网媒介上自行发布广告，这种现象是互联网广告的一种特性。这部分广告出现违法时由互联网广告的广告主所在地管辖，既方便取证，又便于日常管理。

（二）工商行政管理部门查处违法互联网广告时的职权

根据《互联网广告管理暂行办法》第19条的规定，工商行政管理部门在查处违法广告时，可以行使的职权和采取的措施如下：

1. 对涉嫌从事违法广告活动的场所实施现场检查

行政检查是指行政主体为实现行政管理目的，依法对行政相对一方是否遵守法律和行政决定所进行的督促检查行为，是行政机关依法行使法律、法规赋予的检查权力的表现形式。工商管理部门在进行广告监管时，对涉嫌违法从事广告活动的场所可以实施现场检查，但是应在法定权限范围内行使行政检查权，检查程序要合法，现场实施检查的执法人员不少于2人，且不得滥用检查权。检查人员不得隐瞒事实，虚构记录。检查人员在执法检查中不得收取费用，检查结果需要行政处罚的，应当按法定程序执行。

2. 询问涉嫌违法的有关当事人，对有关单位或个人进行调查

为了解事实真相，收集广告监管需要的证据和材料，工商行政管理部门可以向涉嫌广告违法的当事人进行询问。此外，还可以对了解案情有帮助的单位或者个人进行调查走访。

3. 要求涉嫌违法当事人限期提供有关证明文件

从事商业广告活动的主体通常需要具备法律规定的市场准入资格，许多广告活动需要取得广告审查机关的审核许可。在广告监管中，有时需要行政相对人提供相关证明文件，以便确认其行为合法与否。

4. 查阅、复制与涉嫌违法广告有关的合同、票据、账簿、广告作品和其互联网广告后台数据，采用截屏、页面另存、拍照等方法确认互联网广告内容

《互联网广告管理暂行办法》明确规定，互联网广告发布者、广告经营者应当按照国家有关规定建立、健全互联网广告业务的承接登记、审核、档案管理制度；审核查验并登记广告主的名称、地址和有效联系方式等主体身份信息，建立登记档案并定期核实更新。广告需求方平台经营者、媒介方平台经营者、广告信息交换平台经营者以及媒介方平台的成员，在订立互联网广告合同时，应当查验合同相对方的主体身份证明文件、真实名称、地址和有效联系方式

等信息，建立登记档案并定期核实更新。广告活动中形成的合同、票据、账簿、广告作品和互联网广告后台数据是广告档案的重要内容。工商行政管理部门在查处涉嫌违法广告时，有权查阅、复制这些档案材料。基于互联网广告的特殊性，工商行政管理部门在查处涉嫌违法广告时有权采用截屏、页面另存、拍照等方法确认互联网广告内容。

5. 责令暂停发布可能造成严重后果的涉嫌违法广告

暂停发布是广告监管主体对广告发布事后的必要保证，如果广告系虚假违法情形，一经发布对公共利益的损害便是既成事实，为防止损害的进一步扩大或恶性发展，必须及时在媒介范畴暂时停止发布。责令暂停发布广告本身不属于行政处罚的种类，而是一种行政执法措施，其目的是为了防止涉嫌违法广告一旦发布可能带来的无法挽回的严重后果。责令暂停后，如果经核实，涉嫌违法的广告并不违法，工商行政管理部门应当恢复该广告的发布。

6. 要求当事人配合和协助

根据《互联网广告管理暂行办法》的规定，工商行政管理部门依法行使上述职权时，当事人应当协助、配合，不得拒绝、阻挠或者隐瞒真实情况。这是因为，工商行政管理部门与广告活动当事人之间是一种行政管理法律关系。根据我国有关法律、行政法规的规定，行政相对人在行政关系中应履行的法律义务主要包括：服从行政管理的义务、协助公务的义务、接受行政监督的义务、提供真实信息的义务以及遵守法定程序的义务。

互联网广告法律责任 第九章

广告活动主体违反法律、法规的规定，实施广告违法行为，或不依法承担法律义务，给他人和社会造成损害的，应当依法承担法律责任。不同的广告违法行为，性质和情节不同，侵犯的社会关系不同，对社会造成的危害后果不同，承担的法律责任也不同。广告法律责任主要有行政法律责任、民事法律责任和刑事法律责任。

一、互联网广告行政法律责任

互联网广告的行政责任，是指广告主、广告经营者、广告发布者、其他参与广告活动的主体，或者广告监督管理机关、广告审查机关及其工作人员，不履行广告法律、法规规定的义务或者实施了广告法律、法规禁止的行为，依法应当承担的行政法律后果。广告活动主体的行政责任具体体现为违法广告的行政处罚。

（一）广告法规定的行政处罚的种类

根据《广告法》的规定，对广告违法行为实施的行政处罚主要有以下几种形式：

1. 罚款

罚款是指广告监督管理机关对违反广告法律、法规的广告主、广告经营者、广告发布者，强制其在一定的期限内向国家缴纳一定数额金钱的制裁方式。我国《广告法》规定的罚款形式，有定额罚款，也有按比例的罚款。

2. 没收广告费用

广告费是广告经营者、广告发布者设计、制作、代理、发布广告而收取的报酬。广告经营者、广告发布者从事违法广告活动收取的广告费用属于非法收入。没收广告费用是指广告监督管理机关将广告经营者、广告发布者的这种非法收入强行无偿收归国有，上缴国库的一种行政处罚措施。广告主不存在收取广告费的问题，这种处罚措施不适用于广告主。

3. 暂停广告发布业务

暂停广告发布业务本质上属于能力罚，是指广告监督管理机关责令从事违法广告活动的主体在一定时间段内不得从事广告发布业务的处罚措施。

4. 吊销营业执照、吊销广告发布登记证件、撤销广告审查批准
文件

营业执照是市场主体开展经营性活动的资格，广告发布登记证件是广告媒体开展广告经营活动的资格，广告审查批准文件是发布法律要求进行行政审查的商品和服务广告必需的批准文件。在广告活动主体严重违法的情况下，广告监督管理机关、审批机关可以依法吊销、撤销这些经营性的资格和文件。这是一种比较严厉的行政处罚措施。

对于"责令停止发布广告"和"责令在相应范围内消除影响"这两项措施是否属于行政处罚，目前存在一些争论。笔者认为，"责令停止发布广告"和"责令在相应范围内消除影响"不属于行政处罚措施，因为只要发现广告违法行为，无论对违法主体是否给予行政处罚，广告监督管理机关都应当先行责令违法主体停止违法行为并消除不利的影响。因此，"责令停止发布广告"和"责令在相应范围内消除影响"是两项强制措施，其本身不带有惩罚性，不属于行政处罚措施。

（二）广告法规定的行政处罚的内容

1. 发布虚假广告行为的行政处罚

违反《广告法》的规定，发布虚假广告的，由工商行政管理部门责令停止发布广告，责令广告主在相应范围内消除影响，处广告费用 3 倍以上 5 倍以下的罚款，广告费用无法计算或者明显偏低的，处 20 万元以上 100 万元以下的罚款；2 年内有 3 次以上违法行为或者有其他严重情节的，处广告费用 5 倍以上 10 倍以下的罚款，广告费用无法计算或者明显偏低的，处 100 万元以上 200 万元以下的罚

款，可以吊销营业执照，并由广告审查机关撤销广告审查批准文件、1年内不受理其广告审查申请。医疗机构有这些违法行为，情节严重的，除由工商行政管理部门依照本法处罚外，卫生行政部门可以吊销诊疗科目或者吊销医疗机构执业许可证。广告经营者、广告发布者明知或者应知广告虚假仍设计、制作、代理、发布的，由工商行政管理部门没收广告费用，并处广告费用3倍以上5倍以下的罚款，广告费用无法计算或者明显偏低的，处20万元以上100万元以下的罚款；2年内有3次以上违法行为或者有其他严重情节的，处广告费用5倍以上10倍以下的罚款，广告费用无法计算或者明显偏低的，处100万元以上200万元以下的罚款，并可以由有关部门暂停广告发布业务、吊销营业执照、吊销广告发布登记证件。

2. 违反禁止性规定发布广告的行政处罚

《广告法》中除了第9条规定的11种禁止性情形外，还有很多禁止性规定，具体包括：①广告不得损害未成年人和残疾人的身心健康；②麻醉药品、精神药品、医疗用毒性药品、放射性药品等特殊药品，药品类易制毒化学品，以及戒毒治疗的药品、医疗器械和治疗方法，不得作广告；③禁止在大众传播媒介或者公共场所发布声称全部或者部分替代母乳的婴儿乳制品、饮料和其他食品广告；④禁止发布烟草广告；⑤法律、行政法规规定禁止生产、销售的产品或者提供的服务，以及禁止发布广告的商品或者服务，任何单位或者个人不得设计、制作、代理、发布广告；⑥在针对未成年人的大众传播媒介上不得发布医疗、药品、保健食品、医疗器械、化妆品、酒类、美容广告，以及不利于未成年人身心健康的网络游戏广告。

违反上述禁止性规定发布广告的，由工商行政管理部门责令停止发布广告，对广告主处20万元以上100万元以下的罚款，情节严重的，并可以吊销营业执照，由广告审查机关撤销广告审查批准文件、1年内不受理其广告审查申请；对广告经营者、广告发布者，由工商行政管理部门没收广告费用，处20万元以上100万元以下的罚款，情节严重的，并可以吊销营业执照、吊销广告发布登记证件。

3. 违反限制性规定发布广告的行政处罚

《广告法》针对医疗、药品、医疗器械、保健食品、农药、兽药、饲料、饲料添加剂、酒类、教育、培训、招商等有投资回报预期的商品或者服务、房地产广告、农作物种子、林木种子、草种子、种畜禽、水产苗种和种养殖等商品和服务的广告内容，提出了明确的要求。此外，《广告法》还规定：①不得利用不满 10 周岁的未成年人作为广告代言人；②对在虚假广告中作推荐、证明受到行政处罚未满 3 年的自然人、法人或者其他组织，不得利用其作为广告代言人；③不得在中小学校、幼儿园内开展广告活动，不得利用中小学生和幼儿的教材、教辅材料、练习册、文具、教具、校服、校车等发布或者变相发布广告，但公益广告除外；④针对不满 14 周岁的未成年人的商品或者服务的广告不得含有下列内容：第一，劝诱其要求家长购买广告商品或者服务；第二，可能引发其模仿不安全行为；⑤发布医疗、药品、医疗器械、农药、兽药和保健食品广告，以及法律、行政法规规定应当进行审查的其他广告，应当在发布前由有关部门（以下称广告审查机关）对广告内容进行审查；未经审查，不得发布。

违反上述规定的，由工商行政管理部门责令停止发布广告，责令广告主在相应范围内消除影响，处广告费用 1 倍以上 3 倍以下的罚款，广告费用无法计算或者明显偏低的，处 10 万元以上 20 万元以下的罚款；情节严重的，处广告费用 3 倍以上 5 倍以下的罚款，广告费用无法计算或者明显偏低的，处 20 万元以上 100 万元以下的罚款，可以吊销营业执照，并由广告审查机关撤销广告审查批准文件、1 年内不受理其广告审查申请。医疗机构违反这些规定，情节严重的，除由工商行政管理部门依照本法处罚外，卫生行政部门可以吊销诊疗科目或者吊销医疗机构执业许可证。广告经营者、广告发布者明知或者应知有本条第 1 款规定违法行为仍设计、制作、代理、发布的，由工商行政管理部门没收广告费用，并处广告费用 1 倍以上 3 倍以下的罚款，广告费用无法计算或者明显偏低的，处 10 万元以上 20 万元以下的罚款；情节严重的，处广告费用 3 倍以上 5 倍以下的罚款，广告费用无法计算或者明显偏低的，处 20 万元以上 100

万元以下的罚款，并可以由有关部门暂停广告发布业务、吊销营业执照、吊销广告发布登记证件。

4. 违反一般广告准则的行政处罚

《广告法》规定的一般广告准则主要有：①广告中对商品的性能、功能、产地、用途、质量、成分、价格、生产者、有效期限、允诺等或者对服务的内容、提供者、形式、质量、价格、允诺等有表示的，应当准确、清楚、明白。广告中表明推销的商品或者服务附带赠送的，应当明示所附带赠送商品或者服务的品种、规格、数量、期限和方式。法律、行政法规规定广告中应当明示的内容，应当显著、清晰表示；②广告使用数据、统计资料、调查结果、文摘、引用语等引证内容的，应当真实、准确，并表明出处。引证内容有适用范围和有效期限的，应当明确表示；③广告中涉及专利产品或者专利方法的，应当标明专利号和专利种类。未取得专利权的，不得在广告中谎称取得专利权。禁止使用未授予专利权的专利申请和已经终止、撤销、无效的专利作广告；④广告不得贬低其他生产经营者的商品或者服务；⑤广告应当具有可识别性，能够使消费者辨明其为广告；⑥互联网信息服务提供者不得以介绍健康、养生知识等形式变相发布医疗、药品、医疗器械、保健食品广告。

违反上述规定的，由工商行政管理部门责令停止发布广告，对广告主处 10 万元以下的罚款；广告经营者、广告发布者明知或者应知有这些违法行为仍设计、制作、代理、发布的，由工商行政管理部门处 10 万元以下的罚款。违反广告可识别性要求，或者互联网信息服务提供者以介绍健康、养生知识等形式变相发布医疗、药品、医疗器械、保健食品广告的，由工商行政管理部门责令改正，对广告发布者处 10 万元以下的罚款。

5. 未按照国家有关规定健全广告业务管理制度、未对广告内容进行核对、未公布收费标准和收费办法的行政处罚

广告经营者、广告发布者未按照国家有关规定建立、健全广告业务管理制度的，或者未对广告内容进行核对的，由工商行政管理部门责令改正，可以处 5 万元以下的罚款。广告经营者、广告发布者未公布其收费标准和收费办法的，由价格主管部门责令改正，可

以处 5 万元以下的罚款。

6. 广告代言人行政法律责任

广告代言人在医疗、药品、医疗器械广告中作推荐、证明的；在保健食品广告中作推荐、证明的；为其未使用过的商品或者未接受过的服务作推荐、证明的；明知或者应知广告虚假仍在广告中对商品、服务作推荐、证明的。由工商行政管理部门没收违法所得，并处违法所得 1 倍以上 2 倍以下的罚款。

7. 发布或发送影响用户正常使用网络的广告的行政处罚

利用互联网发布广告，未显著标明关闭标志，确保一键关闭的，由工商行政管理部门责令改正，对广告主处 5000 元以上 3 万元以下的罚款。

8. 互联网信息服务提供者明知或者应知广告活动违法不予制止的行政处罚

互联网信息服务提供者明知或者应知广告活动违法不予制止的，由工商行政管理部门没收违法所得，违法所得 5 万元以上的，并处违法所得 1 倍以上 3 倍以下的罚款，违法所得不足 5 万元的，并处 1 万元以上 5 万元以下的罚款；情节严重的，由有关部门依法停止相关业务。

9. 隐瞒真实情况或者提交虚假材料申请广告审查或者以不正当手段取得广告审查批准的行政处罚

隐瞒真实情况或者提供虚假材料申请广告审查的，广告审查机关不予受理或者不予批准，予以警告，1 年内不受理该申请人的广告审查申请；以欺骗、贿赂等不正当手段取得广告审查批准的，广告审查机关予以撤销，处 10 万元以上 20 万元以下的罚款，3 年内不受理该申请人的广告审查申请。

10. 伪造、变造或者违法转让广告审查批准文件的行政处罚

伪造、变造或者转让广告审查批准文件的，由工商行政管理部门没收违法所得，并处 1 万元以上 10 万元以下的罚款。

(三)《互联网广告管理暂行办法》规定的法律责任

2016 年 9 月 1 日期起实施的《互联网广告管理暂行办法》结合互联网广告的特殊性，对在互联网广告活动中违反《互联网广告管

理暂行办法》规定的违法行为的行政法律责任也作出了具体规定。简要归纳如下：

利用互联网广告推销禁止生产、销售的产品或者提供的服务，或者禁止发布广告的商品或者服务的；利用互联网发布处方药、烟草广告的，依照《广告法》第57条的规定，应当由工商行政管理部门责令停止发布广告，对广告主处20万元以上100万元以下的罚款，情节严重的，并可以吊销营业执照，由广告审查机关撤销广告审查批准文件、1年内不受理其广告审查申请；对广告经营者、广告发布者，由工商行政管理部门没收广告费用，处20万元以上100万元以下的罚款，情节严重的，并可以吊销营业执照、吊销广告发布登记证件。

未经审查发布广告的，依照《广告法》第58条的规定，应当由工商行政管理部门责令停止发布广告，责令广告主在相应范围内消除影响，处广告费用1倍以上3倍以下的罚款，广告费用无法计算或者明显偏低的，处10万元以上20万元以下的罚款；情节严重的，处广告费用3倍以上5倍以下的罚款，广告费用无法计算或者明显偏低的，处20万元以上100万元以下的罚款，可以吊销营业执照，并由广告审查机关撤销广告审查批准文件、1年内不受理其广告审查申请。医疗机构未经审查发布广告的，情节严重的，除由工商行政管理部门依照本法处罚外，卫生行政部门可以吊销诊疗科目或者吊销医疗机构执业许可证。广告经营者、广告发布者明知或者应知未经审查发布广告行为仍涉及、制作、代理、发布的，由工商行政管理部门没收广告费用，并处广告费用1倍以上3倍以下的罚款，广告费用无法计算或者明显偏低的，处10万以上20万元以下的罚款；情节严重的，处广告费用3倍以上5倍以下的罚款，广告费用无法计算或者明显偏低的，处20万元以上100万元以下的罚款，并可以由有关部门暂停广告发布业务、吊销营业执照、吊销广告发布登记证件。

互联网广告不具有可识别性的，或者不显著表明"广告"，或者付费搜索广告与自然搜索结果区分不明显的，依照《广告法》第59条的规定，应当由工商行政管理部门责令改正，对广告发布者处10

万元以下的罚款。

利用互联网发布广告，未显著标明关闭标志并确保一键关闭的，以欺骗方式诱使用户点击广告内容的，或者未经允许在用户发送的电子邮件中附加广告或者广告链接的，依照《广告法》第 63 条的规定，应当由工商行政管理部门责令改正，对广告主处 0.5 万元以上 3 万元以下的罚款。

互联网广告发布者、广告经营者未按照国家有关规定建立、健全广告业务管理制度的，或者未对广告内容进行核对的，依照《广告法》第 61 条的规定，应当由工商行政管理部门责令改正，可以处 5 万元以下的罚款。

广告需求方平台经营者通过程序化购买方式发布的广告未标明来源的；广告需求方平台经营者、媒介方平台经营者、广告信息交换平台经营者以及媒介方平台的成员，在订立互联网广告合同时，未查验合同相对方的主体身份证明文件、真实名称、地址和有效联系方式等信息，并建立登记档案并定期核实更新的；媒介方平台经营者、广告信息交换平台经营者以及媒介方平台成员，对其明知或者应知的违法广告，没有采取删除、屏蔽、断开链接等技术措施和管理措施，予以制止的。应当由工商行政管理部门责令改正，处 1 万元以上 3 万元以下的罚款。

互联网信息服务提供者明知或者应知互联网广告活动违法不予制止的，依照《广告法》第 64 条的规定，应当由工商行政管理部门没收违法所得，违法所得 5 万元以上的，并处违法所得 1 倍以上 3 倍以下的罚款，违法所得不足 5 万元的，并处 1 万元以上 5 万元以下的罚款；情节严重的，由有关部门依法停止相关业务。

此外，工商行政管理部门依照《广告法》和《互联网广告管理暂行办法》所作出的行政处罚决定，应当通过企业信用信息公示系统依法向社会公示。

二、互联网广告民事法律责任与刑事法律责任

互联网广告活动中的法律责任除了行政责任外，如果行为违反了民事法律规定或构成犯罪的，还应当承担相应的民事法律责任或

刑事法律责任。

（一）互联网广告的民事责任

互联网广告的民事法律责任是指互联网广告主、广告经营者和广告发布者因实施广告违法行为，欺骗或者误导消费者，使购买商品或接受服务的消费者的合法权益受到损害，或者有其他侵权行为，应承担的民事法律后果。广告活动主体违反广告合同而应承担的违约责任，也属于民事法律责任。根据《民法总则》等民事法律的规定，承担民事法律责任的形式主要有：①停止侵害、排除妨碍、消除危险；②返还财产、恢复原状；③修理、重作、更换；④支付违约金；⑤赔偿损失；⑥消除影响、恢复名誉；⑦赔礼道歉。

根据《广告法》第56条的规定，发布虚假广告，欺骗、误导消费者，使购买商品或者接受服务的消费者的合法权益受到损害的，由广告主依法承担民事责任。广告经营者、广告发布者不能提供广告主的真实名称、地址和有效联系方式的，消费者可以要求广告经营者、广告发布者先行赔偿。关系消费者生命健康的商品或者服务的虚假广告，造成消费者损害的，其广告经营者、广告发布者、广告代言人应当与广告主承担连带责任。其他商品或者服务的虚假广告，造成消费者损害的，其广告经营者、广告发布者、广告代言人，明知或者应知广告虚假仍设计、制作、代理、发布或者作推荐、证明的，应当与广告主承担连带责任。

根据《广告法》第69条的规定，广告主、广告经营者、广告发布者违反广告法的规定，在广告中损害未成年人或者残疾人的身心健康的；假冒他人专利的；贬低其他生产经营者的商品、服务的；在广告中未经同意使用他人名义或者形象的；有其他侵犯他人合法民事权益的，均应依法承担民事责任。

（二）互联网广告的刑事责任

互联网广告的刑事责任，是指广告活动主体或其他主体在互联网广告活动中，或者广告监督管理机关和广告审查机关的工作人员在执行职务过程中，实施违法行为，情节严重，触犯刑法，构成犯罪的，应当依照刑法所承担的刑事法律后果。互联网广告活动涉及的犯罪主要有以下几种：

1. 虚假广告罪

根据《广告法》第55条的规定，广告主、广告经营者、广告发布者发布虚假广告的，构成犯罪的，依法追究刑事责任。这里的刑事责任指的是《刑法》第222条规定的虚假广告罪，即"广告主、广告经营者、广告发布者违反国家规定，利用广告对商品或者服务作虚假宣传，情节严重的，处二年以下有期徒刑或者拘役，并处或者单处罚金"。

2. 妨碍公务罪

《广告法》第71条规定："违反本法规定，拒绝、阻挠工商行政管理部门监督检查，或者有其他构成违反治安管理行为的，依法给予治安管理处罚；构成犯罪的，依法追究刑事责任。"这里涉及的是妨碍公务罪。在广告监管中，拒绝、阻挠工商行政管理部门监督检查的行为或其他违反治安管理行为，情节严重的，可能构成妨害公务罪，应受到刑事处罚。根据我国《刑法》的规定："以暴力、威胁方法阻碍国家机关工作人员依法执行职务的，处三年以下有期徒刑、拘役、管制或者罚金。"

3. 渎职罪

《广告法》第72条规定："广告审查机关对违法的广告内容作出审查批准决定的，对负有责任的主管人员和直接责任人员，由任免机关或者监察机关依法给予处分；构成犯罪的，依法追究刑事责任。"第73条规定："工商行政管理部门对在履行广告监测职责中发现的违法广告行为或者对经投诉、举报的违法广告行为，不依法予以查处的，对负有责任的主管人员和直接责任人员，依法给予处分。工商行政管理部门和负责广告管理相关工作的有关部门的工作人员玩忽职守、滥用职权、徇私舞弊的，依法给予处分。有前两款行为，构成犯罪的，依法追究刑事责任。"这里涉及的主要是渎职罪。按照我国《刑法》的有关规定："国家机关工作人员滥用职权或者玩忽职守，致使公共财产、国家和人民利益遭受重大损失的，处三年以下有期徒刑或者拘役；情节特别严重的，处三年以上七年以下有期徒刑。本法另有规定的，依照规定。国家机关工作人员徇私舞弊，犯前款罪的，处五年以下有期徒刑或者拘役；情节特别严重的，处五年以上十年以下有期徒刑。本法另有规定的，依照规定。"

4. 其他犯罪

（1）破坏计算机信息系统罪。根据《刑法》的规定："违反国家规定，对计算机信息系统功能进行删除、修改、增加、干扰，造成计算机信息系统不能正常运行，后果严重的，处五年以下有期徒刑或者拘役；后果特别严重的，处五年以上有期徒刑。违反国家规定，对计算机信息系统中存储、处理或者传输的数据和应用程序进行删除、修改、增加的操作，后果严重的，依照前款的规定处罚。故意制作、传播计算机病毒等破坏性程序，影响计算机系统正常运行，后果严重的，依照第一款的规定处罚。"

（2）伪造、变造、买卖国家机关公文、证件、印章罪。《广告法》第48条规定："任何单位或者个人不得伪造、变造或者转让广告审查批准文件。"我国《刑法》规定："伪造、变造、买卖或者盗窃、抢夺、毁灭国家机关的公文、证件、印章的，处三年以下有期徒刑、拘役、管制或者剥夺政治权利；情节严重的，处三年以上十年以下有期徒刑。"

（3）诈骗罪。利用虚假广告骗取数额较大的公私财物，可能构成诈骗罪。我国《刑法》规定："诈骗公私财物，数额较大的，处三年以下有期徒刑、拘役或者管制，并处或者单处罚金；数额巨大或者有其他严重情节的，处三年以上十年以下有期徒刑，并处罚金；数额特别巨大或者有其他特别严重情节的，处十年以上有期徒刑或者无期徒刑，并处罚金或者没收财产。本法另有规定的，依照规定。"

三、自媒体广告法律责任分析

自媒体模式下广告形式的新发展，在学术界被称为"原生广告"（Native Advertising）。原生广告没有明确的定义，通常是指从用户体验出发，由广告内容所驱动，结合网站或APP的本身的内容可视化特点，与现有内容相融合的表现形式。例如，在twitter里，广告就表现为一则推文；在微博里，就表现为一则微博；在facebook里会是一则新的状态；在buzzfeed里，会是一则报道；而在微信里就会表现为一篇微信文章。原生广告的形式会随着网络发展形式的不同而愈加丰富，它是一种新的互动形式和消费体验，目的就在于要以消费者最易于接受的方式切入，完全改变了广告硬插入的旧有体验，内容与广告相融相和。但在现实监管中，也正是由于自媒体广告的上述特点，会导致监管不易等问题。

实际上，从社交产品的角度来看，自媒体广告是指身为社交产品用户的广告主，自行利用社交产品提供的信息存储和转发服务，自行扮演媒体发布者的角色，为自己发布广告。这就与广告主委托社交产品服务提供者在社交产品的固定位广告上发布广告存在本质区别。当然，广告主也可以自行搭建网站媒介，以自媒体的角色自行发布广告。

自媒体社交网络诞生以来，如何商业化一直是伴随其成长的话题，社交网络营销作为数字营销的一环，已经发挥着越来越重要的作用。而有关法律责任更需要进一步明确和厘清。依照《广告法》第2条规定，广告主是可以自行发布广告的，此时广告主和广告发布者的身份发生了竞合；而《互联网广告管理暂行办法》第10条第3款的规定进一步明确，广告主可以通过自设网站或者拥有合法使用权的互联网媒介自行发布广告，也可以委托互联网广告经营者、发布者发布广告。因此，结合实践来看，从广告主一方来看，目前最常见的几种自媒体广告投放方式主要包括以下五种，法律责任梳理如下：

第一，广告主的官方网站。广告主通过自设的官方网站直接发布广告，既是广告主又是广告发布者，出现了两种身份的竞合，以及法律责任的竞合。此时广告主既要承担广告主对广告内容真实性的第一责任，又要对广告内容承担发布的审核责任。

第二，广告主的官方微博。广告主利用官方微博，直接或者间接的介绍自己所推销的商品或者服务，也可以直接发布广告。此时，广告主既是广告主，又是广告发布者，同样出现身份竞合及法律责任的竞合。但由于利用了新浪微博的网络平台，而新浪微博并未参与到这个广告行为中，也没有因此而收取广告费用，所以新浪微博在这里成为"互联网信息服务提供者"，要按照《广告法》第45条和《互联网管理暂行办法》第17条的规定，仅对其"明知或者应知"情况下的违法广告承担制止义务。

当然广告主还可能委托代言人或其他微博账号运营者为其发布广告。在这种情况下，代言人或者受委托的微博账号拥有者（如网红、明星、大 V 等）就成为广告发布者，而微博平台在未参与广告经营活动的情况下，仍然属于互联网信息服务提供者。

第三，广告主的微信公众号。与第二种情况性质相同，广告主利用自身的微信公众号发布广告，广告主既是广告主，又是广告发布者。利用微信的网络平台，此时微信成为"互联网信息服务提供者"，仅对"明知或者应知"情况下的违法广告承担制止义务。

同样，如果广告主委托的是微信平台上的自媒体大号来发布广告，需要向自媒体公众号支付广告发布费用，自媒体公众号运营者是广告发布者，要承担发布者的法律责任，一旦出现违法或虚假广告，要承担相应的法律后果。而微信平台在未参与广告经营活动的情况下，对于自媒体自行承接的广告业务，属于互联网信息服务提供者，仅对"明知或者应知"情况下的违法广告承担制止义务。

对微信平台来说，由微信充当广告发布者的情况目前只有两种，一种是朋友圈里刷出来的那一条信息流品牌广告，比如 2015 年 1 月 25 日晚推出的宝马、vivo 以及可口可乐广告。这一步是微信商业化的开端，其一经推出，立刻引爆了朋友圈，使得收到和看到广告第一次成为用户期待的事情，并且成为连接朋友之间社交互动的有趣方式。

而另一种是在公众号文章最底部的一条固定位广告，且根据《广告法》的规定，已经显著标明为"广告"。这个广告位，是微信社交广告推广的内容，有可能推广的是一款商品、一个营销活动或者是另一个公众号，等等。

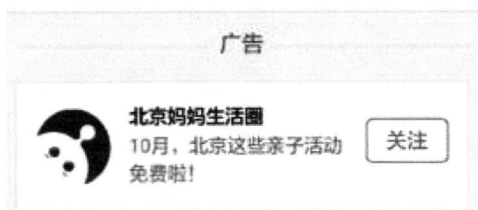

在这两种情况下，微信作为广告发布者要对这两个位置里呈现的广告素材，包括图片、文字，进行严格地审核、把关，承担发布者的法律责任。

除此之外，对微信公众号的自媒体经营者在文章发布页自行发布的广告，微信不参与其广告经营活动，不收取广告费用，也不负责审核广告内容，只承担互联网信息服务提供者的"明知或者应知"的法律责任，自媒体公众号运行者承担发布者责任，文责自负。

第四，广告主的官方旗舰店。如果广告主是商品生产者或者销售者，还可能拥有电商平台上的官方旗舰店。利用自有电商旗舰店作广告，广告主同时也是广告发布者，同样出现了身份竞合的问题。此时未参与广告经营活动的电商平台就是互联网信息服务提供者。

第五，广告主利用网络直播等新形式。今年，网络直播成为最火的网络应用之一，网红、网络主播也成为广告主投放广告的新阵地。美妆、食品、生活用品以及数码产品甚至某款 APP 应用、网络游戏等，都可以为网络主播带来不菲的广告收入。在这种情况下，网络主播就成为广告发布者。而直播平台如果事前没有与主播签订广告分成协议的话，只承担互联网信息服务提供者的角色和法律责任。如果直播平台与主播签订了广告分成协议，则直播平台也要承担广告发布者的责任。

但是由于网络直播具有即时性、传播速度快、受众广等特点，一则广告事前的策划、宣传文案的撰写、准备，毕竟只是准备工作而已。而当直播一旦开始，广告究竟怎样播出，则很大程度取决于主播本人当时的情绪、状态，实际播出的形式、内容、效果可能与事前的准备完全不同。但由于《广告法》和《互联网广告管理暂行办法》都加大了对广告主的法律责任，要求广告主对广告内容的真实性承担第一责任。因此在网络直播的形式下，极有的可能是加大了广告主的风险，这也是值得注意的一点。

综上，对自媒体广告的广告主来说，如果自己发布广告，则要承担广告发布者的法律责任，对广告内容进行审核；如果委托其他自媒体发布广告，支付广告费用，则自媒体运营者则需要承担广告发布者的法律责任。如果自媒体网络平台的运营者参与广告收入分成，同时也要承担发布者责任；如果没有参与广告经营行为，则属于互联网信息服务提供者。

广告收入不仅是大型互联网公司的重要收入之一，也是各个中小网站生存收入的主要来源，随着《广告法》《互联网广告管理暂行办法》的颁布和实施，法律需要对于广告规制得更加清晰与明确。因此，更加深入透彻地理解合规风控，做好互联网广告的合规风控工作，成为互联网公司的重要工作之一。

一、广告审核义务和边界

《广告法》第 34 条规定，广告经营者、广告发布者依据法律、行政法规查验有关证明文件，核对广告内容。对内容不符或者证明文件不全的广告，广告经营者不得提供设计、制作、代理服务，广告发布者不得发布。《互联网广告管理暂行办法》第 10 条规定，互联网广告主应当对广告内容的真实性负责。与 1995 年《广告法》相比，2015 年《广告法》将广告经营者、广告发布者的广告审核义务由"核实"调整为"核对"。这一变化意味着广告经营者、广告发布者所承担的义务发生了从"实质审查"到"形式审查"的重大变化。广告发布者和广告经营者要对广告主有关证明文件进行查验，并核对广告内容。此外，《广告法》第 4 条明确了"广告主应当对广告内容真实性负责"的规定，将广告主明确为广告内容真实性的第一责任人。

（一）核对主体身份证明

日常中最常见的主体身份证明主要包括：《营业执照》《民办学校办学许可证》《律师事务所执业许可证》《事业单位法人证书》《医疗机构许可证》《社会组织登记证》等，主要核对该组织身份的真实性、合法性、有效性。

若广告主要求广告发布者跳转至指定的落地页，广告发布者和广告经营者应该核对跳转的页面所属媒介是否是广告主自设或者拥有合法使用权的；在实务审核操作中，主要要求审核 ICP 的备案情况。此外，还需要审核广告主要求跳转的落地页与前端广告的内容是否具有关联性，是否指向同一市场主体或者同一商品、服务，链接内容落地页内容中是否含有被法律、行政法规禁止生产和销售或者提供的商品和服务。例如，如果前端广告内容为 A 公司，但落地页宣称自己是 B 公司；前端广告内容销售普通日用百货，落地页内为销售需要《食品经营许可证》才能销售的预包装食品，上述内容都是广告发布者或者广告经营者不能审查通过的。

总之，广告发布者和广告经营者主要核对的要点有三个：①跳转、链接到的页面所属的媒介是否是广告主自设或者拥有合法使用权的；②前端广告内容与链接内容是否具有关联性，是否指向同一市场主体或同一商品、服务；③链接内容是否有被法律、行政法规禁止生产、销售或提供的商品、服务。

（二）核对行政许可文件

目前，按照《行政许可法》的要求，在我国经营一些特定项目需要取得相关的行政许可。在广告发布资质审核中，审查行政许可也是必要的内容，最常见的行政许可主要有：①食品药品类。如《食品经营许可证》《食品流通许可证》《食品生产许可证》《医疗器械经营许可证》《医疗器械生产许可证》《药品经营许可证》等。②金融类。如《小额贷款许可证》《金融许可证》《基金管理资格证书》《基金代销业务资格证》《基金销售业务资格证》《经营证券期货业务资格证》《证券经营机构营业许可证》《证券、期货投资咨询业务许可证》《保险机构法人许可证》《经营保险业务许可证》《经营保险经纪业务许可证》《经营保险公估许可证》《经营保险代理许可证》《支付业务许可证》《融资性担保机构经营许可证》《典当经营许可证》等。③网络文化类。如《网络文化经营许可证》《广播电视节目制作经营许可证》《摄制电影许可证》《电影公映许可证》《互联网出版许可证》《音像制品经营许可证》《出版物经营许可证》《互联网出版许可证》《信息网络传播视听节目许可证》《营业性演出许可证》等。④其他类。由于行政许可范围广泛，常见行政许可还有：旅游类如《旅行社业务经营许可证》等；房地产类如《商品房销售许可证》《商品房预售许可证》等；运输类如《道路运输经营许可证》《水路运输业务经营许可证》《铁路运输许可证》《网络约租车平台经营资格许可证》《出租汽车经营资格证》《汽车租赁经营许可证》《快递业务经营许可证》等；拍卖类如《拍卖经营批准证书》等；危险化学品类如《危险化学品安全生产许可证》《危险化学品经营许可证》等；互联网电信类如《增值电信业务经营许可证》《基础电信业务经营许可证》《因特网接入服务业务经营许可证》等；出入境服类如《因私出入境中介机构经营许可证》等。

（三）核对广告内容证明文件

广告内容证明文件，日常中常见的内容主要包括数据、统计资料、专利等，审核中要对证明文件的种类、数量、出处及其真实性、合法性、有效性进行查验，如广告内容中使用的数据、统计资料、调查结果、文摘、引用语等印证内容，应当真实、准确、并标明出处。

广告发布者、广告经营者需要将广告内容与有关证明文件进行核对。而对于有关文件中数据、引用的真实性等情况，广告主需要承担第一责任。

（四）档案保存与管理

对于互联网公司而言，广告活动中各项档案类型非常广泛，主要涉及主体身份证明，如《营业执照》或《社会组织登记证》，相关行政许可、合法使用权的 ICP 备案证明、前端广告页面、跳转的落地页页面、广告合同、广告内容修改记录、发布样稿确认记录等。由于互联网广告发布链条长、环节多，问题广告发生时，在工商部门调查执法的过程中，互联网公司作为广告发布者和经营者提交的各类证明将变得非常重要。互联网公司需要证明自己已经履行了相关法律义务，否则将可能承担相应的法律责任。

二、对一键关闭广告的审核

在《广告法》和《互联网广告管理暂行办法》修订前，一些互联网广告为了增加自己的点击量，不能正常关闭或者提供欺骗性的按钮，促使用户进入广告主指定的落地页，严重影响了广大网民的用户体验和正常使用网络。所以《广告法》将"一键关闭"明确出来，把最终选择权交给网络用户，用户可以选择继续观看广告或者一键关闭不影响其使用网络，很好地解决了利用互联网发布、发送广告影响网民用户体验的问题。但是在广告实务活动中，不是所有广告都需要设置一键关闭，要根据情况进行区分。

《广告法》第44条规定，利用互联网从事广告活动，适用本法的各项规定。利用互联网发布、发送广告，不得影响用户正常使用网络。在互联网页面以弹出等形式发布的广告，应当显著标明关闭标志，确保一键关闭。《互联网广告管理暂行办法》第8条规定，利用互联网发布、发送广告，不得影响用户正常使用网络。在互联网页面以弹出等形式发布的广告，应当显著标明关闭标志，确保一键关闭，不得以欺骗的方式诱使用户点击广告内容。以上就是一键关闭义务的法律依据。

目前常见的互联网广告形式可以分为干扰类广告和融入类广告两种。干扰类广告如弹窗、漂浮、遮挡等类别的广告，因可能影响用户正常使用网络，按照法律要求需要设置一键关闭；融入类广告如开屏广告、网页固定位广告、视频贴片广告、影视植入广告、信息流广告等，因不会影响到用户正常使用网络，这种情况不必设置一键关闭。同一个网页中不仅有文字新闻，也嵌入对应新闻视频（在文字新闻最下方嵌入视频），在网民浏览网页时弹出小窗视频内容，视频前接入贴片广告，这样在网民浏览该网页的文字和图片内容时，弹出的视频广告视为弹窗广告，应该标明关闭标志，并确保一键关闭。弹窗广告不能反复出现，如果网页弹出广告在网民关闭后，网页处于未刷新状态时再次弹出的，这种情况属于违法行为。

总之，对需要一键关闭广告的审核要点是：弹窗、飘窗等干扰用户正常使用网络或者浏览信息的广告需要设置一键关闭。一是关闭标志要明显，字体大小常人可见，使用"×""关闭"等常人理解用语。二是不得欺骗，不能以欺骗方式诱骗点击，如点击"×"标识，实际跳转至落地页广告，这种属于违法行为。Banner、开屏广告、视频贴片、信息流广告等属于融入式广告，不需要设置一键关闭。

三、互联网信息服务提供者的角色界定

在《广告法》和《互联网广告管理暂行办法》中出现了一个新的角色，即互联网信息服务提供者，这在实务分析中最容易与广告发布者混淆。广告发布者是指为广告主或者广告主委托的广告经营者发布广告的自然人、法人或者其他组织。而互联网信息服务提供者本身并不是广告发布者，也不是广告信息接收者，只是为他人发送、发布广告的活动提供信息传输的场所或者平台。

互联网信息服务提供者与广告发布者的角色区分是互联网广告合规风控的基础。京东、淘宝、微博等平台的广告内容是否由上述主体承担广告发布者责任呢？答案是：不全是。京东、淘宝、微博、微信平台等在广告角色中可能会有两个角色：一是广告发布者；二是互联网信息服务提供者。目前出现了像淘宝、京东、新浪微博、微信等很多的第三方平台，各类经营主体、自然人可以在这些平台上自行注册具有合法使用权的账号，利用这些平台提供的网络空间自行发布广告内容。如果这些第三方平台没有参与广告活动，只是提供平台服务，其本身作为第三方平台，提供的服务具有工具性和中立性的特点的，就是互联网信息服务提供者。反之，如果参与了经营主体的广告活动，这些第三方平台就是广告发布者，广告发布者应按照《广告法》和《互联网广告管理暂行办法》的需要对于广告主资质、广告内容进行审查。而如果互联网信息服务提供者是明知或应知经营者利用其信息发布违法广告的，应当予以制止。

平台在同一页面不同的广告活动中可能扮演了不同的角色。比如，某店铺在淘宝平台作了广告，淘宝按照法律要求标注为广告，此时淘宝平台为广告发布者，对于广告主的主体身份证明、相关行政许可、内容证明文件等都要进行审核。如果某店铺在自己的店铺里作了广告，此时淘宝平台为互联网信息服务提供者，按照《广告法》第45条的规定："公共场所的管理者或者电信业务经营者、互联网信息服务提供者对其明知或者应知的利用其场所或者信息传输、发布平台发送、发布违法广告的，应当予以制止。"以微信订阅号为例，订阅号文章内容最下有一条虚线，虚线以上如果出现了广告内

容，是订阅号主体作为广告发布者进行发布的广告。虚线以下的广告为微信平台作为发布者发布的广告内容。这条虚线非常巧妙且必要，在同一个页面里，微信平台经营者在广告活动中有互联网信息服务提供者和广告发布者两个法律角色，承担不同的法律责任。当然，页面中也可能采用程序化购买的方式，平台也可作为媒介方平台成员（SSP 成员），通过其他 DSP 接入广告。再比如，PORTS 旗舰店属于京东平台上的第三方店铺，在这个页面的广告活动中，PORTS 旗舰店是广告发布者，京东在广告活动中的角色是互联网信息服务提供者，为第三方网店——PORTS 旗舰店发送、发布广告的活动提供信息传输的场所或者平台。

这里举一个具体的例子做进一步地说明。在某教育培训机构公司的网站上，参加培训的学生对课程发布了学习感言。经过调查，该教育培训网站允许学生注册，发布学习感受，有一些学生在留言区发表的对学校的推荐语言，被举报称这种推荐性语言违反了《广告法》第 24 条的规定，即利用科研单位、学术机构、教育机构、行业协会、专业人士、受益者的名义或者形象作推荐、证明。学生发布对学校推荐的感言，是不是属于使用受益者名义作推荐，这时有三个问题需要分析：一是学生自行发布的推荐内容是否属于广告内容；二是该教育培训网站此时的角色是广告发布者还是互联网信息服务提供者；三是此时广告发布者和互联网信息服务提供者的界定标准在哪里。学校是何种地位，取决于学校的行为。学生自行在学校发布推荐学校的内容，如果该学校只是给学生提供网络空间，供学生进行评价反馈，学校又没有对于学生的留言进行任何删除、隐藏、排序提权靠前显示等措施，也就是说学校既没有将负面留言删除、下沉、隐藏，也没有将正面留言排序向前排让其他未报名的学生优先看到，那么学校在此时属于互联网信息服务提供者。反之，如果学校为了更有利于自己的信息出现在首页或者靠前的位置，通过技术方式对学生的正面感言进行置顶、排序提权靠前显示，让更多未报名的学员看见往届学生对于学校的正向推荐性评价，这就是一种广告行为，那么，此时学校就是在利用网站中学生的感言为学校作广告，违反了《广告法》的有关规定。

再比如，豌豆荚是在 PC 上使用的 Android 手机管理软件，属于应用商店类平台。把手机和电脑连接上后，即可以将各类应用程序、音乐、视频、电子书等内容传输或者从网络直接下载到手机上，也可以用它实现备份、联系人管理、短信群发、截屏等功能。应用软件 APP 上传至该平台，并通过简要介绍进行描述。以钱盾软件为例，该软件在描述中称"全球第一安全软件"，豌豆荚未对该软件进行推广，那么豌豆荚的角色是互联网信息服务提供者，钱盾软件利用豌豆荚平台发布了产品广告。按照《广告法》第 45 条的规定，公共场所的管理者或者电信业务经营者、互联网信息服务提供者对其明知或者应知的利用其场所或者信息传输、发布平台发送、发布违法广告的，应当予以制止。《互联网广告管理暂行办法》第 17 条规定，未参与互联网广告经营活动，仅为互联网广告提供信息服务的互联网信息服务提供者，对其明知或者应知利用其信息服务发布违法广告的，应当予以制止。豌豆荚平台，对于钱盾"全球第一"的广告用语是否承担"应知"责任，需要进一步探讨来明确。

对于互联网信息服务提供者需要承担的"应知"责任，可以综合考虑：第一，广告监管机关或者其他政府部门进行提示告诫或者公示的；第二，消费者组织或者其他社团组织发出通知书函，且有足够违法证据支持的；第三，消费者投诉特别集中，且有足够违法证据支持的；第四，有证据显示互联网信息服务提供者对违法广告进行过编辑处理的；互联网信息服务提供者主动对信息进行了编辑、选择、整理、排名、推荐或者修改等；第五，基于现有技术水平，监测搜查手段容易进行识别的；第六，涉嫌违法广告信息位于网站首页、栏目首页或者其他明显可见位置。如果将"全球第一"定性为"违禁词"，通过技术方式列入限制发布的"黑禁词"，这是互联网信息服务提供者应该进行的相应技术防范。但是，互联网信息服务提供者需要履行更多的互联网广告事后责任，注意义务远低于广告发布者，事先防范责任不应该超过其技术能力。

四、商业必要信息和商业广告的区分

《互联网广告管理暂行办法》第 7 条要求互联网广告应当具有可

识别性，显著标明"广告"，使消费者能够辨明其为广告。这就要求互联网广告必须标注出"广告"标识，但是在企业自设网站或者借助第三方平台上网络空间展示的内容中，包含的为了推销商品或服务的各种信息内容到底是否归属广告，是否需要标注"广告"标识是实务操作中的一个区分难点，也会引申出在广告中如何区分信息和广告内容这个重要的难题。

《互联网广告管理暂行办法》第3条规定，本办法所称互联网广告，是指通过网站、网页、互联网应用程序等互联网媒介，以文字、图片、音频、视频或者其他形式，直接或者间接地推销商品或者服务的商业广告。其中第（四）项规定，推销商品或者服务的商业性展示中的广告，法律、法规和规章规定经营者应当向消费者提供的信息的展示依照其规定。

在下图商品售卖页面的同一页面中，左侧是一个商品视频广告内容；右侧："12期免息 Samsung/三星 Galaxy S9+ SM-G9650/DS 全网通手机，赠立式无线快充+天猫150元通信生活礼包"，商品的品名、型号，促销活动赠送的详细内容都属于必须要告知消费者的内容，这就属于信息内容，而不是商业广告。《消费者权益保护法》《产品质量法》等都明确要求经营者向消费者提供商品价格、规格等信息，这也是对于消费者知情权的保护。

互联网时代与传统媒体时代不同，传统媒体广告的位置资源有限，电视媒体15秒标版时段、30秒标版时段，杂志32开、16开，

报纸整版等，都是限定媒介资源。基于传统媒体相对宝贵的资源，广告主不会浪费更多的有限广告页面刊登更多的商业必要信息，更多地会留给广告内容。互联网广告有所不同，因自身特性存在多次跳转、页面空间充裕等特点，每个经营主体在通过广告介绍自己的商品和服务时，在百度、360、天猫淘宝、携程、微博、微信等大流量平台通过广告引导至自身企业落地页，此时网页空间就非常充裕，对于商品或者服务可以进行非常详尽的介绍，这些介绍内容中就会有按照相关法律要求必须让消费者知晓的商业必要信息，例如：商品介绍中出现商品基本参数介绍，就属于商业必要信息，并不属于广告。

互联网所有页面都可能是广告页，但这些网页中的内容不都是广告内容，还包含商业必要信息内容，这就涉及了广告活动中的一个根本问题，商业信息与广告的区分，形式上是要不要标注"广告"标识，实质上要判定是否归属于《广告法》规制。可以从四个方面的要点来综合判断是商业必要信息还是商业广告：第一，商业必要信息。这一内容是相关法律法规规定经营者必须向消费者提供的信息。比如，《消费者权益保护法》第8条规定，消费者享有知悉其购买、使用的商品或者接受的服务的真实情况的权利。消费者有权根据商品或者服务的不同情况，要求经营者提供商品的价格、产地、生产者、用途、性能、规格、等级、主要成分、生产日期、有效期限、检验合格证明、使用方法说明书、售后服务，或者服务的内容、规格、费用等有关情况。第二，费用因素。广告活动特征之一是收取广告费，签署广告相关协议。第三，商业目的。商业广告是以营利为目的的宣传互动。如招聘信息则不属于商业广告活动。第四，写作方式。商品广告词往往会用到描写、抒情的表达方式以及其他一些文学表现性很强的手段，商品信息只是客观事实陈述。此外，在促销活动中，对于促销时间、范围、折扣等规则，也都属于商业必要信息，而非广告。企业网站自有企业新闻、行业新闻等内容则不应归属于商业广告，不需要标注"广告"标识。

五、广告主体身份辨析与法律义务

根据《广告法》与《互联网广告管理暂行办法》的界定，在互联网广告中,可能出现几类主体,其中包含了和传统广告模式一样的广告主、广告经营者、广告发布者、广告代言人,网络广告中特有的"程序化购买"模式下的广告需求方平台、媒介方平台、广告信息交换平台,以及由于互联网广告活动的特殊性,《广告法》第45条新增了一类主体,即"互联网信息服务提供者"。因互联网广告形式多变,有时会出现几个主体身份竞合的的情况,身份的确定会影响到法律责任的划分,因此如何科学地界定这几类主体显得尤为重要。

(一) 互联网广告主的认定与法律责任

根据《广告法》第2条第2款的规定,广告主,是指为推销商品或者服务,自行或者委托他人设计、制作、发布广告的自然人、法人或者其他组织。在互联网广告飞速发展的今天,广告依托的技术形式、展现方式等都在不断地发生创新和革命,广告发布者、广告经营者之间的界限变得模糊,会给主体认定和权利义务的承担带来很多困扰,但唯独广告主没有发生改变。所有的广告创意、表现形式等的变化,都始终围绕广告和广告主的需求而开展,因此明确广告主和广告主的法律责任,是厘清互联网广告法律关系的第一步。

在界定互联网广告主时,需要注意以下几点:第一,广告主必须是以推销商品或服务为目的的自然人、法人和其他组织。不以推销为目的的介绍本身就不属于广告,也就不在《广告法》的调整范围之内。第二,广告主可以自行设计、制作广告,不必认定为广告经营者,此时广告经营者身份被广告主身份吸收。只要是以推销商品或者服务为目的,无论自己设计、制作广告还是委托他人,都应当是广告主。第三,既可以自行发布也可以委托他人发布广告,自行发布广告时不必认定为广告发布者。《互联网广告管理暂行办法》第10条第3款规定:"广告主可以通过自设网站或者拥有合法使用权的互联网媒介自行发布广告,也可以委托互联网广告经营者、广告发布者发布广告。"这里的"拥有合法使用权的互联网媒介"指的是广告主的官方微博或者官方微信公众号、头条号等自媒体营销渠道。此时广告主和广告发布者身份竞合,广告发布者身份被广告主身份吸收。第四,广告主通过他人媒介资源发布广告,对广告内容进行实质性修改的，应当以书面形式或其他可被确认的方式通知互联网广告经营者、发布者。在这里，广告主修改广告内容的，不必通知互联网信息服务提供者，因为互联网信息服务提供者不参与具体的广告经营活动，仅提供信息媒介平台，因此不是通知对象。

　　根据《广告法》和《互联网广告管理暂行办法》的规定，广告主的法律义务和法律责任主要包括：第一，广告主是虚假广告的第一责任人，应当对广告内容的真实性负责，当消费者因虚假广告受到权益损害时，首先应当向广告主主张权利；第二，广告主发布互联网广告需具备的主体身份、行政许可、引证内容等证明文件应当真实、合法、有效；第三，广告主自行或者委托他人进行设计、制作、代理，应当具有相应资格或者提供相应证明文件；第四，广告主应当通过有资质的广告经营者或发布者开展广告活动，不得通过违法违规的网站发布广告；第五，根据《广告法》第 69 条规定，广告主应当承担民事责任的情形有：在广告中损害未成年人或者残疾人的身心健康的；假冒他人专利的；贬低其他生产经营者的商品、服务的；在广告中未经同意使用他人名义或者形象的；其他侵犯他人合法民事权益的；第六，互联网广告主委托互联网广告经营者、广告发布者发布广告，修改广告内容时，应当以书面形式或者其他可以被确认的方式通知为其提供服务的互联网广告经营者、广告发布者。网络广告和传统媒体广告最大的不同就在于"互联互通"，通过多次跳转、链接，可以为消费者呈现更多的、更丰富的广告内容。例如，由一个网站的一句文案广告、一张图片、一段视频等，用户点击后可以跳转到广告主自设网站或其他网站网页，也可能展现出与前一个广告相关的、内容更加丰富的另一则广告，用以提供更加详细的商品或服务信息，或者是直接购买的入口、程序的下载页面等。在这种情况下，对跳转后的最终落地页面，广告主可以随时修改广告内容，而为广告主提供最初呈现页面的广告发布者、广告经营者可能完全无法知情。因此，互联网广告主委托互联网广告经营者、广告发布者发布广告，修改广告内容时，应当以书面形式或者其他可以被确认的方式通知为其提供服务的互联网广告经营者、广告发布者。《互联网该广告管理暂行办法》规定广告主修改广告内容的，要通知为其提供服务的广告发布者、广告经营者，进一步明确了广告主的第一责任人地位。

（二）互联网广告经营者、发布者的认定与法律责任

在互联网广告领域，随着技术的创新和市场的不断细分发展，大数据精准投放、广告主对目标客户的定位、广告联盟的诞生以及多样化的广告费用计算模式，都使得互联网广告经营者的认定变得极为复杂。

《广告法》第2条第3款规定："广告经营者，是指接受委托提供广告设计、制作、代理服务的自然人、法人或者其他组织。"这一规定包括四层意思：第一，广告经营者是接受委托的广告主体；第二，广告经营者是专业从事广告设计、制作、代理服务的广告主体；第三，广告经营者可以是自然人、法人或者其他组织；第四，如果不是接受委托，而是为自己进行广告设计、制作的，其身份为广告主而不是广告经营者。因此，区分广告经营者与广告主的一个重要标识是"是否接受他人委托"，广告经营者归根结底是为广告主提供服务的，是要接受广告主的委托、为推销广告主的商品或服务而开展后续工作的。

《广告法》第2条第4款规定："广告发布者，是指为广告主或者广告主委托的广告经营者发布广告的自然人、法人或者其他组织。"这一规定包括两层意思：第一，广告发布者是为广告主或者广告主委托的广告经营者发布广告，而不是为了自己发布广告，如果为自己发广告的是广告主；第二，与之前相比，广告发布者在范围上扩大到自然人、法人或其他组织。这主要是考虑到，随着互联网信息技术的发展，一些自媒体成为广告发布的渠道，自然人应该可以成为广告发布者。但与传统媒体发布广告时广告发布者都是在自己的广告展现平台上发布广告不同，在互联网广告领域有其特殊性，发布者可以利用自设网站和拥有合法使用权的互联网媒介帮助别人发布广告。例如，腾讯利用腾讯网发布广告，就是利用自设网站，腾讯是广告发布者；而微信公众号的运营者利用公众号发布广告内容，公众号运营者作为广告发布者，就是利用其拥有合法使用权的微信公众号平台帮助别人发布广告，且与微信管理者没有广告费用

分成，此时，微信公众号的运营者是广告发布者，而微信管理者充当了互联网信息服务提供者的角色。

根据《广告法》《互联网广告管理暂行办法》的规定，互联网广告经营者、广告发布者的法定义务和法律责任包括：第一，建立健全互联网广告业务的承接登记、审核、档案管理制度；第二，审核查验并登记广告主的名称、地址和有效联系方式等主体身份信息，建立登记档案并定期核实更新；第三，应当查验有关证明文件，核对广告内容，对内容不符或者证明文件不全的广告，不得设计、制作、代理、发布；第四，应当配备熟悉广告法规的广告审查人员；有条件的还应当设立专门机构，负责互联网广告的审查。

（三）广告代言人的认定与法律责任

广告代言人是《广告法》新增加的内容，是指广告主以外的，在广告中以自己的名义或者形象对商品、服务作推荐、证明的自然人、法人或者其他组织。近年来，名人代言虚假广告的情况时有发生，此次修改专门在总则部分对其进行定义，包含了以下几层意思：第一，广告代言人，是广告主以外的人，因此不包括广告主自身；第二，要以自己的名义或形象对商品、服务作证明、推荐，即利用自己的独立人格，这一点是区分广告代言和广告表演的重要界限；第三，广告代言人可以是自然人、法人或其他组织。

关于广告代言人的身份界定存在以下几个经常混淆的问题。第一，在广告中明确表明自己身份的，属于以自己的名义，即利用自己的独立人格，名人或普通人都可以做代言人。第二，对某些知名度较高的明星、名人，虽然广告中没有明确表明自己的身份，但对广告受众而言，较为知名，可以辨认其身份的，也属于以自己的形象，为广告代言人。第三，对于利用名人卡通形象的，同第二点理由相同，只要对广告受众而言可以辨认其身份的，也属于以自己形象代言。第四，如果在广告中没有标明身份，对受众而言也难以辨认其身份的，则不属于以自己独立的人格，此时就属于广告表演，不属于广告代言，不承担代言人的法定义务和责任。第五，这里的推荐、证明，既包括直接以语言、行动向消费者推荐某商品、服务、证明其效果的；也包括以间接的、隐蔽的、引诱性的方式。

广告代言人在互联网广告中具有一些特殊性。第一，广告代言人利用互联网自媒体发布商品、服务的推荐、证明，如何认定是不是广告？对于这个问题，需要回到《广告法》对广告代言人的定义上来，看广告代言人是否接受了委托，是否收受了费用或其他有偿利益。如果该人是接受委托后发布的，为代言人；如果没有接受委托，只是自发、自觉地认为某种商品或服务的质量好、价格优等特点为其广告告知，属于体验式言论，就不应当认定为代言，而是普通的民事行为。第二，广告代言人利用各类互联网自媒体资源发布商品、服务的推荐、证明，广告代言人是否应视为广告发布者？同样，如果代言人是接受委托、在互联网自媒体资源里发布商品、服务的推荐、证明的，就符合了广告发布者的特征，就被视为互联网广告发布者。而同时互联网自媒体平台并没有与该代言人签订广告合作协议，没有广告费用的分成的话，此时互联网自媒体资源的提供者就是互联网信息服务提供者，仅按照《广告法》第45条在"明知或应知"的情况下承担法律责任，而不再承担发布者责任。例如，某明星为某品牌面膜在新浪微博中发布了一条推荐信息，其作为名人，使用了自己的名义和形象为该款面膜作了推荐，并且没有与新浪微博进行广告费用的合作或分成。则此时该明星既是广告代言人，又同时是广告发布者，要承担发布者的责任，新浪微博仅承担互联网信息服务提供者的责任。

（四）互联网信息服务提供者的认定与法律责任

《广告法》第45条承认了互联网信息服务提供者这一主体。这一概念的出现，是对互联网广告行业和互联网信息技术发展现状的正视，承认了在某种特定情形下，互联网信息服务提供者本身并不是广告发布者，也不是广告信息的接收者，没有在广告费用中得到收益或分成，与广告商业活动本身无关，只是为他人发送、发布广告的活动提供了一个信息传输的场所或平台，它的角色属于"第三方平台"。在《互联网广告管理暂行办法》第17条中，再次细化并重申了这一立法精神，即"未参与互联网广告经营活动，仅为互联网广告提供信息服务的互联网信息服务提供者，对其明知或者应知利用其信息服务发布违法广告的，应当予以制止"。

附表1：常见行业经营资质列表

序号	一级行业	二级行业	行业经营资质（根据经营内容提供一项或多项）	法律依据	备注
1	电商	电商平台	增值电信业务经营许可证	《互联网信息服务管理办法》（2011年修订）	*本项同时咨询了部分省级通管局。
		自营电商	1. 增值电信业务经营许可证 2. ICP备案	《互联网信息服务管理办法》（2011年修订）	
2	网站	新闻/资讯/视频等	略	略	*根据网站提供的互联网服务提供相应资质，详见表格2《常见互联网服务证照》。
3	医疗机构	医疗机构	医疗机构执业许可证	1.《医疗机构管理条例》（2016年修订） 2.《医疗广告管理办法》（2006年修订）	*发布医疗广告必须提交有效的广告审查证明（含成品样件表）。
4	医疗器械	医疗器械	1. 医疗器械生产许可证：适用于第2、3类医疗器械。 2. 食品药品监督管理部门备案证明：适用于第1类医疗器械，如《第一类医疗器械生产备案凭证》。 3. 食品药品监督管理部门备案：适用于第2类医疗器械经营，如《第二类医疗器械经营备案表》。 4. 医疗器械经营许可证：适用于第3类医疗器械经营。 5. 假肢和矫形器（辅助器具）生产装配企业资格认定证书。	1.《医疗器械监督管理条例》（2017年修订） 2.《假肢和矫形器（辅助器具）生产装配企业资格认定办法》 3.《医疗器械广告审查办法》（2009年） 4.《医疗器械广告审查发布标准》	*发布医疗器械广告必须提交有效的广告审查证明（含成品样件表）。

序号	一级行业	二级行业	行业经营资质（根据经营内容提供一项或多项）	法律依据	备注
5	药品	药品生产	1. 药品生产许可证 2. 药品生产质量管理规范（GMP）认证	1.《药品管理法》(2015年修正) 2.《药品管理法实施条例》 3.《药品广告审查办法》(2007年) 4.《互联网药品信息服务管理办法》(2017年修正) 5.《互联网药品交易服务审批暂行规定》	＊发布药品广告必须提交有效的广告审查证明（含成品样件表）。 ＊药品生产企业、药品批发企业、药品零售企业之外的第三方平台需提供《互联网药品交易服务机构资格证书》，前述三类企业自身通过互联网销售药品无需提供《互联网药品交易服务机构资格证书》。
		批发零售	1. 药品经营许可证 2. 药品零售企业经营质量管理规范（GSP）认证		
		互联网药品信息服务	互联网药品信息服务资格证书		
		互联网药品交易服务	互联网药品交易服务机构资格证书		
6	保健食品	生产销售	食品经营许可证（含保健食品）	1.《保健食品管理办法》 2.《食品经营许可管理办法》 3.《保健食品广告审查暂行规定》	＊发布保健食品广告必须提交有效的广告审查证明（含成品样件表）。
7	食品	食品生产、食品销售、餐饮服务	食品经营许可证	《食品经营许可管理办法》	＊销售食用农产品，不需要取得许可。
		餐饮服务	《餐饮服务许可证》	《餐饮服务许可管理办法》	
8	酒类	生产销售	1. 生产许可证制 2. 食品经营许可证	1.《工业产品生产许可证管理条例》 2.《工业产品生产许可证管理条例实施办法》(2014年)	＊由于《酒类流通管理办法［失效］》，《酒类流通管理办法（征求意见稿）》尚未确定，因此，酒类销售暂要求营业执照经营范围及食品经营许可证。

序号	一级行业	二级行业	行业经营资质 (根据经营内容提供一项或多项)	法律依据	备注
9	化妆品	生产销售	1. 化妆品生产企业卫生许可证，或营业执照 2. 非特殊用途化妆品，提供《国产非特殊用途化妆品备案登记凭证》或食药监局网上公示页面截图 3. 国产特殊用途化妆品需提供《国产特殊用途化妆品批注证书》及批准文号 4. 进口化妆品：补充国务院卫生行政部门批件或备案登记，如"进口化妆品卫生许可批件"和批准文号等	1.《化妆品卫生监督条例》 2.《化妆品卫生监督条例实施细则》	
10	农药	生产销售	1. 农药登记证 2. 农药生产许可证或农药经营许可证	1.《农药管理条例》（2017年修订） 2.《农药广告审查发布标准》	＊ 国家实行农药经营许可制度，但经营卫生用农药的除外，因此，销售家用卫生杀虫剂和环境卫生杀虫剂（如蚊香、蟑螂药等）不需要获得农药经营许可证。 ＊ 农药广告的批准文号应当列为广告内容同时发布。
11	兽药	生产销售	1. 兽药注册证书或进口兽药注册证书 2. 兽药生产许可证或兽药经营许可证	1.《兽药管理条例》（2016年修订） 2.《兽药广告审查发布标准》	＊ 兽药广告的批准文号应当列为广告内容同时发布。
12	饲料和饲料添加剂		1. 生产许可证（生产者）或营业执照（经营者） 2. 新饲料、新饲料添加剂证书（非新饲料、新添加剂无需提供） 3. 饲料、饲料添加剂进口登记证	《饲料和饲料添加剂管理条例》（2017年修订）	＊ 境外企业不得直接在中国销售饲料、饲料添加剂。境外企业在中国销售饲料、饲料添加剂的，应当依法在中国境内设立销售机构或者委托符合条件的中国境内代理机构销售。

续表

序号	一级行业	二级行业	行业经营资质（根据经营内容提供一项或多项）	法律依据	备注
13	教育培训	公立高校	事业单位法人证书	1.《教育法》（2015年修正）2.《高等教育法》	
		民办学历类	《办学许可证》或《民办学校办学许可证》	1.《民办教育促进法》（2013年修正）2.《民办教育促进法实施条例》	
		职业培训	《办学许可证》或《民办学校办学许可证》或《民办职业培训办学许可证》或《营业执照》	劳动和社会保障部关于贯彻落实《民办教育促进法》做好民办职业培训工作的通知	
		留学中介	营业执照	1.《自费出国留学中介服务管理规定实施细则》（试行）［失效］2.《自费出国留学中介服务管理规定》［失效］3.《国务院关于第三批取消中央指定地方实施行政许可事项的决定》（国发〔2017〕7号）	＊自费出国留学中介服务机构资格认定书已取消。
		中外合作办学	中外合作办学许可证	《中外合作办学条例》（2013年修正）	＊中外合作办学机构的招生简章和广告应当报审批机关备案。
		其他	《营业执照》经营范围含有相应的经营内容	略	＊本条主要指兴趣爱好类的培训，如歌唱、舞蹈、花艺等。
14	金融	银行	银行的《经营许可证》或《金融机构许可证》或《金融许可证》	《商业银行法》（2015年修正）	＊金融许可证适用于银监会监管的、经批准经营金融业务的金融机构，包括政策性银行、商业银行、农村合作银行、城市信用社、农村信用社、村镇银行、贷款公司、农村资金互助社、金融资产管理公司、信托公司、企业集团财务公司、金融租赁公司、汽车金融公司、货币经纪公司等。

序号	一级行业	二级行业	行业经营资质 (根据经营内容提供一项或多项)	法律依据	备注
		保险	1. 经营保险业务许可证 2. 经营保险代理业务许可证 3. 保险经纪业务许可证 4. 经营保险公估业务许可证	《保险法》(2015 年修正)	
		证券	《经营证券业务许可证》或《证券经营机构营业许可证》	《证券公司监督管理条例》(2014 年修订)	
		典当	1. 《典当经营许可证》 2. 《特种行业许可证》或备案证明文件	《典当管理办法》	
		第三方支付	支付业务许可证	《非金融机构支付服务管理办法》	
15	房地产	开发销售	1. 营业执照 2. 所在地的房地产开发主管部门备案(含资质等级)	《城市房地产开发经营管理条例》(2011 年修订)	
		房产中介	营业执照	《城市房地产中介服务管理规定》(2001 年修正)［失效］	* 房地产中介服务,是指房地产咨询、房地产价格评估、房地产经纪等活动的总称。
		物业服务	营业执照或物业服务企业资质证书	1. 《物业管理企业资质管理办法》 2. 《国务院关于第三批取消中央指定地方实施行政许可事项的决定》(国发［2017］7 号)	* 物业服务企业资质证书,由于已经取消二、三级审批,仅一级需要审批,因此,除非广告主声称是一级物业服务企业,否则,无需提供该证明。

续表

序号	一级行业	二级行业	行业经营资质（根据经营内容提供一项或多项）	法律依据	备注
16	种子、种苗及种养殖	种子	种子生产经营许可证	《种子法》（2015年修订）	* 只从事非主要农作物种子和非主要林木种子生产的，不需要办理种子生产经营许可证，所以只要求营业执照。
		转基因植物种子、种畜禽、水产苗种	1. 生产许可证 2. 经营许可证 3. 农业转基因生物安全证书	《农业转基因生物安全管理条例》（2017年修正）	
		种畜禽	种畜禽生产经营许可证	《畜牧法》	
		水产苗	水产苗种生产许可证	1.《水产苗种管理办法》（2005年）2.《水域滩涂养殖发证登记办法》	

附表2：常见互联网服务证照

序号	服务种类	证照名称	服务内容	法律依据	备注
1	互联网信息服务（非经营性）	各地通信管理部门的ICP备案	* 互联网信息服务，是指通过互联网向上网用户提供信息的服务活动。	《互联网信息服务管理办法》（2011年修订）	* 非经营性互联网信息服务，是指通过互联网向上网用户无偿提供具有公开性、共享性信息的服务活动。
2	互联网信息服务（经营性）	增值电信业务经营许可证	* 互联网信息服务，是指通过互联网向上网用户提供信息的服务活动。	《互联网信息服务管理办法》（2011年修订）	* 经营性互联网信息服务，是指通过互联网向上网用户有偿提供信息或者网页制作等服务活动。

序号	服务种类	证照名称	服务内容	法律依据	备注
3	互联网文化活动（非经营性）	省级人民政府文化行政部门备案证明	＊互联网文化活动是指提供互联网文化产品及其服务的活动，主要包括： 1. 互联网文化产品的制作、复制、进口、发行、播放等活动； 2. 将文化产品登载在互联网上，或者通过互联网、移动通信网等信息网络发送到计算机、固定电话机、移动电话机、电视机、游戏机等用户端以及网吧等互联网上网服务营业场所，供用户浏览、欣赏、使用或者下载的在线传播行为； 3. 互联网文化产品的展览、比赛等活动。	《互联网文化管理暂行规定》（2011年修订）	＊互联网文化活动分为经营性和非经营性两类，非经营性互联网文化活动是指不以营利为目的向上网用户提供互联网文化产品及其服务的活动。
4	互联网文化活动（经营性）	网络文化经营许可证	＊互联网文化活动是指提供互联网文化产品及其服务的活动，主要包括： 1. 互联网文化产品的制作、复制、进口、发行、播放等活动； 2. 将文化产品登载在互联网上，或者通过互联网、移动通信网等信息网络发送到计算机、固定电话机、移动电话机、电视机、游戏机等用户端以及网吧等互联网上网服务营业场所，供用户浏览、欣赏、使用或者下载的在线传播行为； 3. 互联网文化产品的展览、比赛等活动。	《互联网文化管理暂行规定》（2011年修订）	＊互联网文化活动分为经营性和非经营性两类，经营性互联网文化活动是指以营利为目的，通过向上网用户收费或者以电子商务、广告、赞助等方式获取利益，提供互联网文化产品及其服务的活动。

序号	服务种类	证照名称	服务内容	法律依据	备注
5	网络出版服务	网络出版服务许可证	* 网络出版服务指通过信息网络向公众提供网络出版物。 * 网络出版物,是指通过信息网络向公众提供的,具有编辑、制作、加工等出版特征的数字化作品,范围主要包括: 1. 文学、艺术、科学等领域内具有知识性、思想性的文字、图片、地图、游戏、动漫、音视频读物等原创数字化作品; 2. 与已出版的图书、报纸、期刊、音像制品、电子出版物等内容相一致的数字化作品; 3. 将上述作品通过选择、编排、汇集等方式形成的网络文献数据库等数字化作品; 4. 国家新闻出版广电总局认定的其他类型的数字化作品。	《网络出版服务管理规定》	* 可取代原有的《互联网出版许可证》。
6	互联网视听节目服务活动	信息网络传播视听节目许可证	* 互联网视听节目服务,是指制作、编辑、集成并通过互联网向公众提供视音频节目,以及为他人提供上载传播视听节目服务的活动。	《互联网视听节目服务管理规定》(2015年修订)	
7	互联网新闻信息服务	互联网新闻信息服务许可证	* 新闻信息,包括有关政治、经济、军事、外交等社会公共事务的报道、评论,以及有关社会突发事件的报道、评论。	《互联网新闻信息服务管理规定》(2017年)	

序号	服务种类	证照名称	服务内容	法律依据	备注
8	公开慈善募捐活动	慈善组织的公开募捐资格证书	＊慈善募捐，是指慈善组织基于慈善宗旨募集财产的活动，本处仅指面向社会公众的公开慈善募捐。 ＊慈善活动，是指自然人、法人和其他组织以捐赠财产或者提供服务等方式，自愿开展的下列公益活动： 1. 扶贫、济困； 2. 扶老、救孤、恤病、助残、优抚； 3. 救助自然灾害、事故灾难和公共卫生事件等突发事件造成的损害； 4. 促进教育、科学、文化、卫生、体育等事业的发展； 5. 防治污染和其他公害，保护和改善生态环境； 6. 符合本法规定的其他公益活动。	《慈善法》 《公开募捐平台服务管理办法》	＊慈善组织通过互联网开展公开募捐的，应当在国务院民政部门统一或者指定的慈善信息平台发布募捐信息，并可以同时在其网站发布募捐信息。 ＊慈善信息平台名称参照民政部关于指定慈善组织互联网募捐信息平台的公告。

互联网广告监管执法实务若干问题

由于互联网广告信息海量，发布便捷，形式多样，违法广告也容易藏身其中，且隐蔽性强，变化快，客观上无法实现全方位全时段无遗落的监管，互联网广告的发现难、取证难、认定难、处罚难现象依然不同程度的存在，如何在执法实践中克服、解决这些难点就成为各级广告监督管理机关的一项艰巨任务。

一、违法互联网广告的发现

《广告法》中规定："工商行政管理部门应当建立健全广告监测制度，完善监测措施，及时发现和依法查处违法广告行为。""任何单位或者个人有权向工商行政管理部门和有关部门投诉、举报违反本法的行为。"为此，违法广告发现的主渠道是监测、举报、投诉，当然通过信访、部门转办等途径也会有所发现。

（一）广告监测是主动作为的广告监管行为

广告监测是广告监管的重要内容，是实现广告监管主动性、预见性、及时性的有效措施，主要包括广告资料的采集汇总、违法线索的发现、涉嫌违法广告的证据固定、监测结果的交办处理等。全国互联网广告监测中心自 2017 年 9 月 1 日正式启用以来，已采集发布广告信息 10.6 亿条次，发现违法广告 23 万条次，上报原国家工商总局违法案件线索 4740 批次，全国互联网广告的违法率从开展监测前的 7.1% 降至 1.98%；从试运行期间全国 400 家主要网站为基础，积累经验，逐步拓展覆盖到 46 个副省级以上行政区划的 1004 家重点网站以及百度、盘石、蘑菇街、贝贝网等 4 家广告联盟和电商平台。监测数量从以往每月 637.50 万条次提升到现在每月 6812.68 万条次，上涨了 9.69 倍。在监测方向上，确定将关系人民群众生命健康和财产安全的医疗服务、药品、保健食品、投资理财、房地产、收藏品等领域广告作为监测重点；2018 年将推进互联网广告监测系统二期建设，完成移动互联网监测系统构建，提高互联网广告异地监测能力，1000 家日常监测网站将拓展至 2000 家，动态监测网站将拓展到 15 万家，按照原国家工商总局的部署不断延伸范围，拓展监测覆盖面。

　　然而众多互联网新生中小媒介的不断涌现、日新月异，以及其海量数据、精准投放等特性，使得以全国重点商业网站为基点不断向外拓展的全国互联网广告监测中心要实现对全国互联网广告全网络全时段无遗漏的监测也是不客观的，并且《广告法》规定的"工商行政管理部门应当建立健全广告监测制度，完善监测措施，及时发现和依法查处违法广告行为"是针对原国家工商总局、省级局、市地局、县级局四级工商部门及履行工商部门职责机构设定的职责。此前，各级工商机构都已依据 2012 年原国家工商总局印发的《广告监测工作规定》的要求，开展了各种媒体的广告监测，互联网广告出现后各地也逐步探索将其纳入各自的广告监测视野。2015 年《广告法》实施之后，履行对互联网广告的监测就成了法定职责，依托全系统力量开展互联网广告监测便成为工商和市场监管系统实施广告监管的一个重要手段。

　　理想状态的广告监测模式应该是由原国家工商总局开发全国统一的广告监测系统软件，以全国互联网广告监测中心的大数据为依托，以各省、市、县局乃至基层工商所（市场监管所）为互联网广告信息采集操作点，实现违法互联网广告的全国统一采集监测、统一固定证据、统一指挥分派。但在理想状态的全国统一监测系统未开发出台前，各地利用通用搜索引擎、垂直搜索引擎的关键词搜索功能也做了不少工作。因为通过通用搜索引擎、垂直搜索引擎的关键词搜索功能触发的互联网广告恰是在消费者最需要此方面信息的时候出现的，这时的广告信息对消费者的影响是最深刻的，如果信息虚假或者违法，对消费者权益的影响也将是最严重的。故此，通过通用搜索引擎、垂直搜索引擎的关键词搜索功能也可以收到不错的互联网广告监管效果。

对互联网广告的监测搜索可以借助百度、360、搜狗、必应（Bing）等常用的中文搜索引擎，及天猫、淘宝、京东等电子商务平台搜索引擎。

搜索时以"行政区域名＋关键词"模式进行，关键词可以设置2~3层，对于同一组关键词搜索时要多刷新几次，有的开始1~3次是不出现的。微信上的广告信息可以借助搜狗搜索引擎搜索。百度等搜索引擎上搜索不到的信息不等于不存在，如百度仅将其数据库中90%~95%的数据提供搜索，所以建议在进行互联网广告监测时，尽可能通过多种搜索引擎去做。

对于互联网广告的监测，应当根据属地实际情况每月安排进行，应采取重点热点监测与面上抽查监测相结合、定期监测与不定期监测相结合、PC端监测与移动端监测相结合的方法，以避免因违法分子探测到监测规律而规避监管。监测重点应放在辖区内的门户类网站、搜索引擎类网站、视频类网站、电子商务类网站、医疗药品信息服务类网站、医药企业及医疗机构自设网站发布的保健食品、保健用品、药品、医疗器械、医疗服务等重点领域的互联网广告上。对于已经多次出现违法互联网广告的网站、网页、微博、微信公众号等互联网媒介，应当将其列入重点监测名单，实施重点监测，增加监测频次。发现违法互联网广告线索的，应及时制作广告监测报告分派，通报相关监管机构查处，必要时可以提出处理意见和执法建议；可以根据监测情况发布《广告监测警示》，促进广告主、广告经营者、发布者加强广告自律审查避免广告违法违规，督促潜在违法者及时纠正违法广告行为，提醒消费者防止上当受骗，鼓励社会大众举报投诉违法广告发布行为。

（二）举报投诉是发现违法互联网广告的重要途径

基于互联网广告的定向精准投放技术，其展现的广告也呈现"千人千面"的特点，不同的消费者由于各自的浏览习惯、消费爱好、购买习惯等方面的不同，即使在同一时间、同一媒介的同一位置看到的广告也常常是不同的。没有这类"千人千面"定向精准投放广告接受者的举报投诉，再尖端的技术恐怕也难以将这类广告一一监测搜索到位，这也就使得举报投诉成为发现违法互联网广告的一个很重要的途径，甚至可能是唯一的途径。况且，互联网上的广告数量是惊人的巨大，据有关方面估算，目前我国每天互联网上的广告信息大约有 10 万亿条次，功能再强大的广告监测搜索设备也无法做到"法网恢恢疏而不漏"，大数据本身就意味着会有遗漏；再者每天不断涌现的新加入的互联网广告媒介也不是即刻就能够进入到广告监测视野的。故此，《广告法》实施后，针对互联网广告的举报投诉急剧增加，成为工商和市场监管机关发现互联网违法广告的重要途径，以致产生了专业从事互联网违法广告举报投诉活动的职业举报人。

一方面职业举报人对互联网违法广告的举报投诉，对遏制互联网违法广告的出现起到了一定的积极意义，另一方面由于职业举报人的趋利性、专注于"最高级""最佳"等带"最"字的绝对化用语以及其借国家公器施压被举报人实现个人牟利目的等种种恶劣操作，引发大众对这一群体的厌恶与诟病。一些不良的职业举报人更是借助《广告法》第 53 条第 2 款"工商行政管理部门和有关部门不依法履行职责的，任何单位或者个人有权向其上级机关或者监察机关举报。接到举报的机关应当依法作出处理，并将处理结果及时告知举报人"之规定要挟广告监管执法人员，逼迫广告监管执法人员施压被举报投诉人就范满足其私欲。虽然有弊端，但不管如何，我们不能"把洗澡水与孩子一起倒掉"。

《广告法》第 53 条规定"工商行政管理部门和有关部门应当向社会公开受理投诉、举报的电话、信箱或者电子邮件地址，接到投诉、举报的部门应当自收到投诉之日起七个工作日内，予以处理并告知投诉、举报人。"这里的"七个工作日"，按照《民法总则》第 201 条第 1 款的规定"按照年、月、日计算期间的，开始的当日不计入，自下一日开始计算"。这里所说的"处理"，包括多种方式，应当根据投诉、举报的具体情况处理。例如，若投诉、举报的问题较为简单，事实清楚，受理部门应当按照有关规定及时调查核实，予以解决；若问题较为复杂，不能立即解决的，可以先受理立案；若投诉、举报不符合有关规定的，不予受理；若投诉、举报问题属于其他部门管辖范围，可以告知其向有权部门举报、投诉。但无论采取何种处理方式，均应在 7 个工作日内处理并告知投诉、举报人。

据百度百科解释，举报，指检举，报告。对于行政执法机关而言，举报即指公民、法人或者其他组织发现违反行政管理法律、法规、规章的行为，向有权管辖的行政执法机关反映，要求予以查处的行为。向行政执法机关反映违反法律法规规章行为的公民、法人或者其他组织是举报人。投诉则是指公民、法人或者其他组织因自身权益被侵害，向行政执法机关反映涉案组织、人员侵犯其合法权益的违法事实，主张保护其自身权益的行为。投诉人，即为权益被侵害者本人。《行政复议法实施条例》第 28 条规定："行政复议申请符合下列规定的，应当予以受理：……（二）申请人与具体行政行为有利害关系……"《行政诉讼法》第 25 条第 1 款规定："行政行为的相对人以及其他与行政行为有利害关系的公民、法人或者其他组织，有权提起诉讼。"这里的"利害关系"应该理解为"公民、法人及其他组织的权利义务与具体行政行为之间存在因果关系"。多数情况下，举报人与举报事项的处理结果没有利害关系，因而是不具有复议诉讼权利的。如《最高人民法院关于适用〈中华人民共和国行政诉讼法〉的解释》认为职业举报人与因举报发动的行政行为不具有利害关系，因为"这些与自身合法权益没有关系或者与被投诉事项没有关联的'职业打假人''投诉专业户'，利用立案登记制度降低门槛之机，反复向行政机关进行投诉。被投诉机关无论作出还是不作出处理决定，'职业打假人'等都会基于施加压力等目的而提起行政诉讼。这些人为制造的诉讼，既干扰了行政机关的正常管理，也浪费了法院有限的司法资源，也使得其他公民正当的投诉权利受到影响"。同时又明确规定，为维护自身合法权益向行政机关投诉，具有处理投诉职责的行政机关作出或者未作出处理的公民、法人或者其他组织具有原告主体资格。

原国家工商总局在《工商行政管理部门处理消费者投诉办法》第 33 条明确规定："工商行政管理部门在处理消费者投诉中，发现经营者有违法行为的，或者消费者举报经营者违法行为的，依照《工商行政管理机关行政处罚程序规定》另案处理。"简单地将举报、投诉二者合一，不仅行政执法机关无法正确依法处置，当事人自身的相关权利也难以得到保障。为此，对于工作中遇到的举报、投诉合二为一的举报投诉函，应当联系当事人要求其依法分别提交，否则仅能作举报处理，因为不如此无法为之保密，泄露举报人信息会导致行政执法机关及执法人员违法，当然当事人书面明确要求受理机关将举报投诉函转告被举报投诉人的可以考虑除外，但仍然必须将举报、投诉分别按照其各自规定的程序和时限进行处理。而且投诉人要求赔偿损失的，应当告知投诉人提供其合法权益因被投诉行为受到实际侵害的证明材料。《广告法》第53条第3款规定"有关部门应当为投诉、举报人保密"，将投诉人一并纳入保密范围的做法，属于事实不能情形，因为保密不仅意味着对公众保密，也意味着对被投诉、举报人保密，但只要一进入投诉处理程序，投诉的具体事项一经挑明，投诉人、被投诉人一经接触，就不存在秘密了，所以这个法律条款的表述是有问题的，事实上保不了密，但实践中必须将对社会公众的保密严格落实到位。

（三）随机抽查是广告事后监管的主要方式

2016年12月29日原国家工商总局印发《关于公布随机抽查事项清单（第1版）的通知》公布了工商系统双随机抽查事项清单，广告违法行为检查是其中的一项抽查项目，各省级局也紧随着出台了有关规定。原国家工商总局公布的项目名称为"广告违法行为检查"，由于一是被抽查对象是否有广告经营发布违法行为尚需通过抽查之后才能获知，抽查中没有发现广告经营发布违法行为也未尝不可能；二是抽查范围并非针对尚不可知的广告经营发布违法行为，而是要在全部抽查时段的广告经营发布行为中去检查发现其是否曾经实施过违法广告经营发布行为，故此，笔者认为应称之为"广告经营发布行为随机抽查"更为恰当。

1. 抽查内容

《广告法》第34条规定："广告经营者、广告发布者应当按照国家有关规定，建立、健全广告业务的承接登记、审核、档案管理制度。广告经营者、广告发布者依据法律、行政法规查验有关证明文件，核对广告内容。对内容不符或者证明文件不全的广告，广告经营者不得提供设计、制作、代理服务，广告发布者不得发布。"据此，对广告经营发布企业，应当通过以下四个方面内容抽查以确认其是否全面履行了《广告法》规定的上述义务：

（1）广告业务的承接登记、审核、档案管理制度是否建立，即承接登记、审核、档案管理各项制度是否已经分别制定实施。

（2）广告业务的承接登记、审核、档案管理制度是否健全，即承接登记、审核、档案管理各项制度是否已经得到全面的遵守及执行到位，承接的广告业务是否都有登记在案，广告业务审核手续是否都齐备，业务档案是否都保存齐全。

（3）承接的广告业务是否已经依据法律、行政法规查验有关证明文件，核对广告内容，即抽查到的每单广告业务是否有法律、行政法规规定应当查验的证明文件，广告内容是否有虚假违法情形，广告内容虚假违法情形是否属于违反法律、行政法规规定的情形。

（4）对内容不符或者证明文件不全的广告，是否已经拒绝提供设计、制作、代理、发布，即在抽查中是否还发现有内容不符或者证明文件不全的广告业务。

由于《广告发布登记管理规定》第11条规定"广告发布单位应当建立、健全广告业务的承接登记、审核、档案管理、统计报表等制度"，因此，对于从事广告发布业务的广播电台、电视台、报刊出版单位，在上述四方面内容的基础上还应当增加抽查其统计报表制度建立、健全情况等内容，这一点在《广告发布登记管理规定》第13条业已作出明确规定。

2. 抽查比例

双随机抽查，是一种事后监管方式，是事后抽查相应比例的广告经营者发布者，审查其之前承接广告业务是否已经履行了《广告法》规定的义务，做到合法合规经营、发布广告，以事后倒查的方式约束广告经营者、发布者，促使其严格履行《广告法》规定的义务，审慎做好每一单广告业务的审查、核对工作，努力争取将来抽查时没有违法广告被发现，因为一旦发现违法，就意味着可能要被处罚，企业信用就会存在污点。

从监管目的的实现来说，当然是抽查比例越高，发现违法的概率越高，社会上的违法行为被查处的可能性也越高。但行政执法也是有成本的，这个成本包括了人力、物力、财力成本，最关键的是人力成本，即广告监管机关在现有执法人员的配置情况下是否能够顺利承担抽查工作量，应根据检查人员的数量确定合理的抽查比例。由于广告经营发布行为的抽查对象比企业年报对象少，因此这个比例应该要比企业年报抽查比例高一些，可以在10%以上。例如，上海市工商局2017年8月组织的该市范围内从事广告发布业务的广播电台、电视台、报刊出版单位的广告发布登记情况随机抽查比例为80%。检查人员要以属地为主抽出，否则行政成本很高，交通、食宿等保障也会有难度。

对于广告经营发布行为的随机抽查，还有一个非常重要的抽查指标需要依法由抽查机关事先确定，否则风险巨大，即对被抽查对象的广告业务的抽查比例。由于广告经营发布行为随机抽查需要核查被抽查对象是否建立、健全了广告业务的承接登记、审核、档案管理制度，是否依据法律、行政法规查验了有关证明文件，核对了广告内容，这就决定了其是一项实地检查，并且需要对被抽查对象的已经完成的广告经营发布行为的合法性进行检查；这只能通过对被抽查对象的广告业务档案的检查来完成，而广告企业的业务量，少者数十上百件，多者成千上万件，全面检查显然不可能，只能是抽查，这个抽查的比例必须依法依职权由抽查命令发布机关事先确定，否则如由抽查人员自由确定的话，随意性太大，抽查人员的履职风险也难以承受；因为抽查非普查，概率的存在出现漏网之鱼是必然的，甚至大鱼从手中漏过都是极可能的，必须有明文的制度规定，保障决策、执行、检查人员的履职安全。

3. 抽查要求

对于抽中的每一个被检查对象，都需要从"质"与"量"两方面对其是否建立健全了广告业务承接登记、审核、档案管理制度进行认真审查。

首先，讲"量"的方面，即审查被抽查对象履行义务的数量表现状况。第一步需要查看被抽查对象有无建立广告业务承接登记、审核、档案管理的制度，第二步是查看其是否是规范作为，即是否每单广告业务都有登记、审核、建立档案保管留存，而且档案保存时间不少于广告发布结束后的 2 年以上。应当审查其在法律规定追责时效内所承接的广告业务有多少单，其中包括商业广告有多少、公益广告有多少、其他非商业广告有多少。这个需要被抽查对象事先自己列出清单，然后审查人员可以从税务发票开票情况、企业财务账册、银行款项往来等方面入手审查其商业广告笔数的真实性，必要时可以依照《广告法》第 49 条第 1 款第（二）项、第（四）项的规定，向税务机关、被抽查对象开户银行调查核实被抽查对象的实际广告业务情况。如果数量上出现不一致，理论上讲即有不健全的嫌疑了。

其次，也是最重要的是审查其"质"的方面的表现，即被抽查对象履行义务的质量状况，这应该是广告经营发布行为抽查的重点。

（1）要审查其建立承接登记、审核、档案管理制度之后的实际流程如何操作，尤其是有无设立广告合法性审查的环节。没有就是没建立，制度、流程有缺陷或者履行不到位、不正常，都可能构成不健全。如 100 单业务有 99 单档案，也有不健全问题，当然情节有轻重之分。

（2）广告业务档案中有无审查有关证明文件、核对广告内容的证据资料。这方面至少应当包括广告主的身份证明、有关许可证明、广告内容方面的证明等材料，有广告代理的还需要代理人的相关身份证明、许可证明等。依照法律行政法规规定、日常生活经验常识等常规要求，判断被抽查对象向广告主索取的资料是否足够审查、核对所承接广告内容与形式的真实、合法。这是判断其广告相关制度是否健全的一个重要指标。

（3）广告内容是否合法。要审查判断所抽查到的广告档案，其内容、形式是否违法。有违法情形存在就是制度可能不健全的一个表现，这里需要进一步分析违法原因，判断其履行审查核对义务是否到位，是否属于具有一般理性的普通人即能判别的违法信息，作为审查判断其广告管理相关制度的执行行为是否有成效，是否对广告违法具有应知、明知情节，以及是否应当依法立案查处的基础。

4. 抽查发现问题的处置

检查后，检查人员发现涉嫌违法违规行为的，应根据检查获悉的情况提出处理意见，违法情节轻微等情形并能当场纠正的，告知广告企业直接予以纠正，并记录在案；需要责令改正的，提出整改要求，制发送达责令改正通知书；需要立案查处的，按照法律、法规、规章规定的行政处罚程序处理。

《工商总局关于做好"双随机、一公开"监管工作的通知》（工商办字〔2017〕105号）规定抽查检查结果信息包括未发现问题、未按规定公示应当公示的信息、公示信息隐瞒真实情况弄虚作假、通过登记的住所（经营场所）无法联系、发现问题已责令改正、不配合检查情节严重、未发现开展本次抽查涉及的经营活动、发现问题待后续处理等八类。

这里的"未按规定公示应当公示的信息""公示信息隐瞒真实情况弄虚作假"的二类结果与广告经营发布行为的抽查不相关，其他六种结果都是相关的，应当依照执行。但"发现问题已责令改正"与"发现问题待后续处理"的适用情形应当由省级局制定标准作出统一规定，对于"发现问题已责令改正"应当适用于轻微违法及轻违法可以及时改正的、非严重违法且公示前能够改正到位的、违反广告管理规章规定并可以及时改正的三类情形，其余则应当都归入"发现问题待后续处理"，转交办案机构依法予以立案调查，通过行政处罚程序调查确定违法行为的性质、情节，依法作出行政处理决定；属于其他行政机关管辖的，应当依法移送其他具有管辖权的机关处理；涉嫌犯罪的，依照有关规定移送司法机关。

5. 抽查准备

为强化对广告经营发布行为抽查前述重点环节的印象，故将对抽查准备工作的思考放到本节的最后部分来倒叙，这也可能方便与前述事项的对照。

抽出被抽查对象后，抽查人员应当对该对象已有的信息资料进行查询、收集，如被抽查对象的过往广告监测情况、广告案件查处情况（之前的违法记录情况）、使用广告媒介情况以及企业自主公示信息、工商登记备案信息及其他行政处罚信息，有条件的可以先通过税务机关查询、了解被抽查对象的税务开票情况、数据等。

抽查人员应当事先与被抽查对象取得联系，告知检查事项、预约检查时间、应当提供的备查材料包括广告业务的承接登记、审核、档案管理制度方面的档案资料及 2 年内的广告业务清单目录等，并要求企业相关人员届时到场配合检查，如此可以方便被抽查对象有充分的时间归集、准备档案资料，整理广告业务清单等。

研究确定抽查预案。例如，怎么查？查什么？需要谁协助（如需到税务机关调取发票开具记录数据）？如何抽查广告业务档案？确定比例原则及随机抽取档案方法规则、抽查人员之间的分工等。

（四）信访、转交是有力补充

现实中还存在来信来访、通过电子信箱等渠道反映互联网违法广告线索的情况，以及有关机关在相关执法、司法等公务中发现违法线索转交查处的情况。《工商行政管理机关行政处罚程序规定》第 16 条规定："工商行政管理机关依据监督检查职权，或者通过投诉、申诉、举报、其他机关移送、上级机关交办等途径发现、查处违法行为。"对于从信访渠道、信访机关以及其他机关发现转交等渠道的违法互联网广告线索，必须自收到转交、移送、交办的材料之日起 7 个工作日内予以核查，并决定是否立案；特殊情况下，可以延长至 15 个工作日内决定是否立案。有回复要求的，应当按照规定的时间、途径、方式及时回复处理情况。

二、违法互联网广告的证据固定

互联网广告的实质为存储于电子设备中的电子数据，也就是说它是存储于电子介质中的一种模拟信号，具有发布快捷便利、高度技术性的特性，当出现人为因素或者技术介入时，互联网广告信息也极其容易被人篡改、伪造、破坏或者毁灭，因此，在互联网广告监管执法中，及时保存固定好互联网广告的证据就显得特别重要，稍不及时，就可能造成证据灭失。

在执法实践中，固定保存互联网广告证据可以采取截频打印、网页另存、下载复制、拍照摄像、公证保全、监测机构保存、向互联网信息服务提供者调查复制广告数据、商请有关行政机关协助固定证据等方式。直接打印可以完整显示证据内容的应采用书式固定保存；含有动态内容的可采用拍照或者摄像转化为视听资料证据保存；可拆卸硬盘或者不可拆卸硬盘可以拷贝复制保存。执法人员可以根据实际情况选择采用其中一种或者多种方式固定保存。

（一）直接固定保存

对于以文字、图片形式呈现的互联网广告，可以在当事人或者见证人在场的前提下直接采取截频保存的方式，并将截频网页打印出来形成纸质证据复制件交当事人现场签字盖章（摁指印）以确认证据效力；对于视频广告数据、有较多广告数据信息的，应该下载复制互联网广告数据刻录成光盘保存使用，光盘应当一式2份以上，经当事人现场核对以后由其签名盖章（摁指印）封存1份以上，条件允许时也应该将主要违法点的视频图片、主要违法广告图片打印成纸质证据复制件交当事人现场确认证据效力；对于以拍照摄影方式固定保存证据的，应及时将照片、视频刻录到光盘保存，同时将主要违法点的视频图片、主要违法广告图片打印成纸质证据复制件交当事人现场确认证据效力；保存固定证据时要注意复制保存完整详细的互联网广告网页、网址以及违法点信息，并应全程用执法记录仪摄录取证过程以备后用，摄录时最好是两台执法记录仪对角线站位摄录取证现场。

（二）公证固定证据

对于重要的互联网广告案件的广告信息或者有灭失可能的，应该尽可能在与当事人接触前通过公证固定证据；应当及时联系公证机构，并协助其固定保存互联网广告信息，并由公证机构作出公证文书。广告监管机关可以与具有电子证据司法鉴定资质的互联网存证出证机构建立长期合作关系，及时将需要固定保存的互联网广告数据上传保全。

（三）广告监测机构固定证据

《互联网广告管理暂行办法》第20条规定："工商行政管理部门对互联网广告的技术监测记录资料，可以作为对违法的互联网广告实施行政处罚或者采取行政措施的电子数据证据。"这是首次以法律规范文件的形式明确工商部门互联网广告技术监测记录资料的证据效力，但由于《互联网广告管理暂行办法》仅是部门规章，法律层级较低，只能作为法院系统审理行政案件的参照依据，需要通过不断的行政执法、司法实践来夯实其效力基础。全国互联网广告监测中心也在互联网广告监测系统中设置了一键取证的证据固定安排，并在积极努力争取司法鉴定资质，这对于互联网广告监管执法而言是个福音。但由于广告法规定"工商行政管理部门应当建立健全广告监测制度，完善监测措施，及时发现和依法查处违法广告行为"，现实中的互联网广告监测也不仅限于全国互联网广告监测中心一家，还包含工商系统各级广告监测机构监测数据的证据采信问题，故而还需要集工商系统合力与法院系统沟通、磨合，以确立各级监测数据的证据效力。从《互联网广告管理暂行办法》第 20 条的规定来看，明确的是"对互联网广告的技术监测记录资料"可以作为电子数据证据，所以广告监测机构应当客观全面地保存互联网广告信息数据，这是电子数据证据的主体，广告监测报告只是该电子数据证据的文件呈现方式。

（四）向当事人及证据持有人提取证据

根据《广告法》第 49 条规定，工商行政管理部门履行广告监督管理职责，可以对涉嫌从事违法广告活动的场所实施现场检查，可以对有关单位或者个人进行调查，可以要求涉嫌违法当事人限期提供有关证明文件，可以查阅、复制与涉嫌违法广告有关的合同、票据、账簿、广告作品和其他有关资料，可以查封、扣押与涉嫌违法广告直接相关的广告物品、经营工具、设备等财物。据此，可以责令当事人提交与违法互联网广告数据及相关的数据资料，必要时可以通过现场检查提取证据资料、采取查封扣押措施固定保存证据资料。证据材料由当事人之外的单位、人员持有的，可以依法要求持有人提交，或者查阅复制保存于其处的证据资料，必要时也可以查封扣押保存于其处的与涉嫌违法广告直接相关的广告物品、经营工具、设备等财物。

需要注意的是，《广告法》并没有设定没收与涉嫌违法广告直接相关的广告物品、经营工具、设备等财物的罚种，查封扣押措施主要用于固定保存证据的目的，必须依照《行政强制法》规定的法律程序操作，并注意在查封扣押期限届满之前及时做好证据的固定、转化工作。

对于当事人在调查过程中的主动配合协助行为，可以作为一个从轻处理的情节考量。

（五）向互联网信息服务提供者调取证据

《广告法》第49条规定："工商行政管理部门履行广告监督管理职责，可以行使下列职权：……（二）询问涉嫌违法当事人或者其法定代表人、主要负责人和其他有关人员，对有关单位或者个人进行调查……（四）查阅、复制与涉嫌违法广告有关的合同、票据、账簿、广告作品和其他有关资料……"对于案发后当事人有撤除互联网广告信息、毁灭证据或者其他需要的，执法机关可以依法向互联网信息服务提供者调查，查阅、复制当事人的相关互联网广告数据。调查复制广告数据，可以直接向互联网信息服务提供者发函调取，也可以通过互联网信息服务提供者所在地的广告监管机关协助调取。对于通过程序化购买方式发布广告的案件，往往广告需求方平台都为互联网信息服务提供者的关联企业或者与其处于同一辖区，因而也常涉及互联网信息服务提供者所在地广告监管机关的管辖权。

（六）商请有关机关协助固定证据

由于我国互联网领域实现的是以电话实名制为基础的后台实名制，因职责权限限制，广告监管执法机关常不能直接获知互联网广告发布者的真实身份信息，需要商请有关部门协助查询当事人的身份信息；对于一些有重大影响的互联网广告案件，基于行政协助的需要也可以商请工信、网信、公安等行政执法机关帮助收集、固定证据。

三、违法互联网广告的认定

由于互联网具有无限虚拟空间与无限链接的特性，互联网网站、网页及其他应用软件等互联网媒介上的信息是非常复杂的，既有商业广告信息，也有大量的非广告信息夹杂其中，在广告监管的过程中需要对互联网媒介上的信息属性作分析认定。

（一）商业广告与信息报道的区分

在互联网广告时代之前，商业广告与新闻报道曾是广告监管执法中的一个难题。刚开始是将广告主是否收取承担广告费用作为一个判定项目，后来由于结算方式的发达，使得从广告费用承担角度去规避成为一个非常容易的事，以致 2010 年原国家工商总局请示全国人大常委会法工委同意，认定只要是通过一定媒介和形式直接或者间接地介绍商品经营者所推销的商品或者服务提供者所提供的服务的商业广告，无论是否有商品经营者或者服务提供者承担广告费用的事实，均由《广告法》调整。2015 年 4 月修订《广告法》时干脆删除了第 2 条商业广告调整范围中"承担广告费用"的规定，商业广告与信息报道的区别体现在以下几个方面：①二者的目的不同。商业广告是为了推销商品或者服务；信息报道是为了传播公众需要或者发布者观点观念的信息。②二者的呈现频次不同。新闻等信息报道常是新近发现的事实呈现，时间要求严格，不可能一条信息多日重复发布；而广告没有时间限制，总是反复发布。③二者的制作方式和责任主体不同。信息需笔者文责自负，新闻更需记者、编辑采编审定发表，并署名以示负责；而广告常是广告主提出要求，广告经营者设计制作、广告发布者发布。④二者的信息内容重点不同。信息报道一般不得详细介绍商品的情况，更不允许出现商品销售者的地址、联系方式等方便消费者联系商家的信息，而广告恰恰最乐意展示这些信息。为此，相关法规规章明确禁止新闻报道中出现各种联系方式，例如，《医疗广告管理办法》规定"不得出现有关医疗机构的地址、联系方式等医疗广告内容"，《广播电视广告播出管理办法》规定"有关人物专访、企业专题报道等节目中不得含有地址和联系方式等内容"，《浙江省广告管理条例》"在新闻报道中标明商品生产者、销售者或者服务提供者的详细地址、邮编、电话、电子信箱、网址等联系方式的，应当认定为以新闻报道形式发布广告"。

（二）商业广告与商业宣传的区分

《反不正当竞争法》第 8 条第 1 款"经营者不得对其商品的性能、功能、质量、销售状况、用户评价、曾获荣誉等作虚假或者引人误解的商业宣传，欺骗、误导消费者"的规定与《广告法》第 28 条第 1 款"广告以虚假或者引人误解的内容欺骗、误导消费者的，构成虚假广告"规定的内容高度重合，《反不正当竞争法》第 20 条 2 款"经营者违反本法第八条规定，属于发布虚假广告的，依照

《中华人民共和国广告法》的规定处罚"的规定，表明虚假广告也属于《反不正当竞争法》第 8 条规制的商业宣传范畴，只是符合广告特征的依照《广告法》处罚。因此，商业宣传应该是商业广告的上位概念，按照全国人大法工委及原国家工商总局参与《反不正当竞争法》修订工作的人员的解读，商业广告与商业宣传的区分主要在于是否通过"一定的媒介和形式"。通过广播、电视、电影、报纸、期刊、印刷品、互联网、户外广告等一定媒介和形式展示的即为商业广告，仅通过演示、说明、上门推销、宣传会、推介会等直接人际交流展现的信息属于依照《反不正当竞争法》处罚的商业宣传。作为互联网上的信息，都是通过互联网这一媒介展示、推送的，自然无法按此口径掌握区分。且不管是《广告法》调整的商业广告信息还是《反不正当竞争法》调整的商业宣传信息，都具有宣传推销自己商品服务的目的指向性，对于电子商务平台、企业自己的官网及自媒体之外的互联网媒介宣传信息中直接显示商家地址、联系方式的应当归类于商业广告。

根据商业广告为商家的言论自由权利的广告理论、《消费者权益保护法》第 20 条第 1 款"经营者向消费者提供有关商品或者服务的质量、性能、用途、有效期限等信息，应当真实、全面，不得作虚假或者引人误解的宣传"及《互联网广告管理暂行办法》第 3 条第 2 款第（四）项"推销商品或者服务的商业性展示中的广告，法律、法规和规章规定经营者应当向消费者提供的信息的展示依照其规定"可知，凡是为满足消费者知情权等需要，依照法律法规规章规定，广告主应当展示的信息，即广告主履行标识、标注、表示、展示义务的信息不属于商业广告信息，这里的义务渊源还应该包括信息公开义务、合同履行义务、社会责任等义务，且现实中这部分的互联网信息常常是消费者主动寻找的。

企业官网、微信公众号上的企业简介、企业新闻、党建信息等信息，其主要目的不是给消费者看的，而是给自己的员工及商业合作伙伴看的，这些信息没有主动推送给消费者，并且也与其推销自己商品服务的目的不具有强联系，应该视作商业宣传信息为妥。《政府信息公开条例》第 37 条规定："教育、医疗卫生、计划生育、供水、供电、供气、供热、环保、公共交通等与人民群众利益密切相关的公共企事业单位在提供社会公共服务过程中制作、获取的信息的公开，参照本条例执行，具体办法由国务院有关主管部门或者机构制定。"《国家卫生计生委办公厅关于印发医院、计划生育技术服务机构等 9 类医疗卫生机构信息公开目录的通知》（国卫办政务发〔2015〕12 号）规定，医院需向社会公开医院概况、医院环境、行风建设、医疗服务、其他等五大类信息，并明确规定医院环境中的周边交通、行风建设、医疗服务等项目必须通过医院网站向社会公布，所以医疗机构官网上的此方面的信息应当归类于依法应当公开的信息，即使有违法违规情况出现也应当交由卫生计生部门处理。2008 年《卫生部关于门诊病历登载医疗机构简介等不纳入医疗广告审查范围的批复》（卫医函〔2008〕127 号）明确规定："医疗机构在门诊病历、内部期刊或本机构开设的网站中，登载本机构简介、专科特点、疾病防治知识以及专家门诊安排等内容暂不纳入医疗广告审查范围。医疗机构通过上述方式提供的信息应当真实准确，严禁以虚假信息欺骗误导患者。卫生行政部门对此应当加强指导和监督，发现存在《医疗广告管理办法》第七条第（二）、（三）、（四）、（五）、（六）、（七）、（八）项等情况的，应当责令改正，经责令改正仍不纠正的，按《医疗广告管理办法》第二十条予以处罚。"

（三）绝对化用语禁令的认定

在互联网违法广告案件中，很大一部分案件是涉及违反《广告法》第 9 条第（三）项绝对化用语的案件，且举报投诉的互联网违法广告案件更以此类为多。《广告法》第 9 条第（三）项禁止用语的认定纷争的本质是该条款规定的理解与解释问题，全国人大常委会、最高人民法院、原国家工商总局等有权解释机关不作出正式的法律解释，非正式的学理解释必然就不会停止争论。

《最高人民法院关于印发〈关于审理行政案件适用法律规范问题的座谈会纪要〉的通知》（法〔2004〕96 号）规定："人民法院对于所适用的法律规范，一般按照其通常语义进行解释；有专业上的特殊涵义的，该涵义优先；语义不清楚或者有歧义的，可以根据上下文和立法宗旨、目的和原则等确定其涵义。"对法律规范解释的第一选择当然是文义解释，即"一般按照其通常语义进行解释"。从《广告法》第9条第（三）项条文乃至《广告法》全文的规定上看，即使是客观真实的绝对化用语也禁止在广告中使用。照此文义解释，已然经过相关国家机关依法认定、批准、赋予的涉及"国家级""最高""最佳"等用语的认定、批准、赋予项目，不能说，也不能广告宣传，这就有悖当事人对相关国家机关的信赖，显然是文义解释上出现了偏差，必须通过其他法律解释方法予以完善，以使得对《广告法》第9条第（三）项条文的法律解释符合法律的目的。

　　原国家工商总局广告监督管理司编著的《中华人民共和国广告法释义》指出："广告应当真实、客观的介绍商品或者服务。在激烈竞争的商业社会，广告主希望树立商品与服务的'最好'的形象，以此吸引消费者。但任何商品服务的优劣都是相对的，具有地域或者时间阶段的局限，在广告中使用最高级、最佳等绝对化语言，违背事物不断发展变化的客观规律。例如即使曾经是最高级的技术，也可能在广告发布期间产生了更高级的技术。在广告中使用这样的词语，容易给消费者造成误导，同时也可能引起商家之间的不正当竞争。因此，本条明确禁止在广告中使用'国家级''最高级''最佳'等用语。"全国人大常委会法制工作委员会副主任朗胜主编的《中华人民共和国广告法释义》、全国人大常委会法制工作委员会经济法室编著（王清主编）的《中华人民共和国广告法解读》等著作也表达了相同的观点，由此可见立法者禁止绝对化用语广告宣传的立足点在于其常常是不客观、不真实的，容易误导消费者，禁止的本质是要杜绝虚假，崇尚真实。如果不会误导消费者也就没有禁止的必要了，这应与《广告法》"广告应当真实""广告不得含有虚假或者引人误解的内容，不得欺骗、误导消费者"的原则规定是相吻合的。

　　自《广告法》实施以来，不少省级广告监管机关出台了指导意见对《广告法》第9条第（三）项禁止用语的认定作出了规范，明示除了《广告法》列举的"国家级""最高级""最佳"以及工商总局曾在个案批复中认定的"极品""顶级""第一品牌"等六个用语外，对其他用语是否构成《广告法》第9条第（三）项的禁止用语，均秉承审慎从严的原则依据个案情况进行认定。应注意根据广告所用词语及其与商品（服务）的指向关联度、广告内容、具体语境等综合判定。构成该规定禁止用语的，须同时具备以下三个条件：一是广告中含有"国家级""最高级""最佳"，以及其他与上述词语词义相同的用语；二是所使用的广告用语须指向所推销的商品或服务；三是所使用的广告用语应具有损害同行竞争者利益的可能性。客观表述不属于《广告法》第9条第（三）项的规定禁止的情形，比如：表示时空顺序的用语，明示为自我比较的程度分级用语，特定行业领域由相关标准认定的分级或已被公众广泛接受的分级用语，国家机关依法评定的奖项或称号。

从绝对化用语广告宣传的最终事实结果来看，无非有三种可能性：一是广告宣传的绝对化用语所描述指向的商品性能、功能等信息是属实的；二是广告宣传的绝对化用语所描述指向的商品性能、功能等信息与事实是不符的；三是广告宣传的绝对化用语所描述指向的商品性能、功能等信息是无法验证证实的。这里的第二种情形属于广告信息与实际不符，第三种情形属于广告信息无法验证，分别与《广告法》第28条第2款第（二）（三）项的虚假广告情形竞合。可见，由于当事人弄虚作假等原因，绝对化用语广告会与虚假广告出现竞合现象，全国人大常委会法制工作委员会副主任朗胜主编的《中华人民共和国广告法释义》在第58条释义中讲到："需要注意的是，本法第二十八条对虚假广告的构成和具体情形作了规定，第五十五条对发布虚假广告的责任作了规定。发布广告既违反了本法第十六条至第十八条、第二十一条、第二十三条至第二十七条、第四十条第二款规定的特殊商品或者服务广告内容准则，同时又按照本法规定属于发布虚假广告的，在法律责任上出现竞合，在这种情形下，应当适用处罚较重的法律责任规定，即应当按照本法第五十五条关于发布虚假广告的法律责任的规定追究广告主以及有关的广告经营者、广告发布者的行政责任。"此释义的精神应当同样适用于《广告法》中其他法律条文竞合时的处理，该释义中没有提及《广告法》第55条与第57条法律责任竞合选择问题，恐怕是当时谁也没有注意到"国家级""最高级""最佳"的表述用语也有真假问题，第9条第（三）项禁止用语广告与虚假广告也会出现竞合问题。虽然《广告法》第9条第（三）项禁止用语的法律责任是"由工商行政管理部门责令停止发布广告，对广告主处二十万元以上一百万元以下的罚款，情节严重的，并可以吊销营业执照，由广告审查机关撤销广告审查批准文件、一年内不受理其广告审查申请；对广告经营者、广告发布者，由工商行政管理部门没收广告费用，处二十万元以上一百万元以下的罚款，情节严重的，并可以吊销营业执照、吊销广告发布登记证件"，这里罚款上限为100万元；而虚假广告行为，在有广告费用的情况下，虽然起罚点为广告费用的3倍以上，但由于按照广告费用的倍数处罚，当广告费用大额时罚款上限是没有具体数额限制的，超出100万是很正常的，更重要的是虚假广告的法律责任除了行政责任、民事责任之外，构成犯罪的，还需依法追究刑事责任，尤其是《最高人民检察院、公安部关于公安机关管辖的刑事案件立案追诉标准的规定（二）》有关虚假广告案的立案追诉标准的这项规定——"虽未达到上述数额标准，但两年内因利用广告作虚假宣传，受过行政处罚二次以上，又利用广告作虚假宣传的"，使得虚假广告受行政处罚的次数构成直接的追诉条件。在法律责任承担上，刑事责任显然重于行政责任，当第9条第（三）项禁止用语广告与虚假广告发生竞合时，理应适用重责，即依照虚假广告论处，否则，按照现行的虚假广告案追诉立案标准，就可能出现因为没有按照虚假广告定案处罚，而使其逃避了刑事责任的追究的结果。

（四）相同内容互联网广告在不同网站发布，是一行为还是数个行为

程序化购买经营模式的使用，即将一个相同内容的互联网广告投放到成千上万个互联网媒介上同时发布。如果这种模式发布的互联网广告违法，应当认定为一个违法行为还是数个违法行为呢？

与1995年《广告法》相比，2015年《广告法》在法律责任一章中明确界定了2年内有3次以上违法行为的即为从重情节，虽然工商总局广告司编著的《中华人民共和国广告法释义》将此解读为："在执法实践中，需要明确：两年内有三次以上违法行为，是指广告

主两年内有三次（含三次）以上违反本法规定发布虚假广告而受到行政处罚或者刑事处罚的情况。"但最高人民检察院、公安部《关于公安机关管辖的刑事案件立案追诉标准的规定（二）》（公通字〔2010〕23 号，以下简称《规定（二）》）规定的其中一个追诉标准是："广告主、广告经营者、广告发布者违反国家规定，利用广告对商品或者服务作虚假宣传，虽未达到上述数额标准，但两年内因利用广告作虚假宣传，受过行政处罚二次以上，又利用广告作虚假宣传的。"在实际执法的过程中必然要执行《规定（二）》，遇到行政处罚 2 次以上、第三次又发布虚假广告的，自然就移送到公安机关，不再作行政处罚了，更别说刑事处罚 2 次以上、第三次又发布虚假广告的行为。如此，《广告法》规定的"两年内有三次以上违法行为"，只能是未达到刑事追诉标准的情形，即 2 年内有 3 次违法行为，被发现时未受过两次以上行政处罚的情形。由此来看，似乎应该作为数个违法行为认定，需要从重处罚。

以互联网为媒介的广告，基本都是在数个网站等媒介上同时发布的，根据以上结论来看，互联网广告如果违法就将被认定为数个违法广告行为。假如这种观点成立，则程序化购买模式发布广告将面临灭顶之灾，因为所有的程序化购买广告都是同时在多个网站投放的，一旦违法，必将是严重情形。

从一般法律归责原则来说，除严格责任外，一般法律责任的构成要件中都有主观要件，即行为人应有主观上的过错，才引追究其法律责任。在行政违法行为责任的规定中，法律条文虽然未直接表述当事人发生的违法行为应有主观上的过错，但都是推定当事人存在主观过错，《广告法》自然也不例外，其第 55、58、59 条更是明确规定广告经营者、广告发布者只在"明知或者应知"的情况下才承担行政违法责任，对广告主则推定其具有主观过错，事实上许多广告主也往往对其违法广告具有明知情节。

在数个网站发布相同内容的违法广告，虽然客观方面有多个违法行为表现，但其主观过错仅有一个，对于这种情形，应当从主观要件构成上去分析违法行为的构成个数，否则就有违《行政处罚法》的规定。此外，《广告法》在法律责任条款中作了如下表述："有下列行为之一的，由工商行政管理部门……"这里的"行为"，明确的是行为属性种类，而非具体违法行为个数。《行政处罚法》第24条规定："对当事人的同一个违法行为，不得给予两次以上罚款的行政处罚。"因此，对于只有一个主观过错的广告发布违法行为，应当按照一个违法行为来认定，对于其在多个网站、媒介上发布的情形，可以作为行政处罚裁量时的酌定情节考虑，而按照广告费用倍数进行裁量处罚时，则已将在多个媒体、媒介发布的情节包含进去了。

《工商总局工商广字〔2008〕89号答复》，是在当时互联网广告尚未成熟的条件下作出的，并且废止该答复的《工商总局关于公布政策性文件清理结果的公告》（工商办字〔2016〕98号）明示的理由是"废止失效了一批不利于'稳增长、促改革、调结构、惠民生'的政策性文件"，因此如果再按此答复精神执行，显然不合时宜。

现在，互联网广告已经占据了我国广告市场份额的半壁江山，我们对广告监管的理念、方式、方法，也必须与时俱进，才能跟上这互联网时代发展的步伐。另外广告线上线下应当一体化监管，适用相同的规则，否则就会导致线上线下企业的不公平竞争。原有的对传统媒体的监管理念、方法、方式必须加以改变，调整完善监管规则，以适应互联网广告的发展，才可以促进互联网广告的发展，同时顺应规则调整，也应给传统媒体广告以同样的发展环境，因为不论是广告主、广告经营者，还是广告发布者，他们之中的绝大多数都属于中小微企业，而正是他们，吸纳了我们社会的绝大多数就业人员，为社会的发展发挥着举足轻重的作用。

（五）违法互联网广告的广告费用认定

广告费用，顾名思义就是广告主承担的因广告设计、制作、代理、代言、发布等广告活动所支出或将支出的全部费用。广告经营者的广告费用，则是其为广告主从事广告设计、制作、代理服务所获取的全部收入或者与广告主约定的将获得的全部收入。广告发布者的广告费用就是其为广告主发布广告所获得全部收入或者约定将获得的全部收入。广告经营者、发布者为该广告附带提供其他服务的，则应将该服务费归入其广告费用中合并计算。广告代言人如果违法代言，其代言收入在《广告法》中界定为违法所得。

虽然 2015 年修订后的《广告法》与 1995 年《广告法》均要求广告经营者广告发布者公布收费标准和收费办法，并设定对于当事人未公布收费标准和收费办法的，由价格主管部门责令改正，可以处 5 万元以下的罚款。但在执法实践中，广告费用与公布的收费标准和收费办法往往并不一致，存在"无法计算"或者"明显偏低"的现象，成为违法者规避惩罚、减轻违法成本的手段。与 1995 年《广告法》中对虚假广告罚款实行倍数罚的方式相比，2015 年修订后《广告法》对罚款方式进行了较大的调整，对广告费用"无法计算"或者"明显偏低"两种特殊情形实行定额罚，而且罚款数额在 10 万、20 万元以上，彰显了严厉惩处虚假广告的决心。《广告法》第 55、58 条均涉及广告费用"无法计算"或者"明显偏低"，可以按下列情形理解处理：

第一，广告费用"无法计算"的。主要是指部分违法主体主观故意隐瞒、销毁、拒不提供有效的广告合同、发票等证据，工商部门在执法过程中无法查清广告费用的情形。此外，在广告主利用自媒体形态发布广告时，如企业利用自己自设的网站从事广告宣传，此时也属于广告费用难以计算的情况。

第二，广告费用"明显偏低"的情形。根据《广告法》的规定，广告发布者应当公布媒体广告刊例价。如果当事人虚报、瞒报广告费用，提供伪造、变造的合同、发票等材料，使广告费用明显低于该媒体一贯的广告刊例价和正常折扣比例的，可以认定为广告费用"明显偏低"。同时，要注意媒体在实际经营中由于经营水平、媒介影响力存在差异，有时会在刊例价的基础上以一定折扣比例给予广告主优惠，对于媒体正常的让利折扣，不应认定为广告费用"明显偏低"。在案件调查中，如果当事人主张其广告费用为真实费用，符合正常折扣比例的，可以要求其举证证明。

应该说任何一则广告都是有广告费用产生的，即使是广告主利用自媒体发布广告，如企业利用自己自设的网站从事广告宣传，也是需要雇人从事广告文案写作、设计的，同时网站也是需要人员常年维护的，这些会产生费用支出。互联网广告费用包括但不限于以下的表现形式：广告（网页）的设计、制作费，广告代理费，广告发布费，网站推广费用（含搜索引擎推广费），网站域名使用费，网络服务器建设及维护费用。只是这些费用支出是用于整个网站的日常营运的，在此种情形下如果仅是其中一二则广告宣传违法，广告费用如何分摊是非常难以计算的。但"难以计算"与"无法计算"并不是一回事，二者还是有些差别的。"难以计算"是计算的难度很大，但还是有计算的可能的；而"无法计算"则是根本就没有办法计算的意思。对于当事人来说，"难以计算"不是他的责任，"无法计算"才有他的责任，因为《广告法》第49条第1款第（三）项规定工商行政管理部门履行广告监督管理职责，可以要求涉嫌违法的当事人限期提供有关证明文件，第51条规定："工商行政管理部门依照本法规定行使职权，当事人应当协助、配合，不得拒绝、阻挠。"当事人故意不提供证明广告费用的材料，或提供虚假的广告费用材料致使广告费用无法计算的，属于广告费用无法计算的情形。广告主在自有或拥有合法使用权的互联网媒介上发布广告或自行设计、制作发布广告的，一般的情况下广告费用非常难以计算或者产生的广告费用非常少，甚至不产生广告费用，实践中可认定为广告费用无法计算的情形；当事人提供有效证明广告费用材料的，按实际计算。但由于《广告法》对无法计算广告费用设定的定额罚起点较高，而互联网广告的实际费用成本又往往是比较低的，似又不完全符合《行政处罚法》过罚相当原则之精神，广告监管机构在责令涉嫌违法当事人限期提供有关广告费用的证明文件时务必做到程序周全到位，不留纰漏，尽可能多给些时间让当事人收集整理广告费用的证据证明材料，以充分体现程序正义。广告费用明显偏低情形的认定，须以相同或类似广告为基础进行对比分析，当事人提供虚假材料，使广告费用明显低于其一贯刊例价和正常折扣比例的，可认定为广告费用明显偏低。当事人能举证证明其实际执行的广告费用标准，由于正常让利而低于刊例价的，不应认定为广告费用明显偏低。

（六）主动消除或者减轻违法行为危害后果情形的认定

自《广告法》修订实施以来，绝对化用语广告违法的20万起罚规定引起了社会各界的关注，也使广告监管执法机关"背锅"了不少骂名，专家学者纷纷指出此类广告违法情形应该适用《行政处罚法》第27条相关规定予以减轻处罚，甚或不予处罚。新修订的《反不正当竞争法》第25条重申了《行政处罚法》规定的从轻、减轻处罚及不予处罚的规定情形，作为对《广告法》《食品安全法》施行以来社会各界对起罚点设定过高的反映。

1. 《行政处罚法》第27条是行政处罚机关的义务性规范

《行政处罚法》第27条规定："当事人有下列情形之一的，应当依法从轻或者减轻行政处罚：（一）主动消除或者减轻违法行为危害后果的；（二）受他人胁迫有违法行为的；（三）配合行政机关查处违法行为有立功表现的；（四）其他依法从轻或者减轻行政处罚的。违法行为轻微并及时纠正，没有造成危害后果的，不予行政处罚。"

第27条第1款规定的四种情形，是《行政处罚法》明确规定应当从轻或者减轻处罚的情形，从法律解读上说"应当"即为"必须"，全国人民代表大会常务委员会法制工作委员会拟定的《立法技术规范（试行）（一）》（法工委发〔2009〕62号）中明确界定："'应当'与'必须'的含义没有实质区别。法律在表述义务性规范时，一般用'应当'，不用'必须'。"第27条第1款这条义务性规范显然不是针对当事人的，规定的是行政处罚机关的义务，因此，对于在广告监管执法中遇有《行政处罚法》规定的上述四种情形的，广告监管执法机关就必须予以从轻或者减轻处罚，否则，即有违《行政处罚法》的规定了。而且第2款"违法行为轻微并及时纠正，没有造成危害后果的，不予行政处罚"的规定，同样也是行政处罚机关的义务性规范，如果当事人符合该款三个条件，行政处罚机关仍然予以处罚的，就违背了《行政处罚法》第4条第2款"设定和实施行政处罚必须以事实为依据，与违法行为的事实、性质、情节以及社会危害程度相当"及第5条"实施行政处罚，纠正违法行为，应当坚持处罚与教育相结合，教育公民、法人或者其他组织自觉守法"的规定。

2. "主动"，应是"不靠外力促进而自动"作为的含义

为了简化议题，这里既不讨论第27条第2款的不予行政处罚规定，也不讨论第27条第1款的其他款项，直接讨论第27条第1款第

（一）项"主动消除或者减轻违法行为危害后果的"的理解问题。

"主动"一词，按照汉语辞海的释义："①不靠外力促进而自动：主动关心同学。②能够由自己把握：争取主动。"可以说，在没有外力强制的前提下自发的行动都应当算是主动的行为。那么，在尚未被监测、抽查、投诉、举报等途径发现违法嫌疑的广告，当事人自行停止发布、纠正违法情形的自然应当属于"主动消除或者减轻违法行为危害后果的"行为，这在我们的执法实务中已经达成了共识。

已经被监测、抽查、投诉、举报等途径发现有违法嫌疑的广告，处于调查取证的过程中，尚未作出处理决定的，当事人自行停止发布、纠正违法情形的是否也属于"主动消除或者减轻违法行为危害后果的"情形？

第一，违法广告停止发布、纠正违法信息之后，就阻却了该违法广告信息在社会上的继续传播散布，必然或多或少地控制住了其危害后果的继续扩散、扩大，客观上起到了减轻危害后果甚至消除危害后果的作用。

第二，行政处罚程序启动的立案、调查取证行为，按照司法实践通说，属于行政处罚行为的过程性、阶段性行为，一般而言，因其内容尚未最终确定，对当事人的权利义务并未产生实际影响，属于不成熟的行政行为，是为最终可能作出的行政处罚决定作准备的，尚不具备最终的法律效力，只有在达到行政行为"正常行政程序的最后阶段已经完成"的成熟性标准时才予以司法介入。如：江苏省南通市中级人民法院在朱××因城市管理行政处罚诉南通市崇川区城市管理行政执法局二审的行政判决认为（［2017］苏06行终624号），"虽然被诉《责令改正通知书》要求上诉人朱××立即停止上述搭建（建设）行为，但因该搭建（建设）行为早于2001年即完成，故被上诉人崇川城管局所作的'立即停止上述行为'对上诉人朱××的合法权益不可能产生实际影响。被诉《责令改正通知书》所载'逾期未改正的，本机关将依法予以行政处罚'的相关内容，也表明可能对上诉人朱××产生实际影响的是行政机关依照调查结果最终作出的行政处理等具体行政行为，而非行政调查行为。故上诉人朱××

对《责令改正通知书》提起行政诉讼，起诉时机尚不成熟"。而《最高人民法院关于适用〈中华人民共和国行政诉讼法〉若干问题的解释》（法释〔2018〕1号）第1条第2款第（六）项则明确将"行政机关为作出行政行为而实施的准备、论证、研究、层报、咨询等过程性行为"排除出人民法院行政诉讼的受案范围。

第三，启动行政处罚调查程序仅说明当事人的广告有违法嫌疑，并不必然导致行政处罚决定的作出，也可能不构成违法或者轻微违法不予处罚。这时如果没有依法作出责令暂停发布广告的强制措施，即广告监管执法机关没有对当事人作出有强制执行力的行政行为，仅调查取证行为并不能强制当事人停止有违法嫌疑的广告的发布。这种情况下，在调查处理决定作出之前，当事人对有违法嫌疑广告的停止发布、纠正其违法信息行为均是在尚无外在强制力的情形下自发作出的，调查行为虽说可能对其作出停止发布、纠正违法信息的行为产生影响，但这个影响来自于后续可能的行政处罚决定而非调查取证行为本身，此时停止发布、纠正违法信息的决定终究还属于当事人自主决定的主动行为，只是其主动消除行为与尚未启动违法调查程序的主动停止发布、纠正违法情形相比，消除或者减轻违法行为危害后果的主动程度上有些差距。如果当事人辅之以积极的态度、行动去处理违法广告引发的纠纷，在相应范围内以发布致歉信、店堂公告、声明等形式消除危害后果的，则是更为主动地消除违法广告危害后果的表现了。

第四，古语云："知错能改，善莫大焉。"如果当事人在违法广告被查处后及时纠正的，说明其主观恶意较小，应当鼓励、倡导，这既有利于社会正能量的弘扬塑造，增进有错就改、知错即改的守法诚信意识；又有利于降低行政执法成本，减少社会资源耗费而使社会秩序恢复正常。本着行政处罚法的教育与处罚相结合的原则，也应当考虑减轻处罚，否则必然会挫伤及时纠正违法行为的积极性，阻却及时纠正违法和积极消除危害后果的自觉自律行为——因为违法之后怎么纠正都无关处罚结果，这显然与《广告法》的贯彻实施，乃至整个社会守法意识、法治意识的提升是相悖的。

基于以上四点理由，在启动调查取证程序之后，作出处理决定之前，当事人自行停止发布、纠正违法情形的也应该算"主动消除或者减轻违法行为危害后果的"情形，只是主动程度不如前者。

3. 法定职责必须为

既然《行政处罚法》第 27 条第 1 款已然将当事人从轻、减轻处罚的四种情形设定为行政机关的法定职责，广告监管执法人员在广告违法案件的调查取证中就必须同时注意收集当事人从轻、减轻、不予处罚的情节证据。对于当事人在广告监管执法机关作出行政处理决定之前，自行停止发布违法嫌疑广告、纠正违法嫌疑情形的，即应该依法认定为主动消除或者减轻违法行为危害后果的情节；如果其再有以自行发布纠正声明、致歉公告等形式向广告受众承认违法、表达歉意、召回问题商品等纠正错误举动的，则是进一步强化主动消除违法广告危害后果的表现了。

互联网广告的广告主、广告发布者都属于中小微企业或者个体工商户，《广告法》相关法律责任规定的 20 万罚款起点，对于绝大多数中小企业、个体工商户等市场主体而言，都是一笔不堪重负的巨大金额。如前所述，在互联网媒介上主动撤除违法广告，消除危害后果又是一个可以期待的减轻处罚情节。当然，减轻处罚时应当同时结合当地的经济发展情况、人均收入状况等因素综合考虑减轻处罚的幅度，并且由于减轻处罚的幅度往往较大，应当以采用重大行政处罚案件集体讨论决定程序为要。

《互联网广告管理暂行办法》评析 第十二章

《互联网广告管理暂行办法》是对《广告法》的细化，也是对我国互联网广告行业发展诸多创新的积极回应，体现了促进产业健康发展和消费者权益保护的平衡。作为首部全面规范互联网广告行为的部门规章，将对未来产生深远的影响。

一、强化了互联网广告主的义务

《互联网广告管理暂行办法》第 10 条明确规定，互联网广告主应该对广告内容的真实性承担责任，并可以通过拥有合法使用权的互联网媒介自行发布广告，但在修改自己的广告内容时，应该履行通知互联网广告经营者和广告发布者的义务。这是对《广告法》第 4 条第 2 款"广告主应当对广告内容真实性负责"，第 2 条第 2 款"广告主可以自行发布广告"规定的具体落实细化，一定程度上有效解决了跳转链接广告中各主体的责任问题，体现了立法者充分认识到互联网广告主在互联网广告活动中的角色，赋予其合理的义务与责任，有利于促进互联网广告产业的健康发展。

（一）互联网广告主可以通过拥有"合法使用权"的互联网媒介自行发布广告

《互联网广告管理暂行办法》第 10 条第 3 款规定，广告主可以通过自设网站或者拥有合法使用权的互联网媒介自行发布广告，也可以委托互联网广告经营者、广告发布者发布广告。这是针对互联网广告的特别规定。《广告法》第 2 条第 2 款规定，广告主可以自行发布广告。具体到互联网领域，广告主可以利用自设网站或者拥有合法使用权的互联网媒介自行发布广告。但《互联网广告管理暂行办法》对互联网广告主发布广告增加了"合法使用权"的限制，而

222

非直接使用"自主管理"或者"自有互联网媒介"的规定，尊重了实践中微博账号、微信公众号所有权归谁所有尚有争议的现实，也考虑到单位主体的账号可能交给某个个人实际管理操作的情况，从便于操作的角度出发，用"合法使用权"更为准确。

（二）互联网广告主应当对广告内容的真实性承担第一责任

广告是广告主针对商品的受众，为达到广告目的而举行的有关商品、服务或创意的宣传活动。根据《广告法》第2条规定，在整个广告产业链中，广告主是为推销商品或者提供服务，自行或者委托他人设计、制作、发布广告的法人、其他经济组织或者个人，广告经营者受广告主的委托提供广告设计、制作、代理服务，广告发布者受广告主或广告经营者的委托发布广告。广告活动的最终目的在于推销经营者的商品或服务，广告主是一切广告活动的最初发起者，应该由其保证广告内容的真实性。因此，《广告法》规定广告主应当对广告内容的真实性负责，广告内容虚假、不真实的，首先应该追究广告主的责任。如第55条规定，发布虚假广告的，由工商行政管理部门责令广告主在相应范围内消除影响。第56条规定，发布虚假广告，欺骗、误导消费者，使购买商品或者接受服务的消费者的合法权益受到损害的，由广告主依法承担民事责任。

具体到互联网广告领域也是如此。互联网广告经营者、广告发布者都是为互联网广告主服务的辅助角色，只有互联网广告主对自己的广告最为了解，所以其理应对互联网广告的真实性负责，承担第一责任。《互联网广告管理暂行办法》在2015年7月征求意见时，就明确规定互联网广告主应当对广告内容的真实性承担第一责任，后续多次征求意见稿也继续保留了这一条款，其在第10条第2款要求互联网广告主发布互联网广告时，需要具备的主体身份、行政许可、引证内容等证明文件应该是真实、合法、有效的，这一规定是互联网广告主对广告内容真实性承担第一责任的形式要求。

（三）互联网广告主修改广告内容时应履行通知互联网广告经营者和广告发布者义务

互联网具有互联互通性，互联网广告不同于传统广告的一大特点是页面的相互链接跳转。在互联网广告中，只要点击广告页面，即跳转到另一网站，而传统媒体广告则不会有跳转问题，广告发布者仅需审核现有页面上的广告素材即可。在实践中，大多数互联网广告为跳转链接广告，在跳转链接广告中各主体之间的关系较为复杂。因此，在界定跳转链接广告中各主体的义务责任时，应充分了解产业发展的实际情况。

首先，在跳转链接广告中，互联网广告发布者没有能力为另一个网站上的广告内容负责。互联网广告发布者以跳转方式为他人的广告提供展示服务，跳转后进入另一个网站，与原网站经营者是不同的域名、不同的经营主体，跳转后的最终落地页已经完全脱离了原网站的控制，原网站无法为另一个网站上的广告落地页负责，只能对其展示的广告内容负责，审核广告素材。

其次，广告落地页随时可以被修改，互联网广告发布者对链接跳转广告的审核无意义。广告经过一次、两次乃至多次跳转后的页面展现内容已经远远大于原网站上展示的广告素材，且修改控制权都掌握在最终落地页网站的运营者手中，随时可以修改。因此，即便原网站对跳转后的广告落地页进行了审核，内容也随时可能发生变化，使得大量的人工审核工作被浪费。目前审核广告素材的工作量非常巨大，如果要求审核人员对跳转之后的落地页也进行审核，实际操作难度较大。

最后，互联网广告发布者与传统媒体对广告审核的要求尺度不一。对传统媒体广告而言，只需要审核展示的广告素材，也不可能去审查具体商家的经营环境和具体商品。而对互联网广告而言，如果要求互联网广告发布者对多次跳转后的广告最终落地页负责，就类似于要求互联网广告发布者进入到具体商家进行审查，网站管理者对其链接网站中的广告没有如传统媒体的最终修改权，也没有能力对互联网广告落地页进行修改。

因此，《互联网广告管理暂行办法》第10条第4款规定："互联网广告主委托互联网广告经营者、广告发布者发布广告，修改广告内容时，应当以书面形式或者其他可以被确认的方式通知为其提供服务的互联网广告经营者、广告发布者。"这有效解决了链接跳转广告中互联网广告主、广告经营者以及广告发布者的义务责任问题，体现了较高的立法智慧，回应了产业需求。

二、明确了程序化购买广告规则

《互联网广告管理暂行办法》首次将"程序化购买广告"的概念纳入我国的法律体系中，明确了这种互联网广告投放形式的合法地位，同时也对广告程序化购买流程中参与方的定义、法律地位以及法律责任进行了清晰的界定。

（一）"程序化购买广告"产业链分析

随着网民媒体消费行为的碎片化，传统的广告排期投放已经难以适应当前的媒体环境和用户习惯了，具有规模化、精准化和程序化的"程序化购买广告"应运而生。"程序化购买广告"有"公开交易"和"私有交易"两种交易模式。"公开交易"主要以 RTB 实时竞价模式为主；"私有交易"主要包括 PDB 私有程序化购买、PD 优先交易、PA 私有竞价三种竞价方式，区别在于是否竞价以及广告位是否预留。

《互联网广告管理暂行办法》第 14 条对"程序化购买广告"流程中的各参与主体进行了梳理和定义，主要涉及"需求方平台""媒介方平台"和"信息交换平台"。DSP 是"程序化购买广告"的核心环节，它主要整合广告主需求、为广告主提供广告发布服务。DSP 上汇集了包含快消、汽车、服饰以及电商等各个领域的广告主，越来越多的广告主开始通过程序化购买，以达到提高品牌知名度、网站引流、新品发布等目的。SSP 指为媒介资源方提供程序化的广告分配和筛选的服务平台，帮助其将剩余库存流量变现、提高收入。SSP 成员包括门户网站、视频网站、应用软件、论坛、博客等媒介资源的经营者，拥有通栏广告、启动屏广告、弹窗广告、信息流广告、全屏广告、九宫格广告等各种广告位资源。ADX 是为 SSP 与 DSP 之间进行广告投放，提供数据交换、分析匹配、交易结算等服务的数据处理平台，相当于在线的广告交易市场。ADX 又可以细分为公开 ADX 和私有 ADX。公开 ADX 上的媒介资源以平台经营者的合作伙伴资源为主，但同时也有经营者自有的媒介资源。目前，国内的公开 ADX 主要有百度联盟、阿里妈妈。私有 ADX 的经营者一般为大型门户和视频网站，他们更希望将自己的媒介资源单独出售，以提升对自有媒介资源的控制力。国内大型门户媒体如新浪、搜狐，视频网站如优酷土豆、爱奇艺等，都搭建了私有 ADX。在国内程序化购买产业链中，BAT 等互联网巨头出于其自身体量以及打造自有生态圈的需要，往往同时涉足产业链上的各个环节。

（二）"程序化购买广告"规则亮点评述

1. 广告需求方平台经营者承担广告发布者、广告经营者责任

《互联网广告管理暂行办法》第 14 条第 1 款明确规定："广告需求方平台的经营者是互联网广告发布者、广告经营者。"在广告程序化购买模式下，DSP 汇集广告主的广告需求，为平台上的广告主提供广告代理服务。具体而言，DSP 存储广告主上传的广告样件，并通过 ADX、SSP 拉取媒介资源代码，在媒介资源上推送或展示广告。《广告法》第 2 条第 3 款规定："本法所称广告经营者，是指接受委托提供广告设计、制作、代理服务的自然人、法人或者其他组织。"根据《广告法》对广告经营者的定义，DSP 属于互联网"广告经营者"。此外，在广告程序化购买流程中，DSP 是与广告主距离最近、接触最多且直接发生交易的一方。因而具备直接审核查验广告主身份信息、核对广告内容和证明文件的客观条件，对广告的发布具有最终决定权。《互联网广告管理暂行办法》第 11 条规定："为广告主或者广告经营者推送或者展示互联网广告，并能够核对广告内容、决定广告发布的自然人、法人或者其他组织，是互联网广告的发布者。"根据《互联网广告管理暂行办法》对广告发布者的定义，DSP 属于程序化购买广告中的广告发布者。因此，《互联网广告管理暂行办法》考虑业务实际情况，要求 DSP 承担广告发布者、广告经营者的责任，较为合理。

2. 媒介方平台成员不承担广告发布者、广告经营者责任

《互联网广告管理暂行办法》不要求媒介方平台成员承担广告发布者、广告经营者责任。2015 年 7 月，"征求意见稿"中曾出现相关条文，认为程序化购买的广告最终展示在 SSP 成员的媒介资源上，因此 SSP 成员应当承担广告发布者的责任。实际上，SSP 成员通常是中小网站、中小应用软件等网络媒介资源的经营者。他们拥有一

定的广告位资源，但并未自行组建广告业务团队，广告经营能力相对较弱，不能充分挖掘出媒介资源的商业价值。据中国互联网络信息中心（CNNIC）2016年1月发布的《第37次中国互联网络发展状况统计报告》，截至2015年12月，中国的网站总数为423万个，其中".CN"下网站数为213万个；另据2015年4月《理财周报》的报道，我国主要应用商店的应用规模已累计超过400万个。其中，大量中小网络媒介资源方拥有丰富的广告位资源，但难以实现流量变现。而程序化购买广告的业务模式，则利用长尾效应，为这些中小网络媒介资源方提供了一个出售广告位资源、流量变现的好机会。如果不考虑实际情况，贸然将这些中小网络媒介资源方都界定为广告发布者、广告经营者，将会增加其运营成本和法律成本。这样，中小网络媒介资源方可能会入不敷出，最终无法正常运营、相继退出互联网行业，这显然与当前的"大众创业、万众创新"理念不符。相反，《互联网广告管理暂行办法》充分考虑到了实践中SSP成员的特殊地位，不要求其承担广告发布者、广告经营者的责任，对广告程序化购买业务很有裨益。

3. 媒介方平台和广告信息交换平台不承担广告发布者、广告经营者责任

《互联网广告管理暂行办法》不要求媒介方平台和广告信息交换平台承担广告发布者、广告经营者的责任。SSP相当于连接SSP成员与DSP的纽带。SSP成员将媒介资源对应的代码、SDK等接口信息提交给SSP，DSP直接通过SSP上的接口拉取相应媒介资源代码，将广告主预先存储于DSP的广告样件展示在相应的媒介资源上。可见，SSP的主要作用在于连接SSP成员与DSP，从技术层面实现媒介资源与广告需求的对接。ADX则主要为DSP和SSP提供数据交换、分析匹配、交易结算等中立的技术服务。SSP与ADX均未实质性参与到广告经营活动中，不参与广告的设计、制作和代理；此外，媒介方平台、广告信息交换平台往往通过DSP与广告主间接合作，无法直接接触广告主，不存在推送或展示广告的行为，也无法控制广告主的广告样件，没有决定广告内容的权利。因此，媒介方平台和广告信息交换平台难以承担广告发布者、广告经营

者的责任。

4. 设定媒介方平台成员、媒介方平台和广告信息交换平台的注意义务

《互联网广告管理暂行办法》虽然不要求媒介方平台成员、媒介方平台和广告信息交换平台承担广告发布者、广告经营者责任，但为其设定了应尽的注意义务。《互联网广告管理暂行办法》第 15 条第 2 款规定："媒介方平台、广告信息交换平台以及媒介方平台成员，对其明知或者应知的违法广告，应当采取删除、屏蔽、断开链接等技术措施和管理措施，予以制止。"尽管 SSP 成员、SSP 和 ADX 无需承担广告发布者、广告经营者的责任，但毕竟都是广告程序化购买流程中的参与主体，理应在其力所能及的范围内，采取相应的措施对违法广告予以制止。该条文借鉴了《信息网络传播权保护条例》中的"红旗规则"，为 SSP 成员、SSP 和 ADX 设定了应尽的注意义务。该注意义务不仅与现有法律法规的内容相协调，而且考虑到三者技术中立的地位，整体上与其行为能力相适应。但遗憾的是，《互联网广告管理暂行办法》并未细化"明知或者应知"的具体判断标准，可能造成行政执法的模糊性。

5. 免除广告需求方平台对媒介方平台成员的查验、登记义务

《互联网广告管理暂行办法》第 15 条规定："广告需求方平台经营者、媒介方平台经营者、广告信息交换平台经营者以及媒介方平台的成员，在订立互联网广告合同时，应当查验合同相对方的主体身份证明文件、真实名称、地址和有效联系方式等信息，建立登记档案并定期核实更新。"2015 年 7 月，《互联网广告管理暂行办法》（征求意见稿）中曾出现相关条文，要求广告经营者利用他人媒介资源发布广告时，应实名登记并审核媒介资源所有者的身份信息、联系方式、网站备案号等有关信息。根据该条文，DSP 将实名登记并审核 SSP 成员的相关信息。实践中，程序化购买广告的参与方往往只能查验、登记直接合作方的身份证明文件、真实姓名、地址和有效联系方式等信息。SSP 成员直接向 SSP 提供广告位，成为 SSP 的核心客户资源，SSP 不可能将 SSP 成员的具体信息告知 DSP，DSP 也难以通过其他渠道获取 SSP 的具体信息。因此，DSP 不存在查验、

登记 SSP 成员具体信息的客观条件。由此可见，《互联网广告管理暂行办法》不要求 DSP 对 SSP 成员的相关信息等进行查验、登记，也是考虑到程序化购买广告业务的现实状况，合理设定了义务。

6. 免除广告发布者、广告经营者和互联网信息服务提供者的保存义务

《互联网广告管理暂行办法》不强制要求广告发布者、广告经营者和互联网信息服务提供者保存广告样件、合同和证明文件。2015年 7 月，《互联网广告管理暂行办法》（征求意见稿）第 10 条第 4 款规定："对已发布的互联网广告，广告经营者、广告发布者和互联网信息服务提供者应当保存广告样件、合同和证明文件。保存时间应为自该广告最后一次发布之日起两年。"而正式发布的《互联网广告管理暂行办法》删除了此条，不再强制性地要求上述主体履行 2 年的保存义务。首先，履行 2 年的保存义务将会增加广告发布者、广告经营者和互联网信息服务提供者的运营成本，不利于广告程序化购买业务的发展。其次，相较于其他法律法规中的类似条文，2 年的保存时间略长，如《互联网信息服务管理办法》第 14 条规定了从事新闻、出版以及电子公告等服务项目的互联网信息服务提供者的信息记录义务，记录时间为 60 日。最后，在广告程序化购买模式下，往往只有直接接触广告主的广告发布者和广告经营者才能获取并存储广告样件。互联网信息服务提供者在这个流程中，一般只是调用广告发布者和广告经营者素材库中的广告样件，本身并不存储广告样件。因此，要求互联网信息服务提供者必须保存广告样件，未免有失偏颇。《互联网广告管理暂行办法》最终删除了广告发布者、广告经营者和互联网信息服务提供者对于广告样件、合同和证明文件的保存义务，降低了广告购买业务的运营成本。

综上，《互联网广告管理暂行办法》首次在法律法规中引入"程序化购买广告"的概念，具有独创意义。这一规定明确了"程序化购买广告"的合法地位，为中小网络媒介资源方流量变现、获得收入提供了合法依据。同时，在条文中对"程序化购买广告"流程中的各方参与者进行定义，合理界定了参与者的法律地位和承担的义务，为"程序化购买广告"预留了更大的发展空间，有助于充分利

用长尾流量，发展互联网广告市场。

三、用户"拒绝广告"规定的变化过程与意义

在《互联网广告监督管理办法》制定的过程中，关于用户"拒绝广告"的规定几经变化，充分体现了民主立法、科学立法的理念。最初，有观点认为，应要求所有广告都提供拒绝选项；后来，公开征求意见的草案规定"在电子邮箱、即时通信工具等互联网私人空间"发布广告的，需提供拒绝选项；最后，《互联网广告管理暂行办法》仅对弹窗广告提出要求。规定广告可以拒绝或关闭，目的在于保护用户免受骚扰；而限制该制度的适用范围，为行业发展保留了业务空间。所以，这个变化过程可谓是权衡用户权益保护与行业发展促进间关系的结果。这足以说明，在立法过程中，起草者对互联网广告业务开展了广泛的调研，充分发挥了立法立项、起草、论证、协调、审议等机制的作用，最终才得以在行业发展与用户保护间取得了合理平衡。

（一）用户"拒绝广告"规定的演变过程

早在 2011 年底课题组调研阶段，就有观点认为，应当规定"互联网广告应为消费者提供拒绝广告的途径和关闭广告内容的方式"，从保护消费者（以下称"用户"）的角度，对所有互联网广告提出上述要求。具体而言，"拒绝"意味着用户可以不接受广告，"关闭"意味着广告出现时可单次关闭。因此，不管是弹窗广告、浮窗广告、贴片广告、对联广告、横幅广告，或门户网站广告、搜索引擎广告、导航网站广告、软件界面上的广告，抑或是文字链广告、图片广告或多媒体广告，又或者是手机端的启动页广告、通知栏广告、信息流等各种广告，都应为用户提供永久拒绝和单次关闭（以下简称"拒绝广告"）的权利。

后来，该观点在公开征求意见稿（以下简称"草案"）中得到了反映。2015 年 7 月 1 日，原国家工商总局就草案公开征求意见，第 13 条第 1 款规定："在电子邮箱、即时通信工具等互联网私人空间发布广告的，应当在广告页面或者载体上为用户设置显著的同意、拒绝或者退订的功能选择。不得在被用户拒绝或者退订后再次发送

电子邮件等广告。"它首先将适用范围缩减到"电子邮箱、即时通信工具"中发布的广告,要求在广告页面或者载体上为用户设置"显著的同意、拒绝或者退订的功能选择",且不得在被用户拒绝或者退订后再次发送。而"互联网私人空间"的提法,则道出了该思路的缘由:电子邮箱、即时通信工具等属于"互联网私人空间",应从用户权益保护的角度,赋予用户决定其"私人空间"是否出现广告的权利。

但是在 2015 年 7 月 8 日正式颁布的条文中,第 8 条规定:"利用互联网发布、发送广告,不得影响用户正常使用网络。在互联网页面以弹出等形式发布的广告,应当显著标明关闭标志,确保一键关闭。"将"拒绝广告"的适用范围严格限定在弹窗广告等会对用户造成严重骚扰的形式上。这其实也与《广告法》修订时的类似过程遥相呼应。在《广告法》修订课题调研阶段,有观点认为,应针对互联网广告,规定"应当在广告中明示拒绝的途径,当事人明确拒绝的,不得继续发送",要求所有互联网广告都需为用户提供拒绝广告的途径。最终,2015 年《广告法》给出了系统解决方案,它首先以第 43 条规定了以电子信息方式发送广告的行为规范,与禁止随意向个人的住宅、交通工具发布广告的规定并列,以保障消费者权益。然后,其第 44 条规定"利用互联网发布、发送广告,不得影响用户正常使用网络",在互联网广告领域,再次强调对消费者权益的保护。同时,该条还规定"在互联网页面以弹出等形式发布的广告,应当显著标明关闭标志,确保一键关闭",以法律的规定,将用户拒绝广告的适用范围限于弹窗广告,为《互联网广告管理暂行办法》的制定提供了上位法依据。

(二) 笼统要求所有广告都可拒绝会误伤整个行业

"拒绝广告"的规定源于垃圾短信整顿思路。据北京地区网站联合辟谣平台等联合发布的《2013 年度垃圾短信报告》可知,2013年,北京、上海等地人均每天收到 2 条垃圾短信,所有用户全年共收到 3000 亿条(美国 2011 年约 45 亿条);另据腾讯移动安全实验室发布的《2016 年第一季度手机安全报告》中表明,第一季度,用户共举报垃圾短信 1.97 亿条,广告类短信占比 82%。除骚扰用户外，这些垃圾短信还会欺骗用户安装恶意手机软件，致使用户遭致上当受骗等更严重的损失。基于此，工信部对垃圾短信采取了多种整顿措施。同样，恶意弹窗也给用户带来了严重骚扰，据《法制日报》2014年12月20日报道，根据不完全统计，在我国网民的常用软件中，有弹窗广告行为的软件达1221个，每天弹广告超过1000次的近500个。所以，有必要对发布垃圾短信和恶意弹窗广告的行为进行规范。从《互联网广告管理暂行办法》的角度看，应当围绕互联网广告监管，从规制广告主、广告发布者（恶意广告的直接受益者）的角度，对恶意弹窗等骚扰用户的广告模式进行打击。

但是，不能将"拒绝广告"的规定简单适用于所有互联网广告。弹窗广告整治已得到多方主体的认同。例如，2015年，谷歌共屏蔽了7.8亿的"坏广告"，包括那些会遮挡页面内容的"侵扰式广告"；2014年9月，国家网信办组织召开"整治网络弹窗"专题座谈会，联合工信部、工商总局对包括发布虚假信息等在内的恶意弹窗进行整治，并提出"禁止自行打开、确保一键关停、控制数量和位置"等规范弹窗的具体要求。从广告监管的角度来看，《互联网广告管理暂行办法》中关于"拒绝广告"的规定，可谓是就整个社会对弹窗广告整治需求的回应。但若笼统将"拒绝广告"的规定适用于所有互联网广告，则会因为用户单方面的选择，而导致所有互联网广告的曝光量、点击量都面临"悬崖式"的下降甚至为零，从而可能使互联网企业面临广告业务颗粒无收的命运。

所以，对于"拒绝广告"制度的设置，除了考虑保护用户权益外，还应考虑行业发展的需求。广告业务收入是互联网企业的重要收入来源之一。互联网广告的发布，依赖于用户访问网站或使用软件时产生的页面或界面刷新，而这些网站或软件又源于互联网企业在内容购买、产品研发方面所作的投入；由于用户对内容或产品的付费意愿并不强，所以，很多企业都选择在网站或软件上投放广告的形式，向广告主收费获得收入、寻求盈利。因此，只有妥善规定"拒绝广告"制度，才能既保护用户权益，又为企业获得收入提供可能，从而"促进广告业科学、健康发展"。

（三）移动互联网环境下的广告监管思路

在《互联网广告管理暂行办法》的制定过程中，关于用户"拒绝广告"的规定的变化过程，最为直接地体现了立法者兼顾用户与行业利益平衡的移动广告监管思路。

结合移动互联网发展趋势，避免误用"私人空间"而过分限制移动广告。据 CNNIC 第 41 次《中国互联网络发展状况统计报告》，截至 2017 年 12 月，我国手机网民占比已超 97%；从 Facebook 的 2018Q1 财报来看，该季度总营收 119.66 亿美元，其中广告业务收入 117.95 亿美元，而移动广告业务收入占比达 91%。移动广告收入占比越来越高意味着，移动广告已成为大势所趋。在国内，以微信为代表的移动端即时通信工具获得了快速发展，其服务提供者也摸索着通过广告获得收入，如在公众号文章底部、"朋友圈"信息流中加载广告。即时通信工具本身的社交功能导致其具备较强的人身属性，所以，在这类工具中发布广告，就会涉及"侵入私人空间"的问题，在《互联网广告管理暂行办法》起草的过程中也注意到了这个问题，"电子邮箱、即时通信工具等互联网私人空间"也就由此产生。实际上，考虑到智能手机本身具有较强的个人性及随身携带等原因，包括微博等在内的其他更多类型的移动端软件也可能被纳入"……互联网私人空间"，进入"拒绝广告"制度的规制范围。所以，若按草案规定，移动端的各种软件中的广告，都可能被要求提供拒绝选项，直接影响了互联网企业的广告收入。

技术上，电子邮箱、即时通信工具或信息流中的广告，跟网站页面或软件界面中的广告并无本质区别。对互联网广告的发布而言，只需在网站页面或软件界面刷新时加载广告即可，无需考虑究竟是什么类型的网站或软件；同时，不管是哪种网站或软件，也不管是 PC 端或移动端，用户的每次点击，都向服务器发送了刷新请求，这些刷新操作汇集成的"点击量"，构成互联网企业赖以发布广告的基础，至于用户究竟在网站页面或软件界面访问了什么内容，并不是发布广告所要考虑的问题。比如，用户查看微信"朋友圈"的更新内容时，每一次下拉刷新的操作，都向服务器提交了一次刷新界面的请求，虽然"朋友圈"的好友日志更新及评论互动具有较强的个人属性，但这并不妨碍界面刷新时加载广告，且技术上与在 PC 端访问门户网站点击打开某个链接时加载的广告相比并无特殊之处。所以，从这个角度来看，不存在"进入私人空间、侵犯私人空间"的问题（精准广告投放涉及的是用户个人信息保护及利用的问题，与广告监管没有直接关系）。所以，没有必要专门新设"私人空间"，并提出为用户提供"拒绝广告"选项的要求，以免限制移动广告业务的开展。

移动互联网环境下的广告监管也应注重用户权益保护与行业发展之间的平衡。在移动互联网环境下，很多产品或服务都由互联网企业免费提供，用户在免费使用时应适度"忍受"广告，以便互联网企业获得回报。这种模式本身，已经实现了用户与企业间的平衡，并在用户协议签订和行业管理中得到了认可。所以，立法不应过多干涉、限制互联网广告业务的具体开展。否则，可能会因为国家法律的明确规定，"妖魔化"互联网广告。只有当用户或企业某一方的权益被过度侵害时，立法、司法等才应介入以重新平衡，比如，《互联网广告管理暂行办法》对弹窗广告的限制，体现了对用户权益的重视；而在我国和德国发生的广告屏蔽案件及最终判决中，均体现了对广告业务发展的重视。

综上，一方面，从广告发布的角度看，并不存在"进入私人空间、侵犯私人空间"的必要；另一方面，互联网企业免费为用户提供产品或服务后，对用户适度忍受广告有较强的依赖（以便向广告主收取广告费而获得收入）。所以，草案关于"私人空间"及"拒绝广告"的规定并不可取；而在经历过 1 年左右的调研后，《互联网广告管理暂行办法》最终所采纳的最新条文中既赋予用户以正常使用网络不受广告影响的权利，又将"拒绝广告"的使用范围严格限定在"弹窗广告"这一类型中，妥善地处理了用户权益保护与广告行业发展之间的关系，更为移动广告的发展奠定了良好的法律政策环境。

四、对新规中广告屏蔽条款的比较分析

早在 1999 年，为应对在线广告的大量传输成本所带来的浏览器

速度过慢问题，屏蔽广告工具应运而生。2015年8月，Page Fair与Adobe联合发布的《2015年全球网络广告屏蔽研究报告》指出，截至2015年第二季度末的12个月的时间内，广告屏蔽工具的使用量增长了41%，全球广告屏蔽工具用户数量增长至1.98亿。这相当于大约每20个互联网用户就有一人在计算机桌面上使用了广告屏蔽工具。2015年9月，苹果公司在秋季发布会上推出了新的IOS9.0操作系统，允许用户在使用Safari浏览器时启动第三方开发的广告屏蔽工具，实现广告元素拦截、阻止广告内容加载及阻止Cookies追踪等功能。国内口碑最好的广告屏蔽插件"净网大师"也顺势推出了IOS版。广告拦截软件、插件、应用程序甚至硬件的普遍使用，导致广告收入大幅降低，被屏蔽方被迫采取自力救济手段，引发了大量诉讼的产生。

（一）国外代表性案例简析

1. 美国"Zango诉Kaspersky案"

在美国，针对广告屏蔽最具有代表性的案件莫过于Zango, Inc. v. Kaspersky Lab, Inc. 一案［568 F. 3d 1169（C. A. 9（Wash.），2009］。在该案中，原告Zango公司被被告推出的Kaspersky杀毒软件识别为作为恶意软件予以拦截。原告将被告诉至华盛顿州法院，提出了包括禁令救济、第三人干涉合同侵权、商业诽谤、违反华盛顿州消费者保护法和不当得利的诉请。地区法院主要基于公共利益考量和用户权益保护支持了广告屏蔽行为。原告不服，上诉至联邦第九巡回上诉法院。法院认为，被告所提供的软件使得计算机用户对其所接收到的网络内容具有了更大的控制权，据此认定被告有权获得《通信规范法案》避风港规则所适用的豁免，进而维持了一审判决。[1]美国法院从公共利益保护和用户选择自由的角度出发，明确支持了广告屏蔽开发者的行为。

2. 德国广告屏蔽案

广告屏蔽软件Adblock Plus起源于德国，自其面世之日起就饱

---

〔1〕 刘建臣："美国版权法对屏蔽网页广告行为的法律规制"，载《中国版权》2015年第2期。

受争议，其中以德国媒体行业反应最为剧烈。上文提及的 2015 年以来德国的《时代周报》和《商报》、Bereits RTL 和 ProSiebenSat. 1 电视台、出版集团商 Axel Springer、《南德意志报》等数家媒体企业先后对德国广告屏蔽公司 Eyeo 提起了诉讼。诉由包括反不正当竞争、反垄断和侵犯著作权等。而德国法院从广大用户的体验出发，认为广告屏蔽软件的核心在于赋予用户选择权，对于互联网市场的最大部分主体互联网用户来说，其选择是自由的、不受阻碍的。软件优劣完全交由用户评判，由其来决定是继续使用还是转而选择其他软件。如果用户对 Adblock Plus 不满，就会卸载 Eyeo 公司的软件并从其他公司购买更加合适的屏蔽软件。而广告和互联网等相关行业也可以采取相应的措施来进行"反拦截"。广告屏蔽并不足以破坏掉正常的市场竞争秩序，尚未达到需要法律予以规制的严重程度。

（二）中国广告屏蔽案件评析

中国的广告屏蔽基本集中在网络视频领域，包括前面所提的"2008 年的迅雷诉超级兔子案""2011 年的扣扣保镖案""2013 年的优酷诉金山不正当竞争案"以及"2014 年爱奇艺诉极科极客不正当竞争案"等。这其中涉及软件和软件之间的竞争、视频软件和安全插件之间的竞争以及软件和硬件之间的竞争等。中国法官在处理广告屏蔽案件时，从竞争关系、商业模式、技术中立、消费者利益等角度综合衡量，基本都判定广告屏蔽开发商构成了不正当竞争行为。

我国法院普遍认为，竞争关系的界定并不局限于同业竞争，互联网经济更多的是一种注意力经济，经营者的经营行为是否会造成彼此经营利益的此消彼长是判定竞争关系是否存在的重要指标。据此，即便属于跨界竞争，广告屏蔽提供商与视频网站运营商之间依然存在法律意义上的竞争关系。此外，由于视频网站运营商采用的"免费服务+广告增值"商业模式具有法律上可保护的利益，广告屏蔽行为既破坏了正常的市场经营活动，又不当地利用了用户基础，侵犯了视频网站运营商的经营利益。虽然从短期来看，屏蔽功能对用户来说是利好，但其对广告的过滤将改变视频网站的运营模式，最终对行业发展造成阻碍，用户的利益也终将受损。

对比国内外法院的不同做法，我们不难发现，每个国家的制度创立都有其自成体系的价值观作为引导和支撑，要理解各国作出的司法选择，就要在各国法律价值取向形成过程中追本溯源。德国自纳粹暴政后对人权空前重视，极其注重个人隐私和数据保护。美国自建国以来，一直将"民主、自由、人权"视为圭臬，个人主义价值观在美国社会根深蒂固。而广告屏蔽软件的兴起正是对个人隐私担忧和数字广告盛行的回应。媒体运营商在向用户投放广告时，个人数据很大程度上会被运营商采集，一些广告甚至还会通过设备追踪用户，不仅导致个人隐私泄露，威胁信息安全，还会拖慢系统加载速度，从而易使个人丧失对数据收集和使用的控制。法院将选择权交予用户，其做法正是对法律制度背后价值体系的回应与迎合。

反观我国，广告屏蔽从短期内来看确实造福了广大用户，但长此以往将会有很多问题滋生出来。当"免费+广告增值"的商业模式被打破，在 IP 市场尚未成熟转型的当下，盗版市场有可能会死灰复燃，最终的社会成本都会负担到广大用户身上。我国司法判例立足于国内市场竞争秩序，作出了更符合国内产业健康发展趋势的合理选择。中国法官在审理过程中智慧地提出了符合现实国情的创新观点，运用法律一般条款作出了兼顾各方利益的选择。

但是，仅适用《反不正当竞争法》的原则性规定来保护互联网广告产业的健康发展，在一定程度上也多受指摘，仍有部分学者或多或少地对相关司法判决提出质疑。只有通过成文立法的形式，才可增加市场行为规范的预期性、稳定性。

值得庆贺的是，广告主管监管机关已充分认识到了这一行为的重要意义。在原国家工商总局颁布的《互联网广告管理暂行办法》中，第 16 条规定："互联网广告活动中不得有下列行为：（一）提供或者利用应用程序、插件、硬件等对他人正当经营的广告采取拦截、过滤、覆盖、快进等限制措施……"这里明确规定针对正当经营的互联网广告的拦截行为违法。具体包括：①使用"提供或者利用"，目标在于指向开发屏蔽软件、插件、硬件的开发者，排除某些技术开发者所谓的"技术中立"口号，把责任推到普通用户身上。②列明范围，包括"应用程序、插件、硬件等"，对我国司法实践中出现的视频软件与安全软件之间、视频软件与浏览器之间、甚至与硬件路由器之间等各类情况都加以涵盖。③对拦截后的措施，也进行了详细的列举，包括"拦截、过滤、覆盖、快进等限制措施"。对前面提到的 2016 年 4 月美国《纽约时报》《华盛顿邮报》《华尔街日报》等 17 家主流媒体状告 Brave 浏览器时，指出这款浏览器转载报刊文章却屏蔽文章内嵌入的广告更换为自己的广告的情况，也进行了有效解决。

原国家工商总局作为广告行业的主管部门，通过立法层面为正当经营的广告提供了全方位的保护，对于互联网广告行业的健康发展具有里程碑式的意义，也为今后类似案件的适用提供了明确的标准。

对一项制度的设计和行为的定性取决于法律背后的价值指引和价值排序，要置身于不同的国情和法律制度背景，作出有利于自身发展的最佳选择。在今后的制度设计和司法实践中，我们要学会避免一味的"拿来主义"，而要充分考虑我国现有的法律基础和法律体系，寻求平衡兼顾各方利益的良法之治。我国互联网产业发展全球瞩目，除了产业的不断壮大、商业模式的创新以外，只有不断提升法律制度的创新，不盲从所谓的域外经验，立足本国实际，不断提升法律制度自信，才能促进我国由网络大国不断迈向网络强国。

五、互联网信息服务提供者"明知"和"应知"的认定

《互联网广告管理暂行办法》虽然在第 17 条明确了互联网信息服务提供者作为中立消极平台的地位，将适用范围确定为"未参与互联网广告经营活动而仅提供信息服务"，但是仍然未对"明知或应知"进行解释或列举相应的情形。"明知"和"应知"的确定决定着互联网信息服务提供者广告责任的认定，对其规定不清晰有可能导致互联网信息服务提供者无法有效地预期法律风险，会给企业业务的正常稳定开展带来极大的不确定性。

（一）《互联网广告管理暂行办法》第 17 条所规范之广告行为明晰

"明知"和"应知"属于过失情形下"主观状态"的范畴，对于互联网企业与第三人合作而在其平台发布广告的行为，由于其是主动参与广告活动的，故不存在判定"明知或应知"的问题。因此，

上述条款所规范的是由用户发布、互联网企业并未实际参与广告经营活动仅提供平台的情形。

此类广告目前在微博、论坛等社交媒体平台以及微信、QQ等即时通信工具中屡见不鲜。如在微博平台，用户既可以在自己的界面内发布广告，经其他用户关注后还可通过微博私信功能向普通用户推送广告，根据发布主体的不同可分为企业类用户，诸如聚美优品等企业以及个人用户。在论坛中，用户则通过发帖来传播广告。此类广告具有数量众多、表现形式多样、发布主体隐蔽等特点，并且基于言论、通信自由和个人隐私保护的考虑，避免对用户私人空间的过度、任意干预，实践中不宜也无法将其纳入互联网公司的广告审核后台。对互联网公司而言，广告审核队伍是针对自己作为广告发布者、广告经营者的审核责任建立的，并依照《广告法》等相关法律进行审查把关。而对用户发布的广告，实际上是作为一般的互联网信息内容，按照《互联网信息服务管理办法》（292号令）的"九不准"要求以及相关法律法规依法使用关键词做技术和人工过滤。但广告内容包罗万象，因此无法通过有效的关键词技术筛查出违法广告。目前，互联网公司大多通过增加其网络平台的功能，由用户自行采取屏蔽、拉黑、取消关注、投诉举报等多种措施来达到滥发广告的防治目的。

（二）现有法律规定对"明知或应知"的理解

"明知或应知"的理解与责任主体的"注意义务"密切相关。关于互联网信息服务提供者的"注意义务"及"明知或应知"的判定，在网络知识产权侵权领域，已经形成了较为成熟的判断规则。《最高人民法院关于审理侵害信息网络传播权民事纠纷案件适用法律若干问题的规定》（以下简称《若干规定》）第7条规定了网络服务提供者在"明知或应知"情况下应当承担帮助侵权的法律责任，紧接着在第8条规定："网络服务提供者未对网络用户侵害信息网络传播权的行为主动进行审查的，人民法院不应据此认定其具有过错"，明确指出"未审查内容"不代表"有过错"。之后在第9、10、11、12条对认定"注意义务"的考量因素进行提示并详细列举了"明知"和"应知"的具体情形。如第9条规定："人民法院应当根据网络用户侵害信息网络传播权的具体事实是否明显，综合考虑以下因素，认定网络服务提供者是否构成应知：（一）基于网络服务提供者提供服务的性质、方式及其引发侵权的可能性大小，应当具备的管理信息的能力；（二）传播的作品、表演、录音录像制品的类型、知名度及侵权信息的明显程度；（三）网络服务提供者是否主动对作品、表演、录音录像制品进行了选择、编辑、修改、推荐等；（四）网络服务提供者是否积极采取了预防侵权的合理措施；（五）网络服务提供者是否设置便捷程序接收侵权通知并及时对侵权通知作出合理的反应；（六）网络服务提供者是否针对同一网络用户的重复侵权行为采取了相应的合理措施；（七）其他相关因素。"该条规定在认定"应知"情形时既考虑了互联网服务提供者的现实状况，又结合了被侵权信息本身的特点，十分全面具体。《北京市高级人民法院关于涉及网络知识产权案件的审理指南》（以下简称《审理指南》）中对平台服务商的注意义务及"明知"和"应知"的规定也体现了上述精神。

（三）《广告法》下"明知或应知"的把握标准

基于《互联网广告管理暂行办法》第 17 条所规范之广告的特殊性和复杂性以及目前互联网企业的技术现状，一方面，对于互联网信息服务提供者注意义务的判定标准应当远低于广告发布者、广告经营者。另一方面，由于其客观上无法对广告内容进行审查，故应当以执法部门的违法认定和通知为首要标准，并结合其他能明显感知的违法情形，在接到通知后及时采取删除、制止等措施。而何种情形下互联网信息服务提供者应当承担制止责任，则有赖于对《广告法》第 45 条及《互联网广告管理暂行办法》第 17 条中"明知或应知"的准确把握和解读。

前述《若干规定》及《审理指南》所规范的法律行为与本文所研究的对象在责任主体、规范对象等方面具有高度的相似性，对于互联网信息服务提供者注意义务的判断及主观状态的认定具有极大的参考价值。通过借鉴前述规定中认定"明知或应知"的广度、角度以及考量因素，结合当下广告行业的发展实际和丰富实践，笔者认为，《广告法》下对"明知或者应知"的认定可以尝试从以下几个方面来把握：

（1）"明知"的认定。关于"明知"情形的认定，应当严格把握，可从以下角度进行尝试：

第一，食品药品监督管理部门、工商行政管理部门依法通知的。结合实践来看，至少又包括三种情况：一是上述部门在整治和清理互联网重点领域广告（如与公众生命健康安全密切相关的食品、药品、医疗、电器等领域）的专项行动中通报在其官网上的违法广告；二是工商部门在具体案件查处中确认的违法广告；三是工商部门正在建立的广告监测系统所检测到的违法广告。上述违法广告通知到互联网信息服务提供者之后，其对违法广告的主观状态便属于"明知"。

第二，消费者组织发出通知书函，且有违法证据证明的。消费者组织作为消费者权益的代表，负责受理和处理消费投诉。对消费者投诉较多、证据充分的违法广告，互联网信息服务提供者接到消费者组织的通知及证明材料，则意味着其"明知"违法广告。

（2）"应知"的认定。与"明知"相比，认定"应知"要更加复杂和困难，结合当前广告的实际状况，可以先从以下两个方面考量：

第一，违法广告位于网站首页、栏目首页或其他主要页面等能够为互联网信息服务提供者明显感知的位置的。虽然互联网信息服务提供者并不参与广告活动，但因用户点击多、跟帖多、点赞多等行为也会导致广告被系统算法自动推送到显著位置上。互联网企业在此情形下负有较高的注意义务，应主动进行审查，若有明显违法内容，应当立即制止。

第二，经权利人举报并有证据证明的。前述《若干规定》第13条规定："网络服务提供者接到权利人以书信、传真、电子邮件等方式提交的通知，未及时采取删除、屏蔽、断开链接等必要措施的，人民法院应当认定其明知相关侵害信息网络传播权行为。"笔者认为，在广告领域也可以借鉴该规定来认定互联网信息服务提供者的"应知"状态。具体来说，按照一般的商业逻辑，企业的产品（或服务）是不会授权给个人用户去经营的。如果相关权利人认为某违法广告侵犯了自己的利益，可以提供证据证明自己为违法广告所涉及产品的权利人并且未授权发布者推广该产品，同时提供明确的违法广告地址，互联网平台在接到上述通知并确认证据全面且真实后应当及时对违法广告做出处理。

综上，"明知"和"应知"标准不明确，不仅无法为互联网信息服务提供者的日常经营活动作出明确指引，同时也会导致纠纷出现后行政执法及司法审判过程中对"明知或应知"的尺度把握不一，造成法律适用的混乱和不公。综上，笔者认为，对"明知或应知"的明确能够更好地判定互联网信息服务提供者的广告责任。因此，希望主管部门结合广告实践的发展和变化，逐步对执行标准具体化、明确化，一方面，为互联网信息服务提供者的经营活动做出正确的指引；另一方面，促进互联网时代下责任与义务的公正分配，减少基层实际执法中的种种不确定性。

结合互联网广告业务实践的需要，本章将梳理大量案例供实务参考。

一、禁止性规定

广告宣传也要讲导向，习近平总书记重要的 2·19 讲话，对于媒体工作提出了很多指导方针和新要求，其中关于广告从业者的就是"广告宣传也要讲导向"。《广告法》总则部分明确规定，广告应符合真实性原则以及社会主义精神文明建设和弘扬中华民族优秀传统文化的要求。典型的违反禁止性规定的案例有以下三类：①虚假宣传，误导或者欺骗消费者；②违背社会良好风尚，如迷信、淫秽、色情、赌博、迷信、恐怖、暴力等；③其他禁止性行为，如违反《反不正当竞争法》《商标法》《消费者权益保护法》等相关法律法规的行为。

【典型案例】

1. 广告违背公序良俗，被处罚

关键词：禁止性规定——违背公序良俗

当事人系餐饮管理公司，主营业务是推销和经营炸鸡业务。自2016 年 7 月起至案发，为吸引消费者和合作伙伴，当事人通过官方网站、某公众平台"叫了个鸡"及合作门店，对外发布自主创意的包含"叫了个鸡、没有性生活的鸡、和她有一腿、真踏马好翅"等违背社会良好风尚宣传用语的广告。其行为违反《广告法》第 9 条第（七）项之规定。2017 年 3 月，上海某一执法机关作出行政处

罚，责令其停止发布违法广告，罚款 50 万元。

【案例分析】 通常来说，社会良好风尚是指社会存在和发展所必要的善良习俗，或者某一特定社会所尊重的伦理要求，比如，尊老爱幼等中华民族传统文化。实务中违反公序良俗的广告主要有五类：①违背社会伦理，此类广告主要借用小三、二奶等破坏婚姻制度的观念进行商业宣传，如某房地产广告"小三魅力，势不可挡"，虽广告中的小三指小型三居室，但因影射"小三"被当地工商以违背公序良俗为由查处；②与违法行为有关，此类广告引用犯罪行为用语作为商业宣传，如某景区利用"吃喝嫖赌"谐音"吃喝漂赌"来宣传景区的经营活动；③情色暗示，此类广告内容虽无直接淫秽情色内容但其广告用语易让人产生色情联想，如某市旅游宣传广告"一座叫春的城市"；④伤害民族情感、涉及民族特殊历史记忆和民族情结含有负面内容的广告，如"精心烹制的中国名茶，弥漫着旧殖民地时期的气息"的餐饮广告用语；⑤通过低俗表演进行广告宣传，如北京某公司在模特的臀部等部位打上二维码进行宣传，被工商局以违背社会良好风尚处以罚款 20 万元。

至于对"社会公共秩序""社会良好风尚"等用语的认定，目前尚无明确的标准，往往具有一定的抽象性和主观性，对此实务中往往以"正常理性的普通消费者""大多数人"对于词语成文的理解对其定性。[1] 本案中，"叫了个鸡、没有性生活的鸡、和她有一腿、真踏马好翅"的广告用语存在严重违背社会良好风尚的情况，同时炸鸡店的消费群体覆盖大量未成年人，相关表述无疑会对心智尚未成熟的未成年人留下不良印象，甚至引发模仿。广告宣传，应禁止出现上述违法表述。

---

〔1〕〔2017〕川 0108 行初 8 号行政判决认定，对于"成都安环"的广告语是否违背社会良好风尚的问题，基于正常理性的普通消费者的观点，大多数人对于广告语中"安环"一词的理解，均会和计划生育避孕措施的通俗称谓相联系，而一般情况下，一般消费者不经特别解释说明，是很难将"安环"和原告指称的"安居乐业，成都光环"相联系的。

2. 广告内使用绝对化用语，被处罚

关键词：禁止性规定——绝对化用语

2016年3月，浙江某一执法机关对某炒货店作出行政处罚。该店在其经营场所内外发布广告，经营场所西侧墙上有两块印有"××炒货店×市最优秀的炒货特色店铺""×××市最优秀的炒货店"内容的广告；经营场所西侧的柱子上有一块印有"杭州最优炒货店"字样的广告牌；经营场所展示柜内有两块手写的商品介绍板，上面分别写有"中国最好最优品质荔枝干"和"2015年新鲜出炉的中国最好最香最优品质燕山栗子"的内容，在展示柜外侧的下部贴有一块广告，上面写有"本店的栗子，不仅是中国最好吃的，也是世界上最高端的栗子"。当事人对外销售栗子所使用的包装袋上印有"×市最好吃的栗子"和"×市最特色炒货店铺"字样，其行为违反了《广告法》第9条第（三）项之规定，依法处以罚款20.5万元。

【案例分析】通俗地讲，所谓绝对化用语，是指不符合客观条件或不受时空限制，形容事物达到某种极致状态的夸张性语言。从上述解释来看，我国《广告法》禁止绝对化用语的考虑主要有三个：一是绝对化用语违背了事物发展的客观规律，二是绝对化用语容易给消费者造成了误导，三是绝对化用语可能导致不正当竞争。现行《广告法》虽仅列举了"国家级""最高级""最佳"用语，但禁止使用的绝对话用语并不限于此。《国家工商行政管理局关于"极品"两字在广告语中是否属于"最高级"、"最佳"等用语问题的答复》虽于2016年被废止，但原国家工商总局并未否认上述三个词语属于绝对话用语的认定。

从立法目的性解释的角度来看，广告绝对化用语应作狭义解释，即禁止使用以所推销商品或服务为指向的绝对化用语，在其他与指向商品或服务无必然联系的场合可以适当使用绝对化用语，包括但不限于：①禁止使用的绝对化用语指向的是经营者所推销的商品或所提供的服务，若绝对化用语指向的不是经营者所推销的商品或所提供的服务的则不属于禁止范围，如"人世间最珍贵的是友情"等背景性不指向商品或者服务的内容也不构成使用绝对化用语；②表

示市场主体的经营理念，如：本公司秉持"顾客第一、信誉至上"的经营理念，这种理念每个市场主体均可秉持，不涉及谁伤害谁的问题；③表示市场主体的追求目标，如"争创行业排头兵"等，这表示未来的努力方向，不涉及对现在处于行业排头兵地位的市场主体的诋毁；④对注册商标的宣传，如"天下第一碗©"等，强调必须是注册商标，因为注册商标专用权受法律保护，本身具有排他性特点，且要注明注册标志"©"。

本案中，当事人在其经营场所内外及包装袋上发布广告，并使用"最好""最优""最香""最特色""最高端"等顶级词汇的宣传用语，属于绝对化表述。该行为违反了《广告法》第 9 条第（三）项"广告不得有下列情形：……（三）使用'国家级'、'最高级'、'最佳'等用语……"的规定，根据《广告法》第 57 条第（一）项，依法责令其停止发布使用顶级词汇的广告，并处罚款人民币 20 万元。

特别注意，该案件中当事人提起诉讼，目前西湖区人民法院已作出一审判决将处罚额度降低，但亦认可了当事人的行为构成违法。该案后续进展（如是否进行二审、二审结果）应受到持续关注。

3. 广告内使用国家机关的名义，被处罚

关键词：禁止性规定——变相使用国家机关名义或形象

2017 年 2 月 22 日，贵州省一执法机关对某酒类营销公司作出行政处罚决定。该公司销售的"贵州××酒"的酒盒、标贴、外纸箱上标有"国宴专用"字样。其行为违反《广告法》第 9 条第（二）项之规定，依法责令其停止××酒的销售，并对其处以 100 万元罚款。

【案例分析】《广告法》第 9 条第（二）项规定："广告不得使用或者变相使用国家机关、国家机关工作人员的名义或者形象。"理解这一规定需注意以下几点：第一，《广告法》的适用范围主要是商业广告，在公益广告等非商业广告中使用国家机关或者国家机关工作人员名义或者形象时，应遵守相关法律规定。第二，由于使用已故或者已经离任的国家领导人的名义或者形象进行广告宣传，其广告效果相当于使用现职国家机关工作人员的名义或者形象作广告，

因此，已故或者已经离任的国家领导人也属于禁止的范畴。第三，不得以军人的名义或形象作广告。2010年的《中国人民解放军内务条令》第118条规定了"不得以军人的名义、肖像做商业广告"。

本案中，该公司使用"国宴专用"字样，隐含着"贵州××酒"还在特殊的供给某一个部门、团体或者某一专用场合，属于变相使用国家机关名义或形象的行为。根据相关规定，广告内不得含"特供""专供"国家机关的内容或者类似内容，也不得利用与国家机关有密切联系的特定地点名称或者标志性建筑的名称，以及利用国宴、国宾等内容宣传"特供""专供"。

4. 广告内容不明确，被处罚

关键词： 禁止性规定——广告内容不明确

2016年4月，上海某一机关对某公司作出行政处罚。该公司在其网站"××漱口水"中发布广告，通过抢红包活动吸引消费者关注其网站，广告内容为"有×有×拼手气抢红包 欢聚好礼等你摇 中奖率高到广告法不让说"，其行为违反《广告法》第8条之规定，依法责令当事人停止违法行为，并处以罚款5万元。

【案例分析】被誉为"史上最严"的《广告法》于2015年9月1日正式实行，"全网最低、第一、最优秀、最受欢迎……"等各类曾被广泛使用的极限用语遭禁后，部分商家借机博眼球，推出"好到违反广告法、价格优惠到不让说"的广告文案。"好到违反广告法"，看似是个创意巧妙的广告文案，其实不然，上海市工商局表示：商业广告中使用"好到违反广告法"的用语，本身就涉嫌违法。除禁止广告中使用绝对化用语、禁止欺骗误导消费者外，《广告法》第8条还明确规定："广告中对商品的性能、功能、产地、用途、质量、成分、价格、生产者、有效期限、允诺等或者对服务的内容、提供者、形式、质量、价格、允诺等有表示的，应当准确、清楚、明白。广告中表明推销的商品或者服务附带赠送的，应当明示所附带赠送商品或者服务的品种、规格、数量、期限和方式。法律、行政法规规定广告中应当明示的内容，应当显著、清晰表示。"

本案中，当事人在其网站宣传中表述"中奖率高到广告法不让说"原意是指在此次广告宣传的活动中，抢红包的中奖率为100%，但当事人并未准确地表示上述意思，广告内容所传达的信息不清楚、不明白，其行为违反《广告法》第8条的规定，构成发布不清楚、不明白广告的违法行为，依法责令其停止违法行为，并处以罚款5万元。

5. 擅自使用"中国名牌"称号，被处罚

关键词： 禁止性规定——虚假宣传

2017年2月，江苏某一行政机关对某公司作出行政处罚决定。该公司在实际未取得"中国名牌"荣誉的情况下，擅自在其网店内销售"某台式电脑桌家用现代简约烤漆印花书桌简易一米钢木书架桌"的网页上使用"中国名牌"宣传用语，其行为违反了《中国名牌产品管理办法》第27条之规定，依法对其予以处罚。

【案例分析】《中国名牌产品管理办法》第27条明确规定，中国名牌产品标志是质量标志。中国名牌产品称号、标志只能使用在被认定型号、规格的产品上，不得扩大使用范围；未获得中国名牌产品称号的产品，不得冒用中国名牌产品标志；被暂停或撤销中国名牌产品称号的产品、超过有效期未重新申请或重新申请未获通过的产品，不得继续使用中国名牌产品标志。本案中，该公司并未取得中国名牌产品标志，擅自在其网店中使用"中国名牌"称号进行宣传的行为被法律所禁止，应注意的是即使取得了中国名牌产品标志，也不宜扩大其使用范围。

本书撰写时，《中国名牌产品管理办法》已被原国家质检总局废止，因此笔者对相关案例进行检索后，总结执行机关的观点如下：原国家质检总局从2008年开始不再直接办理与企业和产品有关的名牌评选活动[1]，广告中含有"中国名牌"字样的，即违反了《广

---

[1]《国家质量监督检验检疫总局主要职责内设机构和人员编制规定》（国办发〔2008〕69号）。该规定颁布后，原国家质检总局不再对中国名牌产品进行认定。此前，中国名牌战略推进委员会2005年公布了493个中国名牌产品，于2010年9月有效期满；2006年公布了556个，于2011年9月有效期满；2007年公布了856个，于2012年9月有效期满。此后，中国名牌产品的认定与标识不再存在。

告法》第 11 条第 2 款的规定，构成《广告法》第 28 条第 2 款第 (二) 项 "商品的性能、功能、产地、用途、质量、规格、成分、价格、生产者、有效期限、销售状况、曾获荣誉等信息，或者服务的内容、提供者、形式、质量、价格、销售状况、曾获荣誉等信息，以及与商品或者服务有关的允诺等信息与实际情况不符，对购买行为有实质性影响的" 所指的虚假广告的行为。[1]

除 "中国名牌" 用语外，广告宣传中也不得出现 "驰名商标" 字样。根据《商标法》第 14 条第 5 款 "生产、经营者不得将'驰名商标'字样用于商品、商品包装或者容器上，或者用于广告宣传、展览以及其他商业活动中" 的规定，该行为构成将 "中国驰名商标" 字样进行广告宣传的违法事实。

6. 广告内贬低其他经营者，被处罚

关键词： 禁止性规定——绝对化用语贬低其他经营者

2017 年 10 月，上海市某一机关对某材料公司作出行政处罚。该公司在其网店销售一款名称为 "××干粉功能性涂料大自然冰钻" 的产品，当事人在此款产品的网页上宣称此款产品 "典雅、简约、极致的至尊奢华、顶级的工艺技术、集奢华时尚于一体"。除此之外，当事人在此款产品的 "产品细节" 中与其他品牌的涂料做了对比，当事人声明自己的产品不发霉、不掉块、不起泡，宣称使用其他品牌带来的效果是发霉、掉块、翘脚、起泡，并配对了相应的图片。上述行为违反《广告法》第 9 条及第 13 条之规定，依法责令当事人停止发布广告，消除影响，并对其处以罚款 1.5 万元。

【案例分析】 广告内禁止使用 "国家级" "最高级" "最佳" 等用语，"顶级" 的表述易被执法机关处罚，亦应禁止使用；不得贬低其他生产经营者的商品或者服务。"顶级" 的表述虽然不是《广告法》明确禁止的表述，但仍存在较大违法风险。贬低其他经营者的行为往往以对比广告的形式出现，即使用 "传统产品……本产品……"

---

〔1〕 参考案例：奉市监案处字〔2016〕第 180201610037 号；闵市监案处字〔2017〕第 120201711241 号。

"优于其他产品""大大的超过普通产品"等用语的应严格把控。

本案中执法机关认为"顶级的工艺技术"的表述未考虑到竞争状态的不断发展变化，违背了事物不断发展变化的客观规律，属于绝对化用语；当事人在与其他同类品牌做对比时，宣称自己的产品不发霉、不掉块、不起泡，使用其他品牌带来的效果是发霉、掉块、翘脚、起泡，并配对了相应的图片，明显存在故意贬低他人商品的倾向，属于贬低其他经营者的行为。

7. 广告内未标明专利号，被处罚

关键词：禁止性规定——未标明专利号

2017年10月，上海市某一执法机关对某数码有限公司作出行政处罚决定，该公司在其网店内自行制作并发布了"××扩音机U盘喊话器大功效18W喇叭"的宣传页面并使用"专利技术"对该产品进行宣传，但在网页上未标注专利号和专利种类。上述行为违反《广告法》第12条之规定，依法责令当事人停止发布违法广告，并处以罚款1000元。

【案例分析】《广告法》第12条规定："广告中涉及专利产品或者专利方法的，应当标明专利号和专利种类。未取得专利权的，不得在广告中谎称取得专利权。禁止使用未授予专利权的专利申请和已经终止、撤销、无效的专利作广告。"需注意的是，处罚的依据是国家知识产权局《专利标识标注办法》第7条："专利权被授予前在产品、该产品的包装或者该产品的说明书等材料上进行标注的，应当采用中文标明中国专利申请的类别、专利申请号，并标明'专利申请，尚未授权'字样。"依据该规定，虽专利未授权，但可以在产品及其包装上标注专利申请号，不过仍需遵守《广告法》第12条第3款"禁止使用未授予专利权的专利申请作广告"的规定。本案当事人尚未取得专利证书，只有专利申请号，使用未授予专利权的专利申请作广告，该企业被罚款1000元。因此，有专利申请号可以在产品和包装上进行标注，但并不能用来进行广告宣传。

8. 虚构引证数据构成虚假广告，被处罚

关键词：禁止性规定——虚假引证

2017 年 3 月，浙江省一执法机关对某电子科技有限公司作出行政处罚决定。当事人在某电商平台经营的旗舰店内所销售的 3 款电动牙刷销售页面上发布使用"n 倍祛牙斑""抑菌评估率口腔清洁率达 99%"等广告用语，经查，其不能提供相关的证明材料或证据，也不能提供相关检验报告，违反了《广告法》第 28 条第 3 项之规定，构成虚假广告。依法责令其立即停止违法行为，并处以 3000 元罚款。

【案例分析】 广告内容涉及的事项需要取得行政许可的，应当与许可的内容相符合。广告使用数据、统计资料、调查结果、文摘、引用语等引证内容的应符合以下两点：①真实、准确，并表明出处；②引证内容有适用范围和有效期限的，应当明确表示。商品的性能、功能、产地、用途、质量、规格、成分、价格、生产者、有效期限、销售状况、曾获荣誉等信息，或者服务的内容、提供者、形式、质量、价格、销售状况、曾获荣誉等信息，以及与商品或者服务有关的允诺等信息与实际情况不符，对购买行为有实质性影响的；使用虚构、伪造或者无法验证的科研成果、统计资料、调查结果、文摘、引用语等信息作证明材料的构成虚假广告。

本案中，"n 倍祛牙斑""抑菌评估率口腔清洁率达 99%"等广告用语，经查，其不能提供相关的证明材料或证据，也不能提供相关检验报告，广告内引证数据无据可查，构成虚假广告，依法应受到处罚。

9. 广告使用迷信用语，被处罚

关键词：商品广告——迷信用语

当事人利用其自有网站"某风水阁"发布含有"教您布局文昌风水 改变您孩子的学习操作五部曲……第二步：把三个文昌塔摆放在分别摆在本命文昌位、流年文昌位、住宅文昌位上，助旺孩子的文昌运……第三步：把相关文昌吉祥物摆放在孩子的书包里，助旺

孩子平安健康""某某风水阁吉祥物都是根据缘主的生辰八字经过某大师亲自开光,具有祈福辟邪、招财保平安的等功效"等文字内容的广告,违反了《广告法》的相关规定。2017年10月,珠海市某区工商局作出行政处罚,责令当事人停止发布违法广告,并处罚款10万元。

【案例分析】广告不得含有淫秽、色情、赌博、迷信、恐怖、暴力的内容。本案当事人"教您布局文昌风水……把相关文昌吉祥物摆放在孩子的书包里,助旺孩子平安健康"等表述,属于利用封建迷信内容为其产品作广告宣传,有违社会主义精神文明建设和宣扬优秀传统文化的要求。

10. 游戏广告虚构活动,被处罚

关键词:游戏广告——虚假宣传

2016年10月,当事人为吸引更多玩家下载游戏,在第三方平台发布广告称"苹果付费榜第一 今日限免"。经查,该游戏自上线起均为免费下载,当事人虚构了游戏"限免"活动和游戏应用在苹果付费榜排名第一的事实,违反《广告法》的规定,构成虚假广告,被依法处以罚款5.64万元。

【案例分析】广告中不得对商品的性能、功能、产地、用途、质量、规格、成分、价格、生产者、有效期限、销售状况、曾获荣誉等信息,或者服务的内容、提供者、形式、质量、价格、销售状况、曾获荣誉等信息,以及与商品或者服务有关的允诺等对购买行为有实质性影响的信息作虚假陈述。本案当事人虚构"限免"活动和应用排名等实质上影响消费者下载应用的因素,构成了对商品质量、销售状态的虚假宣传。

11. 广告损害国家利益,被处罚

关键词:禁止性规定——损害国家利益

当事人于2017年4月发布某某咖啡广告,其广告文字内容后是一张世界版图,其中右侧黄色部分为标有五星红旗的"中华人民共和国地图"。广告内容中标注的"中华人民共和国地图"与正确的中华人民共和国地图严重不符，比正确的中华人民共和国地图在"西部"多出一些部分，将吉尔吉斯斯坦、塔吉克斯坦、阿富汗、巴基斯坦的部分区域划归到我国地图内。其行为违反《广告法》第9条之规定，上海市某一执法机关对其作出行政处罚决定，处以罚款15万元。

【案例分析】广告不得含有损害国家的尊严或者利益，泄露国家秘密的内容。广告中国家地图的表示应完整、准确，不得自行减少或扩大国家的领土范围。

二、金融类、招商、有投资回报收益类广告

本类目除银行理财产品、基金、股票外，还包括收藏品。该类广告应当对可能存在的风险以及风险责任承担有合理提示或者警示，并不得含有对未来效果、收益或者与其相关的情况作出保证性承诺，明示或者暗示；不得利用学术机构、行业协会、专业人士、受益者的名义或者形象作推荐、证明。

【典型案例】

1. 金融广告保证收益，被处罚

关键词：金融广告——保证性承诺

2017年4月，山西某一执法机关对某电子商务公司作出行政处罚。该公司通过互联网媒介发布"××贷"金融广告。广告中含有"××贷15%高收益理财，只选大机构10元免费注册，高收益告别死工资，15%高收益"等对未来收益的保证性承诺，其行为违反《广告法》第25条等规定，依法责令当事人停止发布违法广告，并处以罚款40万元。

【案例分析】为了进一步规范金融广告的宣传，2016年原国家工商总局联合十部门发布了《开展互联网金融广告及以投资理财名义从事金融活动风险专项整治工作实施方案》对几类典型的违法金融广告作出了具体的规范，明确金融广告不得含有以下内容："一是违反广告法相关规定，对金融产品或服务未合理提示或警示可能存在的风险以及承担风险责任的；二是对未来效果、收益或者与其相

关情况作出保证性承诺，明示或者暗示保本、无风险或者保收益的；三是夸大或者片面宣传金融服务或者金融产品，在未提供客观证据的情况下，对过往业绩作虚假或夸大表述的；四是利用学术机构、行业协会、专业人士、受益者的名义或者形象作推荐、证明的；五是对投资理财类产品的收益、安全性等情况进行虚假宣传，欺骗和误导消费者的；六是未经有关部门许可，以投资理财、投资咨询、贷款中介、信用担保、典当等名义发布的吸收存款、信用贷款内容的广告或与许可内容不相符的；七是引用不真实、不准确数据和资料的；八是宣传国家有关法律法规和行业主管部门明令禁止的违法活动内容的；九是宣传提供突破住房信贷政策的金融产品，加大购房杠杆的。"

本案中"15%高收益"的表述属于金融广告承诺收益率的表述，为整治方案明确所禁止同时违反《广告法》第25条的规定，即金融广告不得对未来效果、收益或者与其相关的情况作出保证性承诺，明示或者暗示保本、无风险或者保收益等。此外，金融广告应当对可能存在的风险以及风险责任承担有合理提示或者警示，广告内须明确载明如"投资有风险，理财需谨慎"等风险提示内容。

2. 山西某电视台发布违法收藏品广告，被处罚

关键词：收藏品广告——承诺收益率

2017年2月，山西某一执法机关对某公司作出行政处罚。该公司违法发布"某黄金大全套"收藏品广告，广告中含有对收藏品未来收益或者与其相关的情况作出的保证性承诺，明示或者暗示保本、无风险或者保收益等内容。其行为违反《广告法》第25条的规定，依法责令当事人停止发布违法广告，罚款6.6万元。

【案例分析】《广告法》第25条规定，招商等有投资回报预期的商品或者服务广告，应当对可能存在的风险以及风险责任承担有合理提示或者警示，并不得对未来效果、收益或者与其相关的情况作出保证性承诺，明示或者暗示保本、无风险或者保收益等，国家另有规定的除外。招商等有投资回报预期的商品不限于传统银行理财产品，艺术品类投资收藏广告也属于此类。"×倍定期存款收益、

安全低门槛、高收益、无风险/零风险、100%兑付"等保障性承诺，"钱包鼓了、变帅了、女朋友有了、车房有了"等夸大或暗示收益的描述应避免在广告中使用。

本案中，收藏品广告中含有对收藏品未来收益或者与其相关的情况作出的保证性承诺，明示或者暗示保本、无风险或者保收益等内容，违反了《广告法》第25条规定，依法对其处以罚款。

3. 投资理财广告承诺无风险，被处罚

关键词： 投资理财广告——承诺无风险

2017年9月，广东省某一执法机关对某金融公司作出行政处罚。该公司利用自有网站发布投资理财产品"某某贷"广告，含有"预期年化收益率11%、11.2%"，"某某贷"含有"预期年化收益率9%"，"某供应链"含有"预期年化收益率13%"，"债权转让"含有"预期年化收益率11.86%、12.67%、12.58%"的内容。上述行为违反《广告法》第25条之规定，依法处以罚款10万元。

【案例分析】招商理财广告不得含有如下内容：①含有未经有关部门许可，以投资理财、投资咨询、贷款中介、信用担保、典当等名义发布的吸收存款、发放贷款等内容或与许可不相符的内容；②含有对未来效果、收益或者与其相关的情况做出保证性承诺，明示或者暗示保本、无风险或者保收益等内容，国家另有规定的除外；③利用学术机构、行业协会、专业人士、受益者的名义或者形象作推荐、证明；④含有对投资理财类产品的收益、安全性等情况进行虚假宣传，欺骗和误导投资者的内容；⑤含有夸大或者片面宣传金融服务或者金融产品，在未提供客观证据的情况下，对过往业绩作虚假或夸大表述的内容；⑥使用不真实或不准确的数据、统计资料、调查结果、文摘、引用语等引证内容。此外，还包括含有《广告法》《关于处置非法集资活动中加强广告审查和监管工作有关问题的通知》及金融管理等相关法律规范中明令禁止出现的内容。

本案中，"预期年化收益率××%"的用语属于承诺收益率的表述。从近期的处罚案例和执法机关意见来看，"预期年化收益率"的表述存在较大风险，上海执法机关也表示该表述应属于承诺收益率，

需要重点关注。

4. 投资理财广告违背社会良好风尚，被处罚

关键词：投资理财广告——违背社会良好风尚

当事人利用其网络媒体账号和网络媒体广告位，发布含有"裸贷"事件图片的广告，在其某网络媒体账号发布含有"男女搂抱牵手"图片的广告并配有格调低下庸俗、有悖社会良好风尚的文字，违反《广告法》的规定，被依法处罚款80万元。

【案例分析】广告不得含有妨碍社会公共秩序或者违背社会良好风尚内容，不得含有淫秽、迷信、恐怖、暴力、丑恶的内容。本案当事人使用"裸贷"事件图片，用语格调低下庸俗，违背了社会良好风尚。

5. 违法发布招商广告，被处罚

关键词：招商广告——绝对化用语　承诺收益　使用国家领导人形象　虚假广告

2016年初起，当事人通过其官网和印刷品，宣传推广特许经营服务，相关广告中含有"荣登行业第一品牌""每增加一个收衣点，一年轻松赚取更多收益""干洗加盟店成功年入30万的秘诀"，以及使用国家领导人形象等违法内容；同时还查明广告中"全国门店超10 000家""有1000名技术从业人员""累计超过10亿广告推广"的内容与事实明显不符，违反《广告法》的规定，被依法处罚款60万元。

【案例分析】广告不得使用"国家级""最高级""最佳"等用语，"第一品牌"也属于绝对化用语；广告不得使用或者变相使用国家机关、国家机关工作人员的名义或者形象；招商等有投资回报预期的商品或者服务广告，应当对可能存在的风险以及风险责任承担作出合理的提示或者警示，"干洗加盟店成功年入30万的秘诀""每增加一个收衣点，一年轻松赚取更多收益"等用语属于承诺收益；广告不得对与商品或者服务有关的允诺等信息作出与实际情况不符的虚假陈述，本案"1000名技术从业人员""10亿元广告推广"等

用语严重与事实不符，对潜在加盟者是否加盟具有实质性的影响，属于虚假广告。

6. 投资理财广告利用受益者形象作推荐，被处罚

关键词： 投资理财广告——保证收益　利用受益者形象作推荐

2017 年 6 月，当事人发布某某收藏品广告，广告中含有"本套某某宝玺由被誉为'帝玉青'的上等和田青玉制成。和田青玉代表基业长青，不仅古代皇帝玉玺，就是现在已涨到 210 万元的奥运宝玺和涨到 100 万元的世博双玺，也全部用和田青玉制成"等内容。广告中，还有一名中老年男性受益者现场讲述："中国某某宝玺前所未有，大师手雕。国产某某的问世，向世界宣告中国崛起的事实和中国军事的实力，值得收藏。"广告对未来收益情况作出保证性承诺，并利用受益者名义及形象作推荐和证明，违反《广告法》相关规定。当地监管部门依法责令当事人停止发布该广告，并处罚 4.32 万元。

【案例分析】 有投资回报预期的商品或者服务广告不得对未来效果、收益或者与其相关的情况作出保证性承诺，明示或者暗示保本、无风险或者保收益；不得利用受益者形象作推荐、证明。本案中，"就是现在已涨到 210 万元的奥运宝玺和涨到 100 万元的世博双玺，也全部用和田青玉制成"属于暗示收益的表述。

三、食品类广告

食品广告包括普通食品广告、保健食品广告、新资源食品广告和特殊营养食品广告，一般认为酒类也属于食品范畴，因而此处将酒类广告纳入其中一并讨论。食品类广告发布不仅需遵守《广告法》的一般规定，还要符合其特殊准则，如《食品广告发布暂行规定》等。

【典型案例】

1. 保健食品广告涉及医疗用语，被处罚

关键词： 保健食品广告——涉及疾病治疗用语　变相发布保健

食品广告

2017 年 1 月，浙江某一执法机关对某电视台作出行政处罚。该电视台利用其制作的某栏目，通过多家电视台播放某节目，推销某保健滋补液。该节目通过主持人某某以介绍健康养生知识的方式变相发布某保健滋补液的广告，且含有"治疗心脏及预防房颤"等医疗用语，其行为违反《广告法》第 18 条之规定，依法责令当事人在相应范围内消除影响，并处以罚款 50 万元。

【案例分析】 药品、医疗器械、保健食品和特殊医学用途配方食品产品名称宣传，应当与食品药品监督管理部门批准注册或备案的证明文件相一致，在广告中不得以任何非药品、医疗器械、保健食品和特殊医学用途配方食品名称代替产品名称进行宣传。《广告法》对保健食品广告发布内容作了专门规定，即保健食品广告不得含有下列内容：①表示功效、安全性的断言或者保证；②涉及疾病预防、治疗功能；③声称或者暗示广告商品为保障健康所必需；④与药品、其他保健食品进行比较；⑤利用广告代言人作推荐、证明；⑥法律、行政法规规定禁止的其他内容。在广告发布方式上，规定广播电台、电视台、报刊音像出版单位、互联网信息服务提供者不得以介绍健康、养生知识等形式变相发布医疗、药品、医疗器械、保健食品广告。

此外，保健食品作为食品的一个种类，具有一般食品的共性，能调节人体的机能，适用于特定人群食用，但不以治疗疾病为目的，而一种新药品的面世需要大量的临床试验，并需通过国家药品食品监督管理局的审查批准，不可以替代药品，因此保健食品广告应当显著标明"本品不能代替药物"。

根据《医疗机构管理条例》《医疗广告管理办法》以及其他相关标准或规范性文件，禁止使用各种疾病的名称及疾病的治疗用语，如医疗、医治、治疗、诊治、就诊、治愈、康复等；含有疾病诊断方法和手段的用词，如体检、化验、B 超、CT、透射、验血等；保健食品广告中禁止涉及疾病预防、治疗功能。本案中，以介绍健康养生知识的方式变相发布某保健品广告，且"治疗心脏及预防房颤"的表述属于涉及疾病预防、治疗功能用语，严重违反《广告法》规定，依法从重处罚，罚款 50 万元。此外，保健食品广告应显著标明"本品不能代替药物"。

2. 乳制品广告暗示可以代替母乳，被处罚

关键词：乳制品广告——暗示可替代母乳

2017 年 8 月，江苏省某一执法机关对某信息技术有限公司作出行政处罚。该公司在其网站网页上发布了一条含有链接的文字图片广告，其中发布的部分内容含有"某奶粉天生抵抗力，源自中国母乳研究……孩子出生后，我的奶水一直很少，既担心孩子吃不饱，又担心因为母乳吃的少，宝宝今后的身体免疫力会很弱，吃奶粉又不知道哪款适合他。当看到某奶粉近乎母乳营养标准的配方奶粉，让我紧张的神经终于松了下来，某奶粉中的蛋白'黄金比例'让我不再担心宝宝的抵抗力了。我们希望每个中国宝宝都能喝上母乳，或者就让他们获得源自母乳探索的营养和妈妈般的抵抗力"等广告用语。执法机关认为上述行为违反《广告法》第 20 条及《食品广告发布暂行规定》第 8 条之规定，依法罚款 108 764 元。

【案例分析】婴幼儿食品广告发布除遵守《广告法》一般性规定外还需符合《食品广告发布暂行规定》《母婴保健法实施办法》等相关规定。涉及婴幼儿的违法食品广告主要有三种类型：①禁止发布母乳代用品广告，即以婴儿为对象的婴儿配方食品，以及在市场上以婴儿为对象销售的或以其他形式提供的经改制或不经改制适宜于部分或全部代替母乳的其他乳及乳制品、食品和饮料，包括瓶饲辅助食品、奶瓶和奶嘴；②禁止发布明示或暗示可以代替母乳的食品广告；③食品广告不得使用哺乳妇女和婴儿的形象。

本案中，经营者发布婴幼儿乳制品广告并声称"近乎母乳营养标准""营养成分和母乳无限接近"，执法机关认为"近乎""无限"的用语表明其与母乳几乎没有差别，该表述在实质上具有暗示其奶粉可以代替母乳的作用，其行为违反《广告法》第 20 条"禁止在大众传播媒介或者公共场所发布声称全部或者部分替代母乳的婴儿乳制品、饮料和其他食品广告"及《食品广告发布暂行规定》第 8 条"食品广告不得明示或者暗示可以替代母乳，不得使用哺乳妇女和婴

儿的形象"的规定。

3. 食品广告宣传保健功效，被处罚

关键词： 食品广告——宣传保健功能

2017年7月，江苏省某一机关对某食品店作出行政处罚，该食品店在其网店销售桑葚干的宣传页面发布宣传广告，广告内容包含有"黑发明目、驱颜抗衰老、美容养颜、补脑益智、提高机体造血功能"等内容，其行为违反《食品广告发布暂行规定》第13条之规定，依法责令其停止违法行为，并处以罚款2000元。

【案例分析】《食品广告发布暂行规定》第13条规定："普通食品、新资源食品、特殊营养食品广告不得宣传保健功能，也不得借助宣传某些成分的作用明示或者暗示其保健作用。"对此规定的理解有以下几点：宣传内容上，不可直接宣传保健功能，也不得借助部分成分明示或暗示保健功能，实践中常见对食品某一成分功能突出宣传暗示其保健作用；宣传方式上，既包括明示也有暗示，借助成分宣传保健功能往往采用暗示方法。保健功能认定外延方面目前尚未统一规定，根据国家食品药品监督管理总局公布的保健食品功能目录来看，现已明确允许保健食品声称的保健功能包括以下27项：增强免疫力、辅助降血脂、辅助降血糖、抗氧化、辅助改善记忆、缓解视疲劳、促进排铅、清咽、辅助降血压、改善睡眠、促进泌乳、缓解体力疲劳、提高缺氧耐受力、对辐射危害有辅助保护功能、减肥、改善生长发育、增加骨密度、改善营养性贫血、对化学性肝损伤的辅助保护作用、祛痤疮、祛黄褐斑、改善皮肤油分、调节肠道菌群、促进消化、通便、对胃粘膜损伤有辅助保护功能、补充维生素、矿物质。

普通食品、新资源食品、特殊营养食品广告宣传以上保健功能，认定构成违法行为应无异议，但实践中执法机关在认定普通食品宣传保健功能时并不限于以上内容，而是按照广义上的保健作用理解。本案中，当事人在其广告中宣传"黑发明目、驱颜抗衰老、美容养颜、提高机体造血功能、提高免疫力、抗氧化、延缓衰老"，其中"提高免疫力、抗氧化"属于保健功能，因此当事人的行为违反了

《食品广告发布暂行规定》，依法应当受到处罚。

4. 发布违法酒类广告，被处罚

关键词：酒类广告——饮酒动作 违法使用医疗用语

2016 年 12 月，上海市某一机关对某商务公司作出行政处罚，该公司在其网店"××酒类专营店"中发布"法国××原瓶进口干红葡萄酒××红酒"销售网页，内有"抗老驻颜……"等内容；在上述网页"品酒小常识"栏目中发布一张女子饮酒动作的图片。其行为违反《广告法》第 17 条、第 23 条第（二）项之规定，依法责令其停止违法行为，并处以罚款 900 元。

【案例分析】酒类广告不得含有如下内容：①诱导、怂恿饮酒或者宣传无节制饮酒；②出现饮酒的动作；③表现驾驶车、船、飞机等活动；④明示或者暗示饮酒有消除紧张和焦虑、增加体力等功效。除医疗、药品、医疗器械广告外，禁止其他任何广告涉及疾病治疗功能，并不得使用医疗用语或者易使推销的商品与药品、医疗器械相混淆的用语。

本案中，"抗老驻颜"的表述属于易使推销的商品与药品、医疗器械相混淆的用语，女子饮酒的图片违反了《广告法》第 23 条之规定，依法应受到处罚。

5. 违法发布保健食品广告，被处罚

关键词：保健食品广告——承诺功效 使用医疗用语 利用代言人作证明

2017 年 3 月至 4 月，当事人在广播频道发布"某某肽"保健食品广告，广告中含有"植物扶阳冠军某某果素，动物扶阳冠军某某肽，组成扶阳 1+1 组合，能使老慢病、危重病病人通过某某药，摆脱病痛""我用了某某肽，腿不疼了，能打弯了，心也不憋闷了，二尖瓣闭合严了，血压平稳了"等内容。广告含有表示功效的断言和保证，涉及疾病治疗功能，并利用代言人名义作证明，违反《广告法》相关规定。当地监管部门依法责令当事人停止发布该广告，并处罚款 5.4 万元。

【案例分析】保健食品广告不得利用广告代言人作推荐、证明；不得含有表示功效、安全性的断言或者保证；不得含有涉及疾病预防、治疗功能的内容。本案中"摆脱病痛""我用了某某肽，腿不疼了，能打弯了，心也不憋闷了，二尖瓣闭合严了，血压平稳了"的表述同时构成保健食品广告利用代言人作证明和广告内容含有承诺功效表述的违法行为；"二尖瓣闭合严了，血压平稳"为涉及疾病功能的表达。

6. 酒类广告引证未注明期限和出处，被处罚

关键词：广告引证——未注明期限　未标明出处

2017年3月，当事人在某网站上发布"某某"酒类广告，广告中含有"独有的十里酒城的企业规模铸就了526.16亿元的品牌价值，再次居于白酒行业榜首"等内容。该引证内容有有效期限，广告未明确表示；广告还引用了某厂家网站的酒类商品演示图文等，但未标明出处，违反《广告法》相关规定。当地监管部门依法责令当事人停止发布该广告，并处罚款5万元。

【案例分析】广告使用数据、统计资料、调查结果、文摘、引用语等引证内容的，应当真实、准确，并表明出处。引证内容有适用范围和有效期限的，应当明确表示。

7. 食品广告使用医疗用语，被处罚

关键词：食品广告——使用医疗用语

当事人通过其在某网站开设的网店销售一款莲子心产品，其网页产品标题为"某某 切开红莲取芯莲芯茶 莲子芯 莲心 45 一斤"，网页内宣称"莲子心具有：清心去热、涩精止血、生津止渴，养心益智，调整元气，清心解毒，清心安神，提高记忆力，缓解失眠症，扩张外周血管，降低血压，清心火，平肝火，泄脾火，降肺火，益肾养"等违反了《广告法》第17条之规定。2017年12月，上海市某一执法机关对其作出行政处罚，罚款5500元。

【案例分析】除医疗、药品、医疗器械广告外，禁止其他任何广告涉及疾病治疗功能，并不得使用医疗用语或者易使推销的商品与

药品、医疗器械相混淆的用语。本案中，"清心去热、涩精止血、生津止渴，养心益智，调整元气，清心火与解毒，清心安神，提高记忆力，缓解失眠症，扩张外周血管，降低血压，清心火，平肝火，泄脾火，降肺火，益肾养"等表述属于医疗用语。

四、医疗、药品、医疗器械类广告

医疗、药品、医疗器械广告发布前需取得相对应的医疗广告审查证明、药品广告批准文号、医疗器械广告批准文号。典型违法医疗、药品、医疗器械广告主要为三类：一是在禁止发布的对象领域发布医药广告；二是医药广告中含有禁止性表述，如绝对化用语或功效保证断言；三是利用代言人作推荐、证明。

【典型案例】

1. 变相发布药品广告，被处罚

关键词：药品广告——变相发布药品广告

2017 年 8 月，辽宁省某一执法机关对某电视台作出行政处罚。该电视台在其所属频道利用某健康养生访谈类节目违法发布某药品广告。该节目假借健康养生的名义向消费者推销药品，其行为违反了《广告法》第 19 条等的规定，依法对其处以罚款 10 万元。

【案例分析】 2015 年《广告法》新增了禁止发布医药广告的对象领域：一是禁止在针对未成年人的大众化传播媒介上发布医药广告；二是禁止医药广告外其他任何广告涉及疾病治疗功能；三是禁止健康养生节目变相发布医药广告。媒体广播电台、电视台、报刊音像出版社、互联网信息服务提供者，开办健康、养生类节目，介绍健康知识往往受观众欢迎，并会产生一定的信任度。但若假借健康养生名义变相推销药品对消费者权益产生侵害，具有较大的危害性：一是广告内容难以监管，《广告法》对医疗、药品、医疗器械广告的审查、发布方式都作了特别规定，假借健康养生名义推销药品等，往往违反规定脱离监管；二是易骗取消费者的信任。以介绍健康、养生知识等变相发布广告，淡化商业属性，隐蔽性强。

借助公众对广播电台、电视台、报刊音像出版社、互联网信息服务提供者的信赖，容易吸引消费者购买，因而法律明确规定，广播电台、电视台、互联网信息服务提供者不得以介绍健康、养生知识等形式变相发布医疗、药品、医疗器械、保健食品广告。本案中，当事人假借健康养生名义向消费者推销药品属于变相发布医疗、药品广告的行为，明显违反法律规定。

2. 违法发布处方药广告，被处罚

关键词：公众场合发布处方药广告

2016年9月，江苏省某一执法机关对某药房公司作出行政处罚。该公司某药品零售代表在其经营场所放置有"某某伟哥5粒优惠装"等字样的手写发光板，经查，上述"某某可伟哥"是指的当事人正在对外销售的处方药。其行为违反《广告法》第15条第2款之规定，依法责令当事人停止违法行为，并处以罚款1万元。

【案例分析】药品分为处方药与非处方药两大类，2015年《广告法》重新界定了处方药广告的管理办法，新增第15条第2款，一般处方药，只能在国务院卫生行政部门和国务院药品监督管理部门共同指定的医学、药学专业刊物上作广告。特殊处方药如麻醉药品、精神药品、医疗用毒性药品、放射性药品等特殊药品，药品类易制毒化学品，以及戒毒治疗的药品、医疗器械和治疗方法，不得作广告。《药品广告审查发布标准》中还规定了医疗机配制的特剂，军队特需药品，原国家食品药品监督管理局依法明令停止或者禁止生产、销售和使用的药品以及批准生产的药品禁止发布广告。此外，药品广告还有应有提示如处方药广告应当显著标明"本广告仅供医学药学专业人士阅读"，非处方药广告应当显著标明"请按药品说明书或者在药师指导下购买和使用"。

处方药不得在大众传播媒介发布广告或者以其他方式进行以公众为对象的广告宣传，本案中，该公司在其药房内放置手写发光板，其广告发布对象为社会公众，违反了《广告法》第15条处方药仅在卫生部和原国家食品药品监督管理局共同制定的医学、药学专业刊物上发布广告的限制，依法对其进行处罚。

3. 违法发布药品广告，被处罚

关键词：药品广告——利用专家/患者名义推荐药品 承诺功效

2017 年 7 月，河北某一执法机关对某医药公司作出行政处罚。该公司违法发布"某通 5.0""某某暖甲""某某舒筋活络丸""某某大风丸""某追骨宁舒筋活络丸"等广告。广告中利用专家、患者的名义对产品的疗效、治愈率、有效性、安全性作出保证，其行为违反《广告法》第 4 条、第 15 条、第 16 条之规定，依法对其处以罚款 20.5 万元。

【案例分析】 根据《广告法》第 2 条的规定，广告代言人是指广告主之外的，在广告中以自己的名义或形象对商品、服务作推荐、证明的自然人、法人或者其他组织。由此可推导出，药品广告代言人，也就是除广告主之外，在广告中以自己的名义或者形象对药品作推荐、证明的自然人、法人或者其他组织。广告代言人通常可分为三类，第一类为社会公众所熟知的人物，多来源于娱乐、体育界，其说服力来源于明星自身的吸引力；第二类为行业专家，以其在所代言产品专业领域的权威性、专业性说服消费者；第三类为典型消费者，其说服力来源于消费的相似性和可靠度。药品作为一种特殊商品，涉及百姓健康和生命安危，对其广告宣传不仅受一般的消费品广告法规的约束，还要受特定的药品广告法和条例监控管理。

《广告法》第 16 条规定，医疗、药品、医疗器械广告不得利用广告代言人作推荐、证明，原因在于药品出现代言人的危害性，一是它以个性代替共性误导了患者，具有片面性；二是代言人的证明行为对其他患者不具有实践参考性；三是其隐含了对相关病症的有效率、安全性的保证断言，容易贻误其他患者的及时治疗；四是间接地贬低了其他药品、医疗机构、医疗器械产品，构成了不正当竞争；五是危害了医疗行业的秩序。药品的使用往往是通过医生针对患者具体情况的诊断作出的，而不应通过公众人物、专家或典型消费者大肆宣传，这样的宣传往往会误导消费，早在 2007 年国务院产品质量与食品安全领导小组就在全国开展专项整治，明令禁止和取缔以公众人物、专家名义证明疗效的药品广告（包括保健品）。

此外，《广告法》第 16 条明确规定，医疗广告禁止含有表示功效、安全性的断言或者保证；禁止说明治愈率或者有效率，且药品广告应当显著标明禁忌、不良反应。本案中，广告利用专家、患者的名义对产品的疗效、治愈率、有效性、安全性作出保证，违反了药品广告禁用代言人和禁止对药品安全性和有效率作出保证的规定，对消费者进行误导，违法情节严重，因此被处以 20.5 万元罚款。

4. 医疗广告利用患者形象作证明、推荐，被处罚

关键词： 医疗广告——利用患者形象作证明、推荐

2017 年 8 月，北京市某一执法机关对某医疗美容门诊部作出行政处罚，其网站发布了"案例展示：沧桑大妈变身美少女"的宣传内容，并配以患者术前术后的肖像照片和患者感言作证明。经查，该患者曾接受当事人的医疗整形服务，并授权当事人使用其形象进行推广宣传，但该行为违反了《医疗广告管理办法》第 7 条第 1 款第（六）项之规定，依法责令其停止违法行为，并处以罚款 3 万元。

【案例分析】 医疗广告的表现形式不得含有以下情形：①涉及医疗技术、诊疗方法、疾病名称、药物的；②保证治愈或者隐含保证治愈的；③宣传治愈率、有效率等诊疗效果的；④淫秽、迷信、荒诞的；⑤贬低他人的；⑥利用患者、卫生技术人员、医学教育科研机构及人员以及其他社会社团、组织的名义、形象作证明的；⑦使用解放军和武警部队名义的；⑧法律、行政法规规定禁止的其他情形。

本案中，美容门诊部配以患者术前术后的肖像照片和患者的感言作证明，极易赢得患者和消费者的信任，对患者和消费者都有较大的误导性，为法律所禁止，"患者前后对比照"的形式属于使用患者名义证明的形式。

5. 未经审查发布医疗广告，被处罚

关键词： 医疗广告——未经审查发布

当事人运营"某某"手机端新闻聚合应用程序。自 2016 年 6 月起，当事人通过该手机端应用程序发布多条未取得医疗广告审查证

明的医疗广告，违反了《广告法》的相关规定，构成未经审查发布医疗广告的违法行为。2018 年 3 月，北京市某工商分局作出行政处罚，责令停止发布上述内容违法广告，没收广告费共计 235 971.6元，罚款 707 914.8 元。

【案例分析】根据《广告法》第 46 条的规定："发布医疗、药品、医疗器械、农药、兽药和保健食品广告，以及法律、行政法规规定应当进行审查的其他广告，应当在发布前由有关部门对广告内容进行审查，未经审查，不得发布。"具体来说，医疗、药品、医疗器械和保健食品广告均应当在发布前取得带有省级食品药品监督管理部门广告批准文号和广告审查专用章的广告审查表或广告审查证明等批件。

6. 医疗广告保证功效，被处罚

关键词：医疗广告——保证功效　虚假宣传

当事人通过其官网发布医疗广告，含有"3 分消炎、10 分灭菌、不复发""治疗不孕不育成功率达 98%"等保证功效的内容；以及在未取得某妇女联合会等单位授权的情况下，利用妇联及某论坛等多家媒体的名义，假借公益活动宣传，误导患者就医，违反了《广告法》的相关规定。2018 年 1 月，安徽省某工商局作出行政处罚，责令当事人停止发布虚假违法广告，在相应范围内消除影响，并罚款人民币 20 万元。

【案例分析】《广告法》第 16 条规定，医疗、药品、医疗器械广告不得含有表示功效、安全性的断言或者保证的内容，不得说明治愈率或者有效率；不得以虚假或者引人误解的内容欺骗、误导消费者。本案当事人宣称其医疗产品"3 分消炎、10 分灭菌、不复发""治疗不孕不育成功率达 98%"等内容属于保证功效、说明治愈率，利用未经授权的妇联等单位和网站的名义进行宣传构成虚假广告。

7. 医疗广告利用国家机关名义，被处罚

关键词：医疗广告——利用国家机关名义　虚构荣誉

当事人通过互联网、电视台、期刊等媒体发布虚假违法广告，

宣称其曾承办"十二五全国无肝炎计划""863肝病康复活动"等国务院卫生部首肯活动，并且是中国国际生命医学工程院科研第三医院，先后被授予"全国五一劳动奖状"、连续两届"全国文明单位"等荣誉，违反了《广告法》的相关规定。2017年10月，武汉某区工商行政管理局作出行政处罚，责令当事人停止发布违法广告、在相应范围内消除影响，并处罚款314.05万元。

【案例分析】《广告法》第9条规定，广告不得使用或者变相使用国家机关、国家机关工作人员的名义或者形象；第28条规定，不得对商品或服务曾获荣誉等对购买行为有实质性影响的信息，作虚假或者引人误解的宣传。本案当事人杜撰承办卫生部等国家机关首肯的"十二五全国无肝炎计划""863肝病康复活动"，属于利用国家机关的名义虚构国家项目，并且编造了"全国五一劳动奖状""全国文明单位"等荣誉信息，违反了以上不得虚假宣传的规定。

8. 医疗器械广告未注明提示，被处罚

关键词：医疗器械广告——未注明提示

当事人在网店内销售型号为EW3106的血压计（店铺内宝贝名称为"某某血压计上臂式血压计电子测血压的仪器家用医用老人精准"）商品，为搞促销活动，对网页进行改版时，不慎删除了"请仔细阅读产品说明书或者在医务人员的指导下购买和使用"和"禁忌内容或者注意事项详见说明书"的内容，违反了《广告法》第16条第3款的规定。2017年12月，上海市某一执法机关作出行政处罚，对其罚款1万元。

【案例分析】《广告法》第16条规定，推荐给个人自用的医疗器械的广告，应当显著标明"请仔细阅读产品说明书或者在医务人员的指导下购买和使用"。医疗器械产品注册证明文件中有禁忌内容、注意事项的，广告中应当显著标明"禁忌内容或者注意事项详见说明书"。本案中，血压计属于个人自用医疗器械，却未注明以上必备信息，违反了《广告法》的规定。

9. 医疗广告含有禁止内容，被处罚

关键词：医疗广告——涉及疾病名称/诊疗方法

2017 年 10 月，上海市一机关对某门诊部有限公司作出行政处罚决定。该公司发布广告内容含"××医院 两性健康公益活动月 男科体检：58 元、包皮：480 元、早泄：590 元、前列腺：590 元、肾虚中医调理：128 元；妇科体检：58 元、月经不调：160 元、腋臭/痔疮等优惠"，该广告内容远超出了《医疗广告审查证明》核准的内容。其行为违反《医疗广告管理办法》第 17 条第 1 款之规定，依法对其处以罚款 2 万元。

【案例分析】医疗机构应当按照《医疗广告审查证明》核准的广告成品样件内容与媒体类别发布医疗广告，并且，医疗广告的表现形式不得涉及医疗技术、诊疗方法、疾病名称、药物。医疗广告内容仅限于：医疗机构第一名称；医疗机构地址；所有制形式；医疗机构类别；诊疗科目；床位数；接诊时间；联系电话。本案中，"腋臭、痔疮、月经不调"为疾病名称，"中医调理"为诊疗方法；且广告中"男科体检：58 元、包皮：480 元、早泄：590 元、前列腺：590 元、肾虚中医调理：128 元；妇科体检：58 元、月经不调：160 元、腋臭/痔疮等优惠"，这些内容超出了《医疗广告管理办法》第 6 条第 1 款所规定的范围。

五、化妆品类广告

现行化妆品广告主要遵循《广告法》的一般性规定，以及《化妆品卫生监督条例》《化妆品卫生监督条例实施细则》等法律法规。化妆品广告常见的违法类型主要集中在以下几种类型：一是对产品性能等信息进行虚假性陈述；二是使用医疗用语，尤其是特殊用途化妆品常易涉及与药品、医疗器械相混淆的用语；三是通过对比广告贬低同类商品。

【典型案例】

1. 化妆品广告夸大效用，被处罚

关键词： 化妆品广告——夸大效用

2017 年 10 月，上海某一机关对某贸易公司作出行政处罚。该公司在其网店"××旗舰店"销售"××眼霜"，宣传有增加皮下组织的血液循环、加强皮肤基层代谢的功效，间接宣传该商品对肌肤老化、粗糙、暗沉、色斑、粉刺问题有快速改善功效；销售"美肌焕颜面膜"，宣传有"美白"的功效。其行为违反《广告法》《化妆品卫生监督条例》的相关规定，依法责令停止发布，并处以罚款 2 万元。

【案例分析】 化妆品广告作为一种高度依赖广告宣传的消费品，其广告投放量在整个广告市场都占据着举足轻重的地位。2017 年 10 月 27 日实施 25 年的《化妆品广告管理办法》正式被废止为行业发展创造了相对宽松的监管环境，但化妆品广告发布仍受到《广告法》和《化妆品卫生监督条例》等行政法规、部门规章的约束。化妆品广告常见的违法类型，归纳起来主要涵盖以下三种类型：①虚假宣传，如使用技术手段，过度 PS，实务中曾有某牙膏广告宣称"只需一天，牙齿真的白了"被罚 603 万元，对此行政机关表示，广告中可以使用 PS 技术，但过度 PS 技术用于广告标的属于违反真实性原则。《广告法》总责部分明确了真实性原则，《化妆品监督条例》第 14 条对此细化，"化妆品广告宣传不得含有化妆品名称、制法、效用或者性能有虚假夸大的内容"。②使用医疗用语，《化妆品卫生监督条例》第 14 条明确规定化妆品广告不得宣传医疗作用。③贬低同类商品，如在广告中使用本品牌产品与其他品牌产品对比的方式，贬低其他经营者商品或者服务。

本案中，当事人宣传"增加皮下组织的血液循环、加强皮肤基层代谢""美白"的表述，属于夸大化妆品效用，其行为违反了《广告法》第 28 条及《化妆品卫生监督条例》第 14 条的规定，依法责令其停止发布广告，并处以罚款 2 万元。

2. 普通化妆品宣传消炎功效，被处罚

关键词：化妆品广告——宣传医疗功效

2017 年 1 月，江苏省某一执法机关对某商贸公司作出行政处罚。该公司在其网店销售的某牌系列面霜、面膜、保湿乳液属于普通化妆品，对其使用"抑痘祛印、补水保湿、消炎祛痘"的文字和图片的宣传行为属于使用"易与药品、医疗器械的功效相混淆用语"的行为，违反了《广告法》的相关规定，依法对其处以 11 000 元罚款。

【案例分析】《广告法》第 17 条中规定，除医疗、药品、医疗器械广告以外，禁止其他任何广告涉及疾病治疗功能，并不得使用医疗用语或者易使推销的商品、药品、医疗器械相混淆的用语。《化妆品卫生监督条例》第 14 条对此也作出规定，化妆品广告不得宣传医疗作用。对于化妆品广告禁止使用的用语认定可参考《化妆品命名指南》的相关规定："医疗术语包含处方、药方、药用、药物、医疗、医治、治疗、妊娠纹、各类皮肤病名称、各种疾病名称等；明示或暗示医疗作用和效果的词语包括抗菌、抑菌、除菌、灭菌、防菌、消炎、抗炎、活血、解毒、抗敏、防敏、脱敏、斑立净、无斑、祛疤、生发、毛发再生、止脱、减肥、溶脂、吸脂、瘦身、瘦脸、瘦腿等。"化妆品功效不得夸张宣传产品效果、虚假效果，禁止使用上述用语。

实践中化妆品广告往往并不直接宣传医疗功效，而是通过产品所含有的某种成分重大突出宣传某功效，如一商家宣传其"芦荟急救面膜"使用"芦荟含有的特殊蛋白质具有消炎、解毒、抗菌、祛痘等多项美容功效、修复伤口、止痒抗过敏、镇痛消肿"等与医疗作用相关的表述。

本案中，根据《化妆品命名指南》的规定，"消炎"为明示或暗示医疗作用和效果的词语，故其在网上对该普通化妆品进行"抑痘祛印、补水保湿、消炎祛痘"的文字和图片的宣传行为违反了《广告法》相关规定，行政部门鉴于其违法情节较轻，对其处以广告费用 1 倍以上 3 倍以下的罚款，即责令停止违法行为并处以罚款 1

万余元。

3. 化妆品广告虚构信息，被处罚

关键词： 化妆品广告——虚假引证

2017年11月，深圳市某一机关对某化妆品公司作出行政处罚。该公司发布化妆品广告，广告中含有"××淡化眼袋眼纹经典组是美国××实验室172位博士研发出来的，在长达30多年的时间中，实验室100多位博士只出过二款商品，这款眼霜就是其中一款""××淡化眼袋眼纹经典组在全球限定6个国家销售，现在全球都属于断销状态""美国专利产品，专利成分秘不外传"等使用虚构、伪造或者无法验证的信息作证明材料的内容，欺骗、误导消费者，其行为违反了《广告法》之规定，依法对其处以罚款239 664元。

【案例分析】 广告不得含有虚假或者引人误解的内容，不得欺骗、误导消费者。广告使用数据、统计资料、调查结果、文摘、引用语等引证内容的，应当真实、准确，并表明出处。引证内容有适用范围和有效期限的，应当明确表示。

六、房地产类广告

房地产广告现为各地工商行政部门重点查处对象，违法房地产广告主要为：①虚假房源信息；②含有升值、户口、学区房等承诺；③误导性宣传，如以项目到达某一具体参照物的所需时间表示项目位置，对规划或者建设中的交通、商业、文化教育设施以及其他市政条件作误导宣传。

【典型案例】

1. 发布未取得预售许可证的房地产广告，被处罚

关键词： 房地产广告——预售许可证

2017年6月，江苏省一执法机关对某房产营销策划有限公司作出行政处罚决定。该公司承接的"××别院"房地产项目未取得预售许可证，其行为违反了《房地产广告发布规定》第5条第（四）项之规定，依法对其处以9000元罚款。

【案例分析】原国家工商总局明确规定，有下列情况的房地产不得发布广告，即在未经依法取得国有土地使用权的土地上开发建设的；在未经国家征用的集体所有的土地上建设的；司法机关和行政机关依法裁定、决定查封或者以其他形式限制房地产权利的；预售房地产，但未取得该项目预售许可证的；权属有争议的；违反国家有关规定建设的；不符合工程质量标准，经验收不合格的等情况。

对于发布房地产项目预售、出售广告，应当具有地方政府建设主管部门颁发的预售、销售许可证证明；出租、项目转让广告，应当具有相应的产权证明；对于中介机构发布所代理的房地产项目广告，该规定要求应当提供业主委托证明，以及确认广告内容真实性的其他证明文件。本案中，发布的房地产项目未取得预售许可证违反了《房地产广告发布规定》第5条第（四）项"凡下列情况的房地产，不得发布广告：……（四）预售房地产，但未取得该项目预售许可证的"的规定。此外，预售、出售房地产广告，应当在广告中标明许可证号。

2. 发布违法房地产广告，被处罚

关键词：房地产广告——承诺升值 以时间表示项目位置 误导宣传规划中交通

2017年10月，上海市某一执法机关对某房地产公司作出行政处罚。该公司在某平台上发布"××公寓"房地产推销广告，该广告中含有："不仅出行方便，还能让你坐等升值""车程约×分钟可达3公里数十所学校、××医院××分院"、"与×号线相辅相成"等广告宣传用语。上述行为违反了《广告法》第26条之规定，依法没收广告费用2000元，并处以罚款2000元。

【案例分析】房地产广告，房源信息应当真实，面积应当表明为建筑面积或者套内建筑面积，并不得含有下列内容：升值或者投资回报的承诺；以项目到达某一具体参照物的所需时间表示项目位置；对规划或者建设中的交通、商业、文化教育设施以及其他市政条件作误导宣传。实践中房地产广告常见的保证性承诺：一是保证收益或者回报；二是承诺为入住者办理户口、就业、升学等。具体表述

有"买房就能上××小学""距××仅30分钟""即买即租，投资回报率高达12%""入住即享有××户口"，此类用语为法律所禁止。

本案中，"不仅出行方便，还能让你坐等升值"的用语，含有升值或者投资回报的承诺。"车程约×分钟可达3公里数十所学校、××医院××分院"的用语，含有以项目到达某一参照物所需的时间表示项目位置的内容。"与×号线相辅相成"的用语，含有对规划的交通设施作误导的宣传。该行为违反《广告法》第26条"不得含有下列内容：（一）升值或者投资回报的承诺；……（四）对规划或者建设中的交通、商业、文化教育设施以及其他市政条件作误导宣传"的规定。

3. 违法发布房地产广告，被处罚

关键词： 房地产广告——最高级表述　承诺收益

2017年1月，江苏某一执法机关对某房地产开发公司作出行政处罚。该公司在户外广告牌上宣传"顶级豪装""即买即涨""某某学校本部九年双学区即买即享"等广告用语，其行为违反了《广告法》第9条第（三）项、第26条第（一）项和《房地产广告发布规定》第18条的规定，依法责令当事人在相应范围内消除影响，并处以罚款50万元。

【案例分析】随着城市房地产业的发展，房地产广告日益增多。房地产广告为促进房地产市场的发展，使之成为经济发展的新的增长点，为消费者提供有效多样的信息发挥了积极作用。但同时，房地产广告中种种不规范的问题也纷纷出现，主要表现在：一是部分房地产项目无合法房地产预售证明、开发手续或房源信息不真实，本身不具有合法资格，却大肆发布广告，诱骗消费者，部分广告发布者利用房地产广告，进行变相非法集资，扰乱金融秩序；二是广告中对房地产面积、配套设施进行虚假描述或承诺升值、保证承诺为购房者办理户口、就业、升学事宜；三是为了达到渲染项目的商业目的，在广告中出现封建迷信以及不健康消费导向的内容等，违背社会良好风尚。房地产广告中的种种问题，不仅严重侵害消费者合法权益，也侵害社会公共秩序，对此必须加强管理，依法规范。广告主、广告经营者、房地产广告中的种

种问题，不仅产生了侵害消费者合法权益的问题，也侵害社会公共秩序，对此必须加强管理，依法规范。广告主、广告经营者、广告发布者必须依法设计、制作、发布房地产广告，房地产广告除了要符合《广告法》的一般规定外，还特别要遵守《房地产广告发布规定》。

本案中，房地产广告宣传"顶级豪装"使用了绝对化用语，"即买即涨""某某学校本部九年双学区即买即享"的用语属于承诺收益及保证升学的表述。该广告内容违反了《广告法》第9条第（三）项的规定，即广告内禁止使用"国家级""最高级""最佳"等用语；第26条第（一）项的规定，即房地产广告，房源信息应当真实，面积应当表明为建筑面积或者套内建筑面积，不得含有内容升值或者投资回报的承诺；《房地产广告发布规定》第18条规定，房地产广告中不得含有广告主能够为入住者办理户口、就业、升学等事项的承诺，依法从重处罚，罚款50万元。

七、教育、培训类广告

《广告法》规定了13项禁止性规定，其中近半数与教育行业密切相关，具体有以下几项：①禁止不满10周岁的未成年人做代言，如森碟、天天等童星们不再代言，教育机构在宣传形式上将受到很大的限制；②禁止在中小学、幼儿园开展广告活动，或在中小学生和幼儿教辅用书、校车、文具用品上发布或者变相发布广告；③禁止承诺升学或考试结果，此项规定有益于遏制现今教育广告的恶性竞争维护消费者权利；④"状元推荐"将受罚，每年的中、高考状元往往成为许多培训机构争抢的代言人，现法律明确禁止以受益人形象为教育、培训机构作推荐；⑤不得利用命题人员、相关考试机构等进行宣传，"××命题专家"等教育广告常用文案涉嫌违法。

【典型案例】

1. 违法发布教育、培训广告，被处罚

关键词：暗示有考试命题人员
2017年10月，上海某机关对某考试培训公司作出行政处罚。

该公司在自己的官方网站宣传界面使用"关于××教育培训有限公司是经由工商注册、教育局审核……'××教育'两位主要创办者分别是'×校'和老牌市重点中学的教学副校长,他们不仅有着丰富的教育教学管理经验,而且本身都是市级学科名师、市教育考试院命题专家、学科竞赛辅导金牌教练教师团队由中小学学科竞赛辅导金牌教练、中高考命题专家、特级教师、学科带头人、市级名师组成"等广告用语,其行为违反了《广告法》第24条第(二)项之规定,依法对其处以罚款10 800元。

【案例分析】为引导市场上纷杂兴起的教育、培训机构良性竞争、健康发展,2015年《广告法》对教育机构培训类广告作出了严格约束,规定了四类底线:一是不得出现禁止宣传的内容,诸如"有命题组成员"等暗示性用语;二是禁止作出任何明示或暗示的保证性承诺,例如在广告宣传语中禁止使用"包过、通过率100%、名校直升"等表述;三是禁止10周岁以内的未成年人做代言人,而且代言人必须使用过代言产品或真实参加过相应的教育培训;四是禁止在中小学校、幼儿园内开展广告活动,不得利用中小学生和幼儿的教材、教辅材料、练习册、文具、教具、校服、校车等发布或者变相发布广告(公益广告除外),同时,在未经允许的情况下,不能给家长发送宣传信息,否则视为违法。

本案中,宣传广告中含有"教师团队由中小学学科竞赛辅导金牌教练、中高考命题专家、特级教师、学科带头人、市级名师组成"的内容。虽然该公司能拿出聘书等资格证明,但是宣传内容属于教育、培训广告所禁止宣传的内容。其行为违反了《广告法》第24条第(二)项的规定:"教育、培训广告不得含有下列内容:(二)明示或者暗示有相关考试机构或者其工作人员、考试命题人员参与教育、培训,依法对其处以罚款……"

2. 教育培训广告使用受益者名义,被处罚

关键词:教育培训广告——使用受益者形象、名义作推荐证明

2017年5月,江苏省一执法机关对某信息咨询有限公司作出行政处罚决定。该公司在其公司官网上发布的教育、培训广告内分别

以参加过培训的若干"超级脑力巨人班"学员以及学习过《全脑开发巨人》音像资料的学员的名义、形象作证明、推荐，宣传接受培训、学习后获得的益处，违反了《广告法》第24条第（三）项之规定，依法对其处以2000余元罚款。

【案例分析】教育、培训广告不得利用受益者的名义或者形象作推荐、证明，学员属于受益者。例如，近期某培训机构以某流量明星曾在其机构学习并考入北京电影学院而作为宣传广告，一方面求学经历属个人隐私，若未取得该明星本人的同意和确认即对外宣称其在该机构上过课，涉嫌侵犯该明星的隐私权；另一方面，即使取得了该明星的同意，该机构的宣传行为也涉嫌违反《广告法》中以受益人形象作推荐、证明的禁止性规定。《广告法》并非完全禁止明星为教育、培训广告作代言，但名人做广告代言不能以产品直接受益者的形象出现，不得含有因使用某某产品或参加某某培训而取得某成果的表述，名人代言应以客观中立的角度出现。

在广告中利用科研单位、学术机构、教育机构、行业协会、专业人士、受益者的名义或者形象作推荐、证明，容易使消费者产生盲目相信的心理，并可能造成误导。因此，禁止利用上述机构和人员的名义或者形象作推荐、证明。另外某些培训机构利用其培训过的所谓"尖子""状元"作代言，均不被允许。本案中，该公司发布的广告以学员及学习过《全脑开发巨人》音像资料的学员的名义、形象作证明、推荐，宣传接受培训、学习后获得的益处，为法律所禁止。

此外，教育、培训广告不得利用科研单位、学术机构、教育机构、行业协会、专业人士名义或形象作推荐、证明；不得对升学、通过考试、获得学位学历或者合格证书，或者对教育、培训的效果做出明示或者暗示的保证性承诺；不得明示或者暗示有相关考试机构或者其工作人员、考试命题人员参与教育、培训。

3. 教育培训广告作保证性承诺，被处罚

关键词：教育培训广告——保证性承诺

当事人利用张贴海报、摆放宣传册、网络媒体账号发布信息等广告宣传方式推广其培训业务，广告中含有"通过本学习法的训练，

达到过目不忘、过耳不忘的效果""7 天记住学期整册英语单词"等内容，并含有参加该公司培训的学生照片、奖状和家长聊天记录的截屏、学员参赛的获奖照片以及国家领导人的照片等，违反了《广告法》的规定，被依法处罚款 38.6 万元。

【案例分析】《广告法》第 24 条规定："教育培训广告不得对升学、通过考试、获得学位学历或者合格证书，或者对教育、培训的效果作出明示或暗示的保证性承诺；或者利用科研单位、教育机构、行业协会、专业人士、受益者的名义或者形象作推荐证明。"该培训公司使用"7 天记住学期整册英语单词"等用语属于对培训效果作出保证性承诺；利用学生形象、获奖照片等行为构成使用受益者形象作推荐证明。

八、互联网广告发布者责任类广告

《广告法》第 45 条规定："公共场所的管理者或者电信业务经营者、互联网信息服务提供者对其明知或者应知的利用其场所或者信息传输、发布平台发送、发布违法广告的，应当予以制止。"该条对互联网信息服务提供者的广告审查义务作出了明确规定，考虑到互联网广告不同于传统广告审查的静态性、一次性特征，对其审查义务作出了一定限制即明知或者应知其他人利用其信息发布平台发布违法广告时，应予以制止。

【典型案例】

1. 某平台未尽医疗广告主资质审核义务，被处罚

关键词：医疗广告——广告主资质审查

2016 年 12 月，上海市一行政机关对某软件技术公司作出行政处罚决定。该公司发布的南浦妇科医院、徐浦中医医院、安平医院、川沙天狮门诊部等母婴保健技术服务类医疗机构广告，经查，其相关搜索关键词所指向的上述医疗机构不具备母婴保健资质。其行为违反了《广告法》第 58 条之规定，依法对其处以罚款 2.8 万元。

【案例分析】公共场所的管理者或者电信业务经营者、互联网信息服务提供者对其明知或者应知的利用其场所或者信息传输、发布

平台发送、发布违法广告的，应当予以制止。查验有关证明文件，核对广告内容是互联网广告经营者、发布者一般意义上的广告审查义务，这部分义务与传统广告相同。母婴保健技术服务类广告应严格审查广告主资质，须具备《母婴保健技术服务许可证》。据反馈，对于医院是否具备发布母婴保健技术服务类广告的资格，各地监管要求并不统一，上海地区要求《母婴保健技术服务许可证》，部分地区并不要求，甚至有些地区已经停止颁布此类资质。相关事项，审核时应注意咨询当地监管机关，如无相反证明，应严格要求审核《母婴保健技术服务许可证》。

本案中，当事人作为互联网付费搜索广告的发布者，未能有效履行法定义务，查验有关证明文件，核对广告内容，该行为违反法律规定。

2. 某平台发布无经营主体的虚假广告，被处罚

关键词： 广告主资质审核

2016 年 12 月，上海市一执法机关对某信息服务有限公司作出行政处罚。该公司承接某自然人冒用上海海博搬场公司的名义发布"海×搬场"广告（经查证，该公司已在广告发布的 9 个月前注销），后又将搜索关键词和相关广告内容修改为"大×搬场"，构成虚假广告。其行为违反《广告法》第 28 条第 2 款之规定，依法对其处以罚款 1.03 万元。

【案例分析】 广告以虚假或者引人误解的内容欺骗、误导消费者的，构成虚假广告。互联网广告经营者、发布者除应查验有关证明文件，核对广告内容外，还应审查广告主的主体资格。若广告主体已不存在的，不可发布广告。本案中，当事人作为互联网付费搜索广告的发布者，未对广告主的主体资格真实性尽到审查义务，未能有效地履行法定义务，明知、应知广告虚假仍然发布，违反了相关法律的规定。

3. 某网站弹窗广告不能一键关闭，被处罚

关键词： 互联网弹窗广告

2016 年 11 月，上海市一执法机关对某软件技术股份有限公司作

出行政处罚。该公司在自有网站上发布弹窗广告，虽能关闭但在短时间内重复弹出，经查，当事人使用某技术软件设置弹窗的定时重启功能，将重启时间设置为 10 秒。该行为违反了《广告法》第44 条第 2 款之规定，依法对其处以罚款 2 万元。

【案例分析】《广告法》第 44 条第 2 款规定："利用互联网发布、发送广告，不得影响用户正常使用网络。在互联网页面以弹出等形式发布的广告，应当显著标明关闭标志，确保一键关闭。"第63 条第 2 款规定："违反本法第四十四条第二款规定，利用互联网发布广告，未显著标明关闭标志，确保一键关闭的，由工商行政管理部门责令改正，对广告主处五千元以上三万元以下的罚款。"

互联网弹窗广告应当显著标明关闭标志，确保一键关闭，且不得利用技术软件设置短时间内的弹窗定时重启功能。本案中，该公司不能确保一键关闭广告，违反了相关法律规定。

4. 某网站未标明"广告"，被处罚

关键词：标明"广告"

2016 年 11 月，北京市一执法机关对某互联网信息服务有限公司作出行政处罚。该公司在其网站新闻通栏推广信息位置上发布的广告仅标明"推广"两字，未标明"广告"字样的行为违反了《广告法》第 14 条第 2 款之规定，依法对其处以罚款 1 万元。

【案例分析】《广告法》第 14 条规定，通过大众传播媒介发布的广告应当显著标明"广告"，与其他非广告信息相区别，不得使消费者产生误解。《互联网广告管理暂行办法》第 7 条进一步明确：互联网广告应当具有可识别性，显著标明"广告"，使消费者能够辨明其为广告。且就当前工商总局对外发布的总体意见可知，"广告"二字不得以"推广""商业推广""AD"等其他用语替代。

本案中，该公司对其发布的广告仅标明"推广"字样，不足以使消费者辨明其为广告。

附表3：广告主、广告经营者/发布者违法违规行为
表现及罚则速查表

| | | | | | 广告主、广告经营者/发布者违规行为表现及罚则速查表 | | |

类别	序号	违规表现或合规要求	法律依据		广告主	广告经营者/广告发布者
		(行为特质)	合规法条	罚则法条		
虚假广告	1	广告不真实、不合法；广告含有虚假或者引人误解的内容，欺骗、误导消费者；	《广告法》第3条、第4条、第28条	《广告法》第55条、第56条、第70条	【行政责任】（《广告法》第55条）发布虚假广告的，由工商行政管理部门责令停止发布广告，对广告主处： 1. 在响应范围消除影响； 2. 处广告费3~5倍罚款，广告费无法计算或者明显偏低的，处20万以上100万元的罚款； 3. 2年内有3次以上违法行为或者其他严重情节的，处广告费5~10倍的罚款，广告费无法计算或者明显偏低的，处100万以上200万元的罚款； 4. 吊销营业执照； 5. 撤销广告审查批准文件、1年内不受理其广告审查申请。 【刑事责任】（《刑法》第222条） 1. 利用广告对商品或者服务作虚假宣传，情节严重的，处2年以下有期徒刑或者拘役，并处或者单处罚金。 【民事责任】（《广告法》第56条）违反本法规定，发布虚假广告，欺骗、误导消费者，使购	【行政责任】（《广告法》第55条）发布虚假广告的，由工商行政管理部门责令停止发布广告，对广告经营者/发布者处： 1. 没收广告费用； 2. 处广告费用3~5倍的罚款，广告费用无法计算或者明显偏低的，处20万元以上100万元以下的罚款； 3. 2年内有3次以上违法行为或者有其他严重情节的，处广告费用5~10倍的罚款，广告费用无法计算或者明显偏低的，处100万元以上200万元以下的罚款； 4. 暂停广告发布业务、吊销营业执照、吊销广告发布登记证件。 【刑事责任】（《刑法》第222条）利用广告对商品或者服务作虚假宣传，情节严重的，处2年以下有期徒刑或者拘役，并处或者单处罚金。 【民事责任】（《广告法》第56条） 1. 广告经营者、广告发布者在查验核
	2	商品或者服务不存在的；				
	3	商品的性能、功能、产地、用途、质量、规格、成分、价格、生产者、有效期限、销售状况、曾获荣誉等信息，或服务的内容、提供者、形式、质量、价格、销售状况、曾获荣誉等信息，以及商品或者服务有关的允诺等信息与实际情况不符，对购买者有实质影响的；				
	4	使用虚构、伪造或者无法验证的科研成果、统计资料、调查结果、文摘、引用语等信息作证明材料的；				
	5	虚构使用商品或者接受服务的效果的；				
	6	以虚假或者引人误解的内容欺骗、误导消费者的其他情形。				

类别	序号	违规表现或合规要求 （行为特质）	法律依据		广告主	广告经营者/ 广告发布者
			合规法条	罚则法条		
					买商品或者接受服务的消费者的合法权益受到损害的，由广告主依法承担民事责任。	对上没有过错但不能提供广告主的真实名称、地址和有效联系方式的，消费者可以要求广告经营者、广告发布者先行赔偿； 2. 关系消费者生命健康的商品或者服务的虚假广告，造成消费者损害的，承担连带责任； 3. 上述以外的商品或者服务的虚假广告，造成消费者损害的，明知、应知广告虚假仍设计、制作、代理、发布或者作推荐、证明的，承担连带责任。
违反禁止性规定	1	使用或者变相使用中华人民共和国的国旗、国歌、国徽，军旗、军歌、军徽；	《广告法》第9条、第10条、第33条	《广告法》第57条、第69条	【行政责任】 广告含有前项内容的，由工商行政管理部门责令停止发布广告，对广告主处： 1. 对广告主处20万元以上100万元以下的罚款； 2. 情节严重的，并可以吊销营业执照，由广告审查机关撤销广告审查批准文件、1年内不受理其广告审查申请。 【民事责任】 有下列侵权行为之一的，依法承担民事责任： 1. 在广告中损害未成年人或者残疾人的身心健康的；	【行政责任】 广告含有前项内容的，由工商行政管理部门责令停止发布广告，对广告经营者/发布者处： 1. 没收广告费用； 2. 处20万元以上100万元以下的罚款； 3. 情节严重的，并可以吊销营业执照、吊销广告发布登记证件。 【民事责任】 有下列侵权行为之一的，依法承担民事责任： 1. 在广告中损害未成年人或者残疾人的身心健康的； 2. 在广告中未经同意使用他人名义或
	2	使用或者变相使用国家机关、国家机关工作人员的名义或者形象；				
	3	使用"国家级""最高级""最佳"等用语；				
	4	损害国家的尊严或者利益，泄露国家秘密；				
	5	妨碍社会安定，损害社会公共利益；				
	6	危害人身、财产安全，泄露个人隐私；				

类别	序号	违规表现或合规要求（行为特质）	法律依据		广告主	广告经营者/广告发布者
		广告主、广告经营者/发布者违规行为表现及罚则速查表				
			合规法条	罚则法条		
	7	妨碍社会公共秩序或者违背社会良好风尚；			2. 在广告中未经同意使用他人名义或者形象的； 3. 其他侵犯他人合法民事权益的。	者形象的； 3. 其他侵犯他人合法民事权益的。
	8	含有淫秽、色情、赌博、迷信、恐怖、暴力的内容；				
	9	含有民族、种族、宗教、性别歧视的内容；				
	10	妨碍环境、自然资源或者文化遗产保护；				
	11	法律、行政法规规定禁止的其他情形；				
	12	广告不得损害未成年人和残疾人的身心健康；				
	13	不得未经事先书面同意而使用他人名义或形象。				
处方药广告	1	麻醉药品、精神药品、医疗用毒性药品、放射性药品等特殊药品，药品类易制毒化学品，以及戒毒治疗的药品、医疗器械和治疗方法，不得作广告；	《广告法》第15条《互联网广告管理暂行办法》第5条	《广告法》第57条《互联网广告管理暂行办法》第21条	【行政责任】违规发布处方药广告、药品类易制毒化学品广告、戒毒治疗的医疗器械和治疗方法广告的，由工商行政管理部门责令停止发布广告，对广告主处： 1. 对广告主处20万元以上100万元以下的罚款； 2. 情节严重的，并可以吊销营业执照，由广告审查机关撤销广告审查批准文件、1年内不受理其广告审查申请。	【行政责任】违规发布处方药广告、药品类易制毒化学品广告、戒毒治疗的医疗器械和治疗方法广告的，由工商行政管理部门责令停止发布广告，对广告经营者/发布者处： 1. 没收广告费用； 2. 处20万元以上100万元以下的罚款； 3. 情节严重的，并可以吊销营业执照、吊销广告发布登记证件。
	2	处方药，只能在国务院卫生行政部门和国务院药品监督管理部门共同指定的医学、药学专业刊物上作广告；				

类别	序号	违规表现或合规要求（行为特质）	法律依据		广告主	广告经营者/广告发布者
			合规法条	罚则法条		
烟草广告	1	禁止在大众传播媒介或者公共场所、公共交通工具、户外发布烟草广告；	《广告法》第22条《互联网广告管理暂行办法》第5条	《广告法》第57条《互联网广告管理暂行办法》第21条	【行政责任】违规发布烟草广告的，由工商行政管理部门责令停止发布广告，对广告主处：1. 对广告主处20万元以上100万元以下的罚款；2. 情节严重的，并可以吊销营业执照，由广告审查机关撤销广告审查批准文件、1年内不受理其广告审查申请。	【行政责任】违规发布烟草广告的，由工商行政管理部门责令停止发布广告，对广告经营者/发布者处：1. 没收广告费用；2. 处20万元以上100万元以下的罚款；3. 情节严重的，并可以吊销营业执照、吊销广告发布登记证件。
	2	禁止向未成年人发送何形式的烟草广告；				
	3	禁止利用其他商品或者服务的广告、公益广告，宣传烟草制品名称、商标、包装、装潢以及类似内容；				
	4	烟草制品生产者或者销售者发布的迁址、更名、招聘等启事中，不得含有烟草制品名称、商标、包装、装潢以及类似内容。				
母乳代用品广告		在大众传播媒介或者公共场所发布声称全部或者部分替代母乳的婴儿乳制品、饮料和其他食品广告。	《广告法》第20条	《广告法》第57条	【行政责任】发布声称全部或者部分替代母乳的婴儿乳制品、饮料和其他食品广告的，由工商行政管理部门责令停止发布广告，对广告主处：1. 对广告主处20万元以上100万元以下的罚款；2. 情节严重的，并可以吊销营业执照，由广告审查机关撤销广告审查批准文件、1年内不受理其广告审查申请。	【行政责任】发布声称全部或者部分替代母乳的婴儿乳制品、饮料和其他食品广告的，由工商行政管理部门责令停止发布广告，对广告经营者/发布者处：1. 没收广告费用；2. 处20万元以上100万元以下的罚款；3. 情节严重的，并可以吊销营业执照、吊销广告发布登记证件。

类别	序号	违规表现或合规要求	法律依据		广告主	广告经营者/广告发布者
		（行为特质）	合规法条	罚则法条		
禁止生产、销售的产品或服务的广告		利用广告推销禁止生产、销售的产品或者提供的服务，或者禁止发布广告的商品或者服务的。	《广告法》第37条《互联网广告管理暂行办法》第5条	《广告法》第57条《互联网广告管理暂行办法》第21条	【行政责任】利用广告推销禁止生产、销售的产品或者提供的服务，或者禁止发布广告的商品或者服务的，由工商行政管理部门责令停止发布广告，对广告主处：1. 对广告主处20万元以上100万元以下的罚款；2. 情节严重的，并可以吊销营业执照，由广告审查机关撤销广告审查批准文件、1年内不受理其广告审查申请。	【行政责任】利用广告推销禁止生产、销售的产品或者提供的服务，或者禁止发布广告的商品或者服务的，由工商行政管理部门责令停止发布广告，对广告主处：1. 没收广告费用；2. 处20万元以上100万元以下的罚款；3. 情节严重的，并可以吊销营业执照、吊销广告发布登记证件。
医疗、药品、医疗器械广告	1	含有表示功效、安全性的断言或者保证的内容；	《广告法》第16条	《广告法》第58条	【行政责任】违规发布医疗、药品、医疗器械广告的，或在其他产品、服务广告中，涉及疾病治疗功能，以及使用医疗用语或者易使推销的商品与药品、医疗器械相混淆的用语的，由工商行政管理部门责令停止发布广告，对广告主处：1. 责令广告主在相应范围内消除影响；2. 处广告费用1~3倍的罚款，广告费用无法计算或者明显偏低的，处10万元以上20万元以下的罚款；	【行政责任】广告经营者、广告发布者明知或者应知有违规发布医疗、药品、医疗器械广告的，或在其他产品、服务广告中，涉及疾病治疗功能，以及使用医疗用语或者易使推销的商品与药品、医疗器械相混淆的用语的行为，仍为其设计、制作、代理、发布的，由工商行政管理部门责令停止发布广告，对广告经营者/发布者处：1. 没收广告费用；
	2	含有说明治愈率或者有效率的内容；				
	3	含有与其他药品、医疗器械的功效和安全性或者其他医疗机构比较的内容；				
	4	含有利用广告代言人作推荐、证明的内容；				
	5	含有法律、行政法规规定禁止的其他内容；				

续表

类别	序号	违规表现或合规要求（行为特质）	法律依据		广告主	广告经营者/广告发布者
			合规法条	罚则法条		
	6	药品广告的内容不得与国务院药品监督管理部门批准的说明书不一致，并应当显著标明禁忌、不良反应；			3. 情节严重的，处广告费用3~5倍的罚款，广告费用无法计算或者明显偏低的，处20万元以上100万元以下的罚款； 4. 可以吊销营业执照，并由广告审查机关撤销广告审查批准文件、1年内不受理其广告审查申请。	2. 并处广告费用1~3倍的罚款，广告费用无法计算或者明显偏低的，处10万元以上20万元以下的罚款； 3. 情节严重的，处广告费用3~5倍的罚款，广告费用无法计算或者明显偏低的，处20万元以上100万元以下的罚款； 4. 并可以由有关部门暂停广告发布业务、吊销营业执照、吊销广告发布登记证件。
	7	处方药广告应当显著标明"本广告仅供医学药学专业人士阅读"，非处方药广告应当显著标明"请按药品说明书或者在药师指导下购买和使用"；				
	8	推荐给个人自用的医疗器械的广告，应当显著标明"请仔细阅读产品说明书或者在医务人员的指导下购买和使用"；				
	9	医疗器械产品注册证明文件中有禁忌内容、注意事项的，广告中应当显著标明"禁忌内容或者注意事项详见说明书"；				
	10	除医疗、药品、医疗器械广告外，禁止其他任何广告涉及疾病治疗功能；				

（表头：广告主、广告经营者/发布者违规行为表现及罚则速查表）

类别	序号	违规表现或合规要求（行为特质）	法律依据 合规法条	法律依据 罚则法条	广告主	广告经营者/广告发布者
	11	除医疗、药品、医疗器械广告外，不得使用医疗用语或者易使推销的商品与药品、医疗器械相混淆的用语；	《广告法》第17条			
	12	未经广告审查机关审查，发布医疗、药品、特殊医学用途配方食品、医疗器械广告。	《广告法》第46条《互联网广告管理暂行办法》第6条			
保健食品广告	1	含有表示功效、安全性的断言或者保证的内容；			【行政责任】违规发布保健食品广告的，由工商行政管理部门责令停止发布广告，对广告主处： 1. 责令广告主在相应范围内消除影响； 2. 处广告费用1~3倍的罚款，广告费用无法计算或者明显偏低的，处10万元以上20万元以下的罚款； 3. 情节严重的，处广告费用3~5倍的罚款，广告费用无法计算或者明显偏低的，处20万元以上100万元以下的罚款； 4. 可以吊销营业执照，并由广告审查机关撤销广告审查批准文件、1年内不受理其广告审查申请。	【行政责任】广告经营者、广告发布者明知或者应知有违规发布保健食品广告的行为，仍为其设计、制作、代理、发布的，由工商行政管理部门责令停止发布广告，对广告经营者/发布者处： 1. 没收广告费用； 2. 并处广告费用1~3倍的罚款，广告费用无法计算或者明显偏低的，处10万元以上20万元以下的罚款； 3. 情节严重的，处广告费用3~5倍的罚款，广告费用无法计算或者明显偏低的，处20万元以上100万元以下的罚款； 4. 并可以由有关部门暂停广告发布业务、吊销营业执照、吊销广告发布登记证件。
	2	含有涉及疾病预防、治疗功能的内容；				
	3	含有声称或者暗示广告商品为保障健康所必需的内容；				
	4	含有与药品、其他保健食品进行比较的内容；	《广告法》第18条	《广告法》第58条		
	5	含有利用广告代言人作推荐、证明的内容；				
	6	含有法律、行政法规规定禁止的其他内容。				
	7	保健食品广告应当显著标明"本品不能代替药物"。				

广告主、广告经营者/发布者违规行为表现及罚则速查表

续表

类别	序号	违规表现或合规要求（行为特质）	法律依据 合规法条	法律依据 罚则法条	广告主	广告经营者/广告发布者
农药、兽药、饲料和饲料添加剂广告	1	含有表示功效、安全性的断言或者保证的内容；	《广告法》第21条	《广告法》第58条	【行政责任】违规发布农药、兽药、饲料和饲料添加剂广告的，由工商行政管理部门责令停止发布广告，对广告主处：1. 责令广告主在相应范围内消除影响；2. 处广告费用1~3倍的罚款，广告费用无法计算或者明显偏低的，处10万元以上20万元以下的罚款；3. 情节严重的，处广告费用3~5倍的罚款，广告费用无法计算或者明显偏低，处20万元以上100万元以下的罚款；4. 可以吊销营业执照，并由广告审查机关撤销广告审查批准文件、1年内不受理其广告审查申请。	【行政责任】广告经营者、广告发布者明知或者应知有违规发布农药、兽药、饲料和饲料添加剂广告的行为，仍为其设计、制作、代理、发布的，由工商行政管理部门责令停止发布广告，对广告经营者/发布者处：1. 没收广告费用；2. 并处广告费用1~3倍的罚款，广告费用无法计算或者明显偏低的，处10万元以上20万元以下的罚款；3. 情节严重的，处广告费用3~5倍的罚款，广告费用无法计算或者明显偏低的，处20万元以上100万元以下的罚款；4. 并可以由有关部门暂停广告发布业务、吊销营业执照、吊销广告发布登记证件。
	2	含有利用科研单位、学术机构、技术推广机构、行业协会或者专业人士、用户的名义或者形象作推荐、证明的内容；				
	3	含有说明有效率的内容；				
	4	含有违反安全使用规程的文字、语言或者画面的内容；				
	5	含有法律、行政法规规定禁止的其他内容。				
酒类广告	1	含有诱导、怂恿饮酒或者宣传无节制饮酒内容；	《广告法》第23条	《广告法》第58条	【行政责任】违规发布酒类广告的，由工商行政管理部门责令停止发布广告，对广告主处：1. 责令广告主在相应范围内消除影响；2. 处广告费用1~3倍的罚款，广告费用无法计算或者明	【行政责任】广告经营者、广告发布者明知或者应知有违规发布酒类广告的行为，仍为其设计、制作、代理、发布的，由工商行政管理部门责令停止发布广告，对广告经营者/发布者处：1. 没收广告费用；
	2	含有出现饮酒的动作的内容；				

表头：广告主、广告经营者/发布者违规行为表现及罚则速查表

类别	序号	违规表现或合规要求（行为特质）	法律依据		广告主	广告经营者/广告发布者
			合规法条	罚则法条		
	3	含有表现驾驶车、船、飞机等活动的内容；			显偏低的，处10万元以上20万元以下的罚款； 3. 情节严重的，处广告费用3~5倍的罚款，广告费用无法计算或者明显偏低的，处20万元以上100万元以下的罚款； 4. 可以吊销营业执照，并由广告审查机关撤销广告审查批准文件、1年内不受理其广告审查申请。	2. 并处广告费用1~3倍的罚款，广告费用无法计算或者明显偏低的，处10万元以上20万元以下的罚款； 3. 情节严重的，处广告费用3~5倍的罚款，广告费用无法计算或者明显偏低的，处20万元以上100万元以下的罚款； 4. 并可以由有关部门暂停广告发布业务、吊销营业执照、吊销广告发布登记证件。
	4	含有明示或者暗示饮酒有消除紧张和焦虑、增加体力等功效的内容。				
教育培训广告	1	含有对升学、通过考试、获得学位学历或者合格证书，或者对教育、培训的效果作出明示或者暗示的保证性承诺的内容；	《广告法》第24条	《广告法》第58条	【行政责任】 违规发布教育、培训广告的，由工商行政管理部门责令停止发布广告，对广告主处： 1. 责令广告主在相应范围内消除影响； 2. 并处广告费用1~3倍的罚款，广告费用无法计算或者明显偏低的，处10万元以上20万元以下的罚款； 3. 情节严重的，处广告费用3~5倍的罚款，广告费用无法计算或者明显偏低的，处20万元以上100万元以下的罚款； 4. 可以吊销营业执照，并由广告审查机关撤销广告审查批准文件、1年内不受理其广告审查申请。	【行政责任】 广告经营者、广告发布者明知或者应知有违规发布教育、培训广告的行为，仍为其设计、制作、代理、发布的，由工商行政管理部门责令停止发布广告，对广告经营者/发布者处： 1. 没收广告费用； 2. 并处广告费用1~3倍的罚款，广告费用无法计算或者明显偏低的，处10万元以上20万元以下的罚款； 3. 情节严重的，处广告费用3~5倍的罚款，广告费用无法计算或者明显偏低的，处20万元以上100万元以下的罚款； 4. 并可以由有关部门暂停广告发布业务、吊销营业执照、吊销广告发布登记证件。
	2	含有明示或者暗示有相关考试机构或者其工作人员、考试命题人员参与教育、培训的内容；				
	3	含有利用科研单位、学术机构、教育机构、行业协会、专业人士、受益者的名义或者形象作推荐、证明的内容。				

289

类别	序号	违规表现或合规要求（行为特质）	法律依据		广告主	广告经营者/广告发布者
			合规法条	罚则法条		
招商投资类广告	1	招商等有投资回报预期的商品或者服务广告，应当对可能存在的风险以及风险责任承担有合理提示或者警示；	《广告法》第25条	《广告法》第58条	【行政责任】违规发布招商等有投资回报预期的商品或者服务广告的，由工商行政管理部门责令停止发布广告，对广告主处：1. 责令广告主在相应范围内消除影响；2. 处广告费用1~3倍的罚款，广告费用无法计算或者明显偏低的，处10万元以上20万元以下的罚款；3. 情节严重的，处广告费用3~5倍的罚款，广告费用无法计算或者明显偏低的，处20万元以上100万元以下的罚款；4. 可以吊销营业执照，并由广告审查机关撤销广告审查批准文件、1年内不受理其广告审查申请。	【行政责任】广告经营者、广告发布者明知或者应知有违规发布招商等有投资回报预期的商品或者服务的行为，仍为其设计、制作、代理、发布的，由工商行政管理部门对广告经营者/发布者处：1. 没收广告费用；2. 并处广告费用1~3倍的罚款，广告费用无法计算或者明显偏低的，处10万元以上20万元以下的罚款；3. 情节严重的，处广告费用3~5倍的罚款，广告费用无法计算或者明显偏低的，处20万元以上100万元以下的罚款。4. 并可以由有关部门暂停广告发布业务、吊销营业执照、吊销广告发布登记证件。
	2	招商等有投资回报预期的商品或者服务广告，不得含有对未来效果、收益或者与其相关的情况作出保证性承诺，明示或者暗示保本、无风险或者保收益等，国家另有规定的除外；				
	3	招商等有投资回报预期的商品或者服务广告，不得利用学术机构、行业协会、专业人士、受益者的名义或者形象作推荐、证明。				
房地产广告	1	房地产广告，房源信息应当真实，面积应当表明为建筑面积或者套内建筑面积；	《广告法》第26条	《广告法》第58条	【行政责任】违规发布房地产广告的，由工商行政管理部门责令停止发布广告，对广告主处：1. 责令广告主在相应范围内消除影响；2. 处广告费用1~3倍的罚款，广告费	【行政责任】广告经营者、广告发布者明知或者应知有违规发布房地产广告的行为，仍为其设计、制作、代理、发布的，由工商行政管理部门对广告经营者/发布者处：
	2	房地产广告不得含有升值或者投资回报的承诺；				

类别	序号	违规表现或合规要求（行为特质）	法律依据 合规法条	法律依据 罚则法条	广告主	广告经营者/广告发布者
		广告主、广告经营者/发布者违规行为表现及罚则速查表				
	3	房地产广告不得含有以项目到达某一具体参照物的所需时间表示项目位置的内容；			用无法计算或者明显偏低的，处10万元以上20万元以下的罚款；3. 情节严重的，处广告费用3~5倍的罚款，广告费用无法计算或者明显偏低的，处20万元以上100万元以下的罚款；4. 可以吊销营业执照，并由广告审查机关撤销广告审查批准文件，1年内不受理其广告审查申请。	1. 没收广告费用；2. 并处广告费用1~3倍的罚款，广告费用无法计算或者明显偏低的，处10万元以上20万元以下的罚款；3. 情节严重的，处广告费用3~5倍的罚款，广告费用无法计算或明显偏低的，处20万元以上100万元以下的罚款；4. 并可以由有关部门暂停广告发布业务、吊销营业执照、吊销广告发布登记证件。
	4	房地产广告不得含有违反国家有关价格管理的规定的内容；				
	5	房地产广告不得含有对规划或者建设中的交通、商业、文化教育设施以及其他市政条件作误导宣传的内容。				
农作物种子、林木种子、草种子、种畜禽、水产苗种和种养殖广告	1	农作物种子、林木种子、草种子、种畜禽、水产苗种和种养殖广告关于品种名称、生产性能、生长量或者产量、品质、抗性、特殊使用价值、经济价值、适宜种植或者养殖的范围和条件等方面的表述应当真实、清楚、明白；	《广告法》第27条	《广告法》第58条	【行政责任】违规发布农作物种子、林木种子、草种子、种畜禽、水产苗种和种养殖广告的，由工商行政管理部门责令停止发布广告，对广告主处：1. 责令广告主在相应范围内消除影响；2. 处广告费用1~3倍的罚款，广告费用无法计算或者明显偏低的，处10万元以上20万元以下的罚款；3. 情节严重的，处广告费用3~5倍的罚款，广告费用无法计算或者明显偏低的，处20万元以上100万元以下的罚款；	【行政责任】广告经营者、广告发布者明知或者应知有违规发布农作物种子、林木种子、草种子、种畜禽、水产苗种和种养殖广告的行为，仍为其设计、制作、代理、发布的，由工商行政管理部门对广告经营者/发布者处：1. 没收广告费用；2. 并处广告费用1~3倍的罚款，广告费用无法计算或者明显偏低的，处10万元以上20万元以下的罚款；3. 情节严重的，处广告费用3~5倍的罚款，广告费用无法计算或明显偏低的，处20万元以
	2	农作物种子、林木种子、草种子、种畜禽、水产苗种和种养殖广告不得作科学上无法验证的断言；				

续表

类别	序号	违规表现或合规要求（行为特质）	法律依据 合规法条	法律依据 罚则法条	广告主	广告经营者/广告发布者
	3	农作物种子、林木种子、草种子、种畜禽、水产苗种和种养殖广告不得含有表示功效的断言或者保证;			4. 可以吊销营业执照，并由广告审查机关撤销广告审查批准文件、1年内不受理其广告审查申请。	上 100 万元以下的罚款; 4. 并可以由有关部门暂停广告发布业务、吊销营业执照、吊销广告发布登记证件。
	4	农作物种子、林木种子、草种子、种畜禽、水产苗种和种养殖广告不得含有对经济效益进行分析、预测或者作保证性承诺的内容;				
	5	农作物种子、林木种子、草种子、种畜禽、水产苗种和种养殖广告不得利用科研单位、学术机构、技术推广机构、行业协会或者专业人士、用户的名义或者形象作推荐、证明。				
广告使用代言人的规则	1	广告代言人在广告中对商品、服务作推荐、证明，应当依据事实，符合本法和有关法律、行政法规规定，并不得为其未使用过的商品或者未接受过的服务作推荐、证明;	《广告法》第 38 条	《广告法》第 58 条	【行政责任】 违规使用代言人的，由工商行政管理部门责令停止发布广告，对广告主处: 1. 责令广告主在相应范围内消除影响; 2. 处广告费用 1~3 倍的罚款，广告费用无法计算或者明显偏低，处 10 万元以上 20 万元以下的罚款; 3. 情节严重的，处广告费用 3~5 倍的罚款，广告费用无	【行政责任】 广告经营者、广告发布者明知或者应知有违规使用代言人的行为，仍为其设计、制作、代理、发布的，由工商行政管理部门对广告经营者/发布者处: 1. 没收广告费用; 2. 并处广告费用 1~3 倍的罚款，广告费用无法计算或者明显偏低，处 10 万元以上 20 万元以下的罚款;
	2	不得利用不满 10周岁的未成年人作为广告代言人;				

类别	序号	违规表现或合规要求（行为特质）	法律依据		广告主	广告经营者/广告发布者
			合规法条	罚则法条		
		广告主、广告经营者/发布者违规行为表现及罚则速查表				
	3	对在虚假广告中作推荐、证明受到行政处罚未满3年的自然人、法人或者其他组织，不得利用其作为广告代言人；	《广告法》第38条		法计算或者明显偏低的，处20万元以上100万元以下的罚款； 4. 可以吊销营业执照，并由广告审查机关撤销广告审查批准文件、1年内不受理其广告审查申请。	3. 情节严重的，处广告费用3~5倍的罚款，广告费用无法计算或者明显偏低的，处20万元以上100万元以下的罚款。
	4	医疗、药品、医疗器械广告不得含有利用广告代言人作推荐、证明的内容；	《广告法》第16条			
	5	保健食品广告不得含有利用广告代言人作推荐、证明的内容；	《广告法》第18条			
	6	农药、兽药、饲料和饲料添加剂广告不得利用科研单位、学术机构、技术推广机构、行业协会或者专业人士、用户的名义或者形象作推荐、证明；	《广告法》第21条			
	7	教育、培训广告不得利用科研单位、学术机构、教育机构、行业协会、专业人士、受益者的名义或者形象作推荐、证明；	《广告法》第24条			
	8	招商等有投资回报预期的商品或者服务广告不得利用学术机构、行业协会、专业人士、受益者的名义或者形象作推荐、证明；	《广告法》第25条			

293

类别	序号	违规表现或合规要求（行为特质）	法律依据 合规法条	法律依据 罚则法条	广告主	广告经营者/广告发布者
	9	农作物种子、林木种子、草种子、种畜禽、水产苗种和种养殖广告不得利用科研单位、学术机构、技术推广机构、行业协会或者专业人士、用户的名义或者形象作推荐、证明。	《广告法》第27条			
未成年人保护	1	不得在中小学校、幼儿园内开展广告活动，但公益广告除外；	《广告法》第39条	《广告法》第58条	【行政责任】在中小学校、幼儿园内或者利用与中小学生、幼儿有关的物品发布广告的，由工商行政管理部门责令停止发布广告，对广告主处：1. 责令广告主在相应范围内消除影响；2. 处广告费用1~3倍的罚款，广告费用无法计算或者明显偏低的，处10万元以上20万元以下的罚款；3. 情节严重的，处广告费用3~5倍的罚款，广告费用无法计算或者明显偏低的，处20万元以上100万元以下的罚款。	【行政责任】广告经营者、广告发布者明知或者应知有在中小学校、幼儿园内或者利用与中小学生、幼儿有关的物品发布广告的行为，仍为其设计、制作、代理、发布的，由工商行政管理部门对广告经营者/发布者处：1. 没收广告费用；2. 并处广告费用1~3倍的罚款，广告费用无法计算或者明显偏低的，处10万元以上20万元以下的罚款。
	2	不得利用中小学生和幼儿的教材、教辅材料、练习册、文具、教具、校服、校车等发布或者变相发布广告，但公益广告除外；	《广告法》第39条			
	3	针对不满14周岁的未成年人的商品或者服务的广告不得含有劝诱其要求家长购买广告商品或者服务的内容；	《广告法》第40条			
	4	针对不满14周岁的未成年人的商品或者服务的广告不得含有可能引发其模仿不安全行为的内容；	《广告法》第40条			

广告主、广告经营者/发布者违规行为表现及罚则速查表					
类别	序号	违规表现或合规要求	法律依据		广告主	广告经营者/广告发布者
类别	序号	（行为特质）	合规法条	罚则法条		
	5	在针对未成年人的大众传播媒介上不得发布医疗、药品、保健食品、医疗器械、化妆品、酒类、美容广告，以及不利于未成年人身心健康的网络游戏广告。	《广告法》第40条	《广告法》第57条		
广告行政审查	1	未经审查发布医疗、药品、医疗器械、农药、兽药和保健食品广告，以及法律、行政法规规定应当进行审查的其他广告；	《广告法》第46条《互联网广告管理暂行办法》第6条	《广告法》第58条《互联网广告管理暂行办法》第22条	【行政责任】未经审查发布广告（特指法定需要前置审批的广告）的，由工商行政管理部门责令停止发布广告，对广告主处：1. 责令广告主在相应范围内消除影响；2. 处广告费用1~3倍的罚款，广告费用无法计算或者明显偏低的，处10万元以上20万元以下的罚款；3. 情节严重的，处广告费用3~5倍的罚款，广告费用无法计算或者明显偏低的，处20万元以上100万元以下的罚款；4. 可以吊销营业执照，并由广告审查机关撤销广告审查批准文件、1年内不受理其广告审查申请。	【行政责任】广告经营者、广告发布者明知或者应知有未经审查发布广告的行为，仍为其设计、制作、代理、发布的，由工商行政管理部门对广告经营者/发布者处：1. 没收广告费用；2. 并处广告费用1~3倍的罚款，广告费用无法计算或者明显偏低的，处10万元以上20万元以下的罚款；3. 情节严重的，处广告费用3~5倍的罚款，广告费用无法计算或者明显偏低的，处20万元以上100万元以下的罚款；4. 并可以由有关部门暂停广告发布业务、吊销营业执照、吊销广告发布登记证件。

类别	序号	违规表现或合规要求（行为特质）	法律依据 合规法条	法律依据 罚则法条	广告主	广告经营者/广告发布者
	2	隐瞒真实情况或者提供虚假材料申请广告审查；	《广告法》第47条	《广告法》第65条	【行政责任】隐瞒真实情况或者提供虚假材料申请广告审查的，广告审查机关对申请人：1. 不予批准（广告审查申请）；2. 予以警告；3. 1年内不受理该申请人的广告审查申请。	略
	3	以欺骗、贿赂等不正当手段取得广告审查批准；	《广告法》第47条	《广告法》第65条	【行政责任】以欺骗、贿赂等不正当手段取得广告审查批准的，广告审查机关对申请人：1. 予以撤销（广告审查批文）；2. 处10万元以上20万元以下的罚款；3. 3年内不受理该申请人的广告审查申请。	略
	4	伪造、变造或者转让广告审查批准文件。	《广告法》第48条	《广告法》第66条	【行政责任】由工商行政管理部门没收违法所得，并处1万元以上10万元以下的罚款。	【行政责任】由工商行政管理部门没收违法所得，并处1万元以上10万元以下的罚款。
广告表述	1	广告中对商品的性能、功能、产地、用途、质量、成分、价格、生产者、有效期限、允诺等或者对服务的内容、提供者、形式、质量、价格、允诺等有表示的，应当准确、清楚、明白；	《广告法》第8条	《广告法》第59条	【行政责任】违反本项发布广告的，由工商行政管理部门责令停止发布广告，对广告主处10万元以下的罚款。	【行政责任】广告经营者、广告发布者明知或者应知有前项规定违法行为仍设计、制作、代理、发布的，由工商行政管理部门处10万元以下的罚款。

广告主、广告经营者/发布者违规行为表现及罚则速查表

类别	序号	违规表现或合规要求（行为特质）	法律依据 合规法条	法律依据 罚则法条	广告主	广告经营者/广告发布者
广告表述	2	广告中表明推销的商品或者服务附带赠送的，应当明示所附带赠送商品或者服务的品种、规格、数量、期限和方式；	《广告法》第8条	《广告法》第59条	【行政责任】违反本项发布广告的，由工商行政管理部门责令停止发布广告，对广告主处10万元以下的罚款。	【行政责任】广告经营者、广告发布者明知或者应知有前项规定违法行为仍设计、制作、代理、发布的，由工商行政管理部门处10万元以下的罚款。
广告表述	3	法律、行政法规规定广告中应当明示的内容，应当显著、清晰表示。		《广告法》第59条	【行政责任】违反本项发布广告的，由工商行政管理部门责令停止发布广告，对广告主处10万元以下的罚款。	【行政责任】广告经营者、广告发布者明知或者应知有前项规定违法行为仍设计、制作、代理、发布的，由工商行政管理部门处10万元以下的罚款。
专利	1	广告中涉及专利产品或者专利方法的，应当标明专利号和专利种类；	《广告法》第12条	《广告法》第59条、第69条	【行政责任】广告中涉及专利的内容违反本项规定的，由工商行政管理部门责令停止发布广告，对广告主处10万元以下的罚款。【民事责任】假冒他人专利的，依法承担民事责任。	【行政责任】广告经营者、广告发布者明知或者应知有前项规定违法行为仍设计、制作、代理、发布的，由工商行政管理部门处10万元以下的罚款。【民事责任】假冒他人专利的，依法承担民事责任。
专利	2	未取得专利权的，不得在广告中谎称取得专利权；				
专利	3	禁止使用未授予专利权的专利申请和已经终止、撤销、无效的专利作广告。				

		广告主、广告经营者/发布者违规行为表现及罚则速查表				
类别	序号	违规表现或合规要求（行为特质）	法律依据		广告主	广告经营者/广告发布者
			合规法条	罚则法条		
不正当竞争	1	广告不得贬低其他生产经营者的商品或者服务；	《广告法》第 13 条	《广告法》第 59 条、第 69 条	【行政责任】广告贬低其他生产经营者的商品或服务的，由工商行政管理部门责令停止发布广告，对广告主处 10 万元以下的罚款。【民事责任】贬低其他生产经营者的商品或者服务的，依法承担民事责任。	【行政责任】广告经营者、广告发布者明知或者应知有前项规定违法行为仍设计、制作、代理、发布的，由工商行政管理部门处 10 万元以下的罚款。【民事责任】贬低其他生产经营者的商品或者服务的，依法承担民事责任。
	2	不得在广告活动中进行任何形式的不正当竞争。	《广告法》第 31 条	略	【行政责任】广告活动中有不正当竞争行为的，由工商行政管理部门责令停止发布广告，对广告主处 20 万元以上 100 万元以下的罚款，情节严重的，并可以吊销营业执照，由广告审查机关撤销广告审查批准文件、1 年内不受理其广告审查申请。【民事责任】根据具体违法情节，可能承担侵权等民事法律责任。	【行政责任】对广告经营者、广告发布者，由工商行政管理部门没收广告费用，处 20 万元以上 100 万元以下的罚款，情节严重的，并可以吊销营业执照、吊销广告发布登记证件。【民事责任】根据具体违法情节，可能承担侵权等民事法律责任。
广告标识	1	广告应当具有可识别性，能够使消费者辨明其为广告；	《广告法》第 14 条《互联网广告管理暂行办法》第 7 条	《广告法》第 59 条《互联网广告管理暂行办法》第 23 条	略	【行政责任】广告不具有可识别性的，由工商行政管理部门责令改正，对广告发布者处 10 万元以下的罚款。
	2	大众传播媒介不得以新闻报道形式变相发布广告；	《广告法》第 14 条	略	略	【行政责任】广告不具有可识别性的，由工商行政管理部门责令改正，对广告发布者处 10 万元以下的罚款。

类别	序号	违规表现或合规要求 （行为特质）	法律依据		广告主	广告经营者/ 广告发布者
			合规法条	罚则法条		
	3	通过大众传播媒介发布的广告应当显著标明"广告"，与其他非广告信息相区别，不得使消费者产生误解；	《广告法》第14条	《广告法》第59条	略	【行政责任】 广告不具有可识别性的，由工商行政管理部门责令改正，对广告发布者处10万元以下的罚款。
	4	广播电台、电视台发布广告，应当遵守国务院有关部门关于时长、方式的规定，并应当对广告时长作出明显提示；	《广告法》第14条		略	【行政责任】 广告不具有可识别性的，由工商行政管理部门责令改正，对广告发布者处10万元以下的罚款。
	5	不得以介绍健康、养生知识等形式变相发布医疗、药品、医疗器械、保健食品广告；	《广告法》第19条	略	【行政责任】 变相发布医疗、药品、医疗器械、保健食品广告的，由工商行政管理部门责令改正，对广告发布者处10万元以下的罚款。	
	6	付费搜索广告应当与自然搜索结果明显区分。	《互联网广告管理暂行办法》第7条	《互联网广告管理暂行办法》第23条	略	【行政责任】 广告不具有可识别性的，由工商行政管理部门责令改正，对广告发布者处10万元以下的罚款。
经营自律	1	广播电台、电视台、报刊出版单位未办理广告发布登记，擅自从事广告发布业务；	《广告法》第29条	《广告法》第60条	略	【行政责任】 由工商行政管理部门责令改正，对违规单位处： 1. 没收违法所得； 2. 违法所得1万元以上的，并处违法所得1倍以上3倍以下的罚款； 3. 违法所得不足1万元的，并处0.5万元以上3万元以下的罚款。

表头说明：广告主、广告经营者/发布者违规行为表现及罚则速查表

类别	序号	违规表现或合规要求（行为特质）	法律依据		广告主	广告经营者/广告发布者
			合规法条	罚则法条		
	2	广告经营者、广告发布者未按照国家有关规定建立、健全广告业务管理制度。	《广告法》第34条《互联网广告管理暂行办法》第12条	《广告法》第61条《互联网广告管理暂行办法》第25条	略	【行政责任】由工商行政管理部门责令改正，可以处5万元以下的罚款。
	3	广告经营者、广告发布者未依据法律、行政法规查验有关证明文件，未对广告内容进行核对；	《广告法》第34条《互联网广告管理暂行办法》第12条	《广告法》第61条《互联网广告管理暂行办法》第25条	略	【行政责任】由工商行政管理部门责令改正，可以处5万元以下的罚款。
	4	广告经营者、广告发布者未公布其收费标准和收费办法；	《广告法》第35条	《广告法》第61条	略	【行政责任】由价格主管部门责令改正，可以处5万元以下的罚款。
	5	公共场所的管理者或者电信业务经营者、互联网信息服务提供者对其明知或者应知的利用其场所或者信息传输、发布平台发送、发布违法广告的，应当予以制止。	《广告法》第45条	《广告法》第64条		【行政责任】由工商行政管理部门没收违法所得，违法所得5万元以上的，并处违法所得1倍以上3倍以下的罚款，违法所得不足5万元的，并处1万元以上5万元以下的罚款；情节严重的，由有关部门依法停止相关业务。
拒绝同意	1	未经当事人同意或者请求，不得向其住宅、交通工具等发送广告；	《广告法》第43条	《广告法》第63条	【行政责任】由有关部门责令停止违法行为，对广告主处0.5万元以上3万元以下的罚款。	略
	2	未经当事人同意或者请求，不得以电子信息方式向其发送广告；			【行政责任】由有关部门责令停止违法行为，对广告主处0.5万元以上3万元以下的罚款。	略

类别	序号	违规表现或合规要求 （行为特质）	法律依据 合规法条	法律依据 罚则法条	广告主	广告经营者/ 广告发布者
	3	以电子信息方式发送广告的，应当明示发送者的真实身份和联系方式；			【行政责任】由有关部门责令停止违法行为，对广告主处0.5万元以上3万元以下的罚款。	略
	4	以电子信息方式发送广告的，应当向接收者提供拒绝继续接收的方式；			【行政责任】由有关部门责令停止违法行为，对广告主处0.5万元以上3万元以下的罚款。	略
	5	利用互联网发布、发送广告，不得影响用户正常使用网络；	《广告法》第44条《互联网广告管理暂行办法》第8条	《互联网广告管理暂行办法》第24条	【行政责任】由工商行政管理部门责令改正，对广告主处0.5万元以上3万元以下的罚款。	略
	6	在互联网页面以弹出等形式发布的广告，应当显著标明关闭标志，确保一键关闭；			【行政责任】由工商行政管理部门责令改正，对广告主处0.5万元以上3万元以下的罚款。	略
	7	不得以欺骗方式诱使用户点击广告内容；	《互联网广告管理暂行办法》第8条	《互联网广告管理暂行办法》第24条	【行政责任】责令改正，处1万元以上3万元以下的罚款。	【行政责任】责令改正，处1万元以上3万元以下的罚款。
	8	未经允许，不得在用户发送的电子邮件中附加广告或者广告链接。	《互联网广告管理暂行办法》第8条	《互联网广告管理暂行办法》第24条	【行政责任】责令改正，处1万元以上3万元以下的罚款。	【行政责任】责令改正，处1万元以上3万元以下的罚款。

表格标题：广告主、广告经营者/发布者违规行为表现及罚则速查表

类别	序号	违规表现 或合规要求 （行为特质）	法律依据		广告主	广告经营者/ 广告发布者
			合规 法条	罚则 法条		
互联网广告行为准则	1	互联网广告活动中不得提供或者利用应用程序、硬件等对他人正当经营的广告采取拦截、过滤、覆盖、快进等限制措施；	《互联网广告管理暂行办法》第16条	略	涉嫌违反反不正当竞争法等其他相关法律法规，将根据具体情况承担不同的侵权责任等。	涉嫌违反反不正当竞争法等其他相关法律法规，将根据具体情况承担不同的侵权责任等。
	2	互联网广告活动中不得利用网络通路、网络设备、应用程序等破坏正常广告数据传输，篡改或者遮挡他人正当经营的广告，擅自加载广告；		略	涉嫌违反反不正当竞争法等其他相关法律法规，将根据具体情况承担不同的侵权责任等。	涉嫌违反反不正当竞争法等其他相关法律法规，将根据具体情况承担不同的侵权责任等。
	3	互联网广告活动中不得利用虚假的统计数据、传播效果或者互联网媒介价值，诱导错误报价，谋取不正当利益或者损害他人利益。		略	涉嫌违反合同法等其他相关法律，将根据具体情况承担侵权、违约等法律责任。	涉嫌违反合同法等其他相关法律，将根据具体情况承担侵权、违约等法律责任。
其他	1	广告发布者向广告主、广告经营者提供的覆盖率、收视率、点击率、发行量等资料应当真实。	《广告法》第36条	略	略	【民事责任】 广告主、广告经营者可以向广告主主张违约赔偿。
	2	违法行为计入信用档案；	略	《广告法》第67条	【行政责任】 工商行政管理部门记入信用档案，并依照有关法律、行政法规规定予以公示。	【行政责任】 工商行政管理部门记入信用档案，并依照有关法律、行政法规规定予以公示。

广告主、广告经营者/发布者违规行为表现及罚则速查表

续表

广告主、广告经营者/发布者违规行为表现及罚则速查表					
类别	序号	违规表现或合规要求 （行为特质）	法律依据		广告主	广告经营者/ 广告发布者
			合规法条	罚则法条		
	3	负有个人责任的法定代表人的职位限制；	略	《广告法》第70条	【行政责任】被吊销营业执照的公司、企业的法定代表人，对违法行为负有个人责任的，自该公司、企业被吊销营业执照之日起三年内不得担任公司、企业的董事、监事、高级管理人员。	【行政责任】被吊销营业执照的公司、企业的法定代表人，对违法行为负有个人责任的，自该公司、企业被吊销营业执照之日起三年内不得担任公司、企业的董事、监事、高级管理人员。
	4	禁止设置户外广告〔1〕（共4款，略）；	《广告法》第42条	《广告法》第41条	【略】户外广告的管理办法，由地方性法规、地方政府规章规定。	【略】户外广告的管理办法，由地方性法规、地方政府规章规定。
	5	拒绝、阻挠工商行政管理部门监督检查，或者有其他构成违反治安管理行为的；	《广告法》第49条	《广告法》第71条	【行政责任】治安管理处罚 【刑事责任】构成犯罪的，依法追究刑事责任。	【行政责任】治安管理处罚 【刑事责任】构成犯罪的，依法追究刑事责任。
	6	广告主擅自修改广告内容。	《互联网广告管理暂行办法》第10条	略	略	【备注】广告主擅自修改广告内容导致广告出现违法违规，广告经营者/发布者可以主张免责。

〔1〕《广告法》第42条 有下列情形之一的，不得设置户外广告：

（一）利用交通安全设施、交通标志的；

（二）影响市政公共设施、交通安全设施、交通标志、消防设施、消防安全标志使用的；

（三）妨碍生产或者人民生活，损害市容市貌的；

（四）在国家机关、文物保护单位、风景名胜区等的建筑控制地带，或者县级以上地方人民政府禁止设置户外广告的区域设置的。

中华人民共和国广告法 附录一

（1994 年 10 月 27 日第八届全国人民代表大会常务委员会第十次会议通过　2015 年 4 月 24 日第十二届全国人民代表大会常务委员会第十四次会议修订）

第一章　总　则

第一条　为了规范广告活动，保护消费者的合法权益，促进广告业的健康发展，维护社会经济秩序，制定本法。

第二条　在中华人民共和国境内，商品经营者或者服务提供者通过一定媒介和形式直接或者间接地介绍自己所推销的商品或者服务的商业广告活动，适用本法。

本法所称广告主，是指为推销商品或者服务，自行或者委托他人设计、制作、发布广告的自然人、法人或者其他组织。

本法所称广告经营者，是指接受委托提供广告设计、制作、代理服务的自然人、法人或者其他组织。

本法所称广告发布者，是指为广告主或者广告主委托的广告经营者发布广告的自然人、法人或者其他组织。

本法所称广告代言人，是指广告主以外的，在广告中以自己的名义或者形象对商品、服务作推荐、证明的自然人、法人或者其他组织。

第三条　广告应当真实、合法，以健康的表现形式表达广告内容，符合社会主义精神文明建设和弘扬中华民族优秀传统文化的要求。

第四条 广告不得含有虚假或者引人误解的内容，不得欺骗、误导消费者。

广告主应当对广告内容的真实性负责。

第五条 广告主、广告经营者、广告发布者从事广告活动，应当遵守法律、法规，诚实信用，公平竞争。

第六条 国务院工商行政管理部门主管全国的广告监督管理工作，国务院有关部门在各自的职责范围内负责广告管理相关工作。

县级以上地方工商行政管理部门主管本行政区域的广告监督管理工作，县级以上地方人民政府有关部门在各自的职责范围内负责广告管理相关工作。

第七条 广告行业组织依照法律、法规和章程的规定，制定行业规范，加强行业自律，促进行业发展，引导会员依法从事广告活动，推动广告行业诚信建设。

第二章 广告内容准则

第八条 广告中对商品的性能、功能、产地、用途、质量、成分、价格、生产者、有效期限、允诺等或者对服务的内容、提供者、形式、质量、价格、允诺等有表示的，应当准确、清楚、明白。

广告中表明推销的商品或者服务附带赠送的，应当明示所附带赠送商品或者服务的品种、规格、数量、期限和方式。

第九条 广告不得有下列情形：

（一）使用或者变相使用中华人民共和国的国旗、国歌、国徽，军旗、军歌、军徽；

（二）使用或者变相使用国家机关、国家机关工作人员的名义或者形象；

（三）使用"国家级"、"最高级"、"最佳"等用语；

（四）损害国家的尊严或者利益，泄露国家秘密；

（五）妨碍社会安定，损害社会公共利益；

（六）危害人身、财产安全，泄露个人隐私；

（七）妨碍社会公共秩序或者违背社会良好风尚；

（八）含有淫秽、色情、赌博、迷信、恐怖、暴力的内容；

（九）含有民族、种族、宗教、性别歧视的内容；

（十）妨碍环境、自然资源或者文化遗产保护；

（十一）法律、行政法规规定禁止的其他情形。

第十条 广告不得损害未成年人和残疾人的身心健康。

第十一条 广告内容涉及的事项需要取得行政许可的，应当与许可的内容相符合。

广告使用数据、统计资料、调查结果、文摘、引用语等引证内容的，应当真实、准确，并表明出处。引证内容有适用范围和有效期限的，应当明确表示。

第十二条 广告中涉及专利产品或者专利方法的，应当标明专利号和专利种类。

未取得专利权的，不得在广告中谎称取得专利权。

禁止使用未授予专利权的专利申请和已经终止、撤销、无效的专利作广告。

第十三条 广告不得贬低其他生产经营者的商品或者服务。

第十四条 广告应当具有可识别性，能够使消费者辨明其为广告。

大众传播媒介不得以新闻报道形式变相发布广告。通过大众传播媒介发布的广告应当显著标明"广告"，与其他非广告信息相区别，不得使消费者产生误解。

广播电台、电视台发布广告，应当遵守国务院有关部门关于时长、方式的规定，并应当对广告时长作出明显提示。

第十五条 麻醉药品、精神药品、医疗用毒性药品、放射性药品等特殊药品，药品类易制毒化学品，以及戒毒治疗的药品、医疗器械和治疗方法，不得作广告。

前款规定以外的处方药，只能在国务院卫生行政部门和国务院药品监督管理部门共同指定的医学、药学专业刊物上作广告。

第十六条 医疗、药品、医疗器械广告不得含有下列内容：

（一）表示功效、安全性的断言或者保证；

（二）说明治愈率或者有效率；

（三）与其他药品、医疗器械的功效和安全性或者其他医疗机构

比较;

（四）利用广告代言人作推荐、证明;

（五）法律、行政法规规定禁止的其他内容。

药品广告的内容不得与国务院药品监督管理部门批准的说明书不一致,并应当显著标明禁忌、不良反应。处方药广告应当显著标明"本广告仅供医学药学专业人士阅读",非处方药广告应当显著标明"请按药品说明书或者在药师指导下购买和使用"。

推荐给个人自用的医疗器械的广告,应当显著标明"请仔细阅读产品说明书或者在医务人员的指导下购买和使用"。医疗器械产品注册证明文件中有禁忌内容、注意事项的,广告中应当显著标明"禁忌内容或者注意事项详见说明书"。

第十七条 除医疗、药品、医疗器械广告外,禁止其他任何广告涉及疾病治疗功能,并不得使用医疗用语或者易使推销的商品与药品、医疗器械相混淆的用语。

第十八条 保健食品广告不得含有下列内容:

（一）表示功效、安全性的断言或者保证;

（二）涉及疾病预防、治疗功能;

（三）声称或者暗示广告商品为保障健康所必需;

（四）与药品、其他保健食品进行比较;

（五）利用广告代言人作推荐、证明;

（六）法律、行政法规规定禁止的其他内容。

保健食品广告应当显著标明"本品不能代替药物"。

第十九条 广播电台、电视台、报刊音像出版单位、互联网信息服务提供者不得以介绍健康、养生知识等形式变相发布医疗、药品、医疗器械、保健食品广告。

第二十条 禁止在大众传播媒介或者公共场所发布声称全部或者部分替代母乳的婴儿乳制品、饮料和其他食品广告。

第二十一条 农药、兽药、饲料和饲料添加剂广告不得含有下列内容:

（一）表示功效、安全性的断言或者保证;

（二）利用科研单位、学术机构、技术推广机构、行业协会或者专业人士、用户的名义或者形象作推荐、证明；

（三）说明有效率；

（四）违反安全使用规程的文字、语言或者画面；

（五）法律、行政法规规定禁止的其他内容。

第二十二条 禁止在大众传播媒介或者公共场所、公共交通工具、户外发布烟草广告。禁止向未成年人发送任何形式的烟草广告。

禁止利用其他商品或者服务的广告、公益广告，宣传烟草制品名称、商标、包装、装潢以及类似内容。

烟草制品生产者或者销售者发布的迁址、更名、招聘等启事中，不得含有烟草制品名称、商标、包装、装潢以及类似内容。

第二十三条 酒类广告不得含有下列内容：

（一）诱导、怂恿饮酒或者宣传无节制饮酒；

（二）出现饮酒的动作；

（三）表现驾驶车、船、飞机等活动；

（四）明示或者暗示饮酒有消除紧张和焦虑、增加体力等功效。

第二十四条 教育、培训广告不得含有下列内容：

（一）对升学、通过考试、获得学位学历或者合格证书，或者对教育、培训的效果作出明示或者暗示的保证性承诺；

（二）明示或者暗示有相关考试机构或者其工作人员、考试命题人员参与教育、培训；

（三）利用科研单位、学术机构、教育机构、行业协会、专业人士、受益者的名义或者形象作推荐、证明。

第二十五条 招商等有投资回报预期的商品或者服务广告，应当对可能存在的风险以及风险责任承担有合理提示或者警示，并不得含有下列内容：

（一）对未来效果、收益或者与其相关的情况作出保证性承诺，明示或者暗示保本、无风险或者保收益等，国家另有规定的除外；

（二）利用学术机构、行业协会、专业人士、受益者的名义或者形象作推荐、证明。

第二十六条 房地产广告，房源信息应当真实，面积应当表明为建筑面积或者套内建筑面积，并不得含有下列内容：

（一）升值或者投资回报的承诺；

（二）以项目到达某一具体参照物的所需时间表示项目位置；

（三）违反国家有关价格管理的规定；

（四）对规划或者建设中的交通、商业、文化教育设施以及其他市政条件作误导宣传。

第二十七条　农作物种子、林木种子、草种子、种畜禽、水产苗种和种养殖广告关于品种名称、生产性能、生长量或者产量、品质、抗性、特殊使用价值、经济价值、适宜种植或者养殖的范围和条件等方面的表述应当真实、清楚、明白，并不得含有下列内容：

（一）作科学上无法验证的断言；

（二）表示功效的断言或者保证；

（三）对经济效益进行分析、预测或者作保证性承诺；

（四）利用科研单位、学术机构、技术推广机构、行业协会或者专业人士、用户的名义或者形象作推荐、证明。

第二十八条　广告以虚假或者引人误解的内容欺骗、误导消费者的，构成虚假广告。

广告有下列情形之一的，为虚假广告：

（一）商品或者服务不存在的；

（二）商品的性能、功能、产地、用途、质量、规格、成分、价格、生产者、有效期限、销售状况、曾获荣誉等信息，或者服务的内容、提供者、形式、质量、价格、销售状况、曾获荣誉等信息，以及与商品或者服务有关的允诺等信息与实际情况不符，对购买行为有实质性影响的；

（三）使用虚构、伪造或者无法验证的科研成果、统计资料、调查结果、文摘、引用语等信息作证明材料的；

（四）虚构使用商品或者接受服务的效果的；

（五）以虚假或者引人误解的内容欺骗、误导消费者的其他情形。

第三章　广告行为规范

第二十九条　广播电台、电视台、报刊出版单位从事广告发布业务的，应当设有专门从事广告业务的机构，配备必要的人员，具有与发布广告相适应的场所、设备，并向县级以上地方工商行政管理部门办理广告发布登记。

第三十条 广告主、广告经营者、广告发布者之间在广告活动中应当依法订立书面合同。

第三十一条 广告主、广告经营者、广告发布者不得在广告活动中进行任何形式的不正当竞争。

第三十二条 广告主委托设计、制作、发布广告，应当委托具有合法经营资格的广告经营者、广告发布者。

第三十三条 广告主或者广告经营者在广告中使用他人名义或者形象的，应当事先取得其书面同意；使用无民事行为能力人、限制民事行为能力人的名义或者形象的，应当事先取得其监护人的书面同意。

第三十四条 广告经营者、广告发布者应当按照国家有关规定，建立、健全广告业务的承接登记、审核、档案管理制度。

广告经营者、广告发布者依据法律、行政法规查验有关证明文件，核对广告内容。对内容不符或者证明文件不全的广告，广告经营者不得提供设计、制作、代理服务，广告发布者不得发布。

第三十五条 广告经营者、广告发布者应当公布其收费标准和收费办法。

第三十六条 广告发布者向广告主、广告经营者提供的覆盖率、收视率、点击率、发行量等资料应当真实。

第三十七条 法律、行政法规规定禁止生产、销售的产品或者提供的服务，以及禁止发布广告的商品或者服务，任何单位或者个人不得设计、制作、代理、发布广告。

第三十八条 广告代言人在广告中对商品、服务作推荐、证明，应当依据事实，符合本法和有关法律、行政法规规定，并不得为其未使用过的商品或者未接受过的服务作推荐、证明。

不得利用不满十周岁的未成年人作为广告代言人。

对在虚假广告中作推荐、证明受到行政处罚未满三年的自然人、法人或者其他组织，不得利用其作为广告代言人。

第三十九条　不得在中小学校、幼儿园内开展广告活动，不得利用中小学生和幼儿的教材、教辅材料、练习册、文具、教具、校服、校车等发布或者变相发布广告，但公益广告除外。

第四十条　在针对未成年人的大众传播媒介上不得发布医疗、药品、保健食品、医疗器械、化妆品、酒类、美容广告，以及不利于未成年人身心健康的网络游戏广告。

针对不满十四周岁的未成年人的商品或者服务的广告不得含有下列内容：

（一）劝诱其要求家长购买广告商品或者服务；

（二）可能引发其模仿不安全行为。

第四十一条　县级以上地方人民政府应当组织有关部门加强对利用户外场所、空间、设施等发布户外广告的监督管理，制定户外广告设置规划和安全要求。

户外广告的管理办法，由地方性法规、地方政府规章规定。

第四十二条　有下列情形之一的，不得设置户外广告：

（一）利用交通安全设施、交通标志的；

（二）影响市政公共设施、交通安全设施、交通标志、消防设施、消防安全标志使用的；

（三）妨碍生产或者人民生活，损害市容市貌的；

（四）在国家机关、文物保护单位、风景名胜区等的建筑控制地带，或者县级以上地方人民政府禁止设置户外广告的区域设置的。

第四十三条　任何单位或者个人未经当事人同意或者请求，不得向其住宅、交通工具等发送广告，也不得以电子信息方式向其发送广告。

以电子信息方式发送广告的，应当明示发送者的真实身份和联系方式，并向接收者提供拒绝继续接收的方式。

第四十四条　利用互联网从事广告活动，适用本法的各项规定。

利用互联网发布、发送广告，不得影响用户正常使用网络。在互联网页面以弹出等形式发布的广告，应当显著标明关闭标志，确保一键关闭。

第四十五条　公共场所的管理者或者电信业务经营者、互联网信息服务提供者对其明知或者应知的利用其场所或者信息传输、发布平台发送、发布违法广告的，应当予以制止。

第四章 监督管理

第四十六条 发布医疗、药品、医疗器械、农药、兽药和保健食品广告，以及法律、行政法规规定应当进行审查的其他广告，应当在发布前由有关部门（以下称广告审查机关）对广告内容进行审查；未经审查，不得发布。

第四十七条 广告主申请广告审查，应当依照法律、行政法规向广告审查机关提交有关证明文件。

广告审查机关应当依照法律、行政法规规定作出审查决定，并应当将审查批准文件抄送同级工商行政管理部门。广告审查机关应当及时向社会公布批准的广告。

第四十八条 任何单位或者个人不得伪造、变造或者转让广告审查批准文件。

第四十九条 工商行政管理部门履行广告监督管理职责，可以行使下列职权：

（一）对涉嫌从事违法广告活动的场所实施现场检查；

（二）询问涉嫌违法当事人或者其法定代表人、主要负责人和其他有关人员，对有关单位或者个人进行调查；

（三）要求涉嫌违法当事人限期提供有关证明文件；

（四）查阅、复制与涉嫌违法广告有关的合同、票据、账簿、广告作品和其他有关资料；

（五）查封、扣押与涉嫌违法广告直接相关的广告物品、经营工具、设备等财物；

（六）责令暂停发布可能造成严重后果的涉嫌违法广告；

（七）法律、行政法规规定的其他职权。

工商行政管理部门应当建立健全广告监测制度，完善监测措施，及时发现和依法查处违法广告行为。

第五十条 国务院工商行政管理部门会同国务院有关部门，制定大众传播媒介广告发布行为规范。

第五十一条　工商行政管理部门依照本法规定行使职权，当事人应当协助、配合，不得拒绝、阻挠。

第五十二条　工商行政管理部门和有关部门及其工作人员对其在广告监督管理活动中知悉的商业秘密负有保密义务。

第五十三条　任何单位或者个人有权向工商行政管理部门和有关部门投诉、举报违反本法的行为。工商行政管理部门和有关部门应当向社会公开受理投诉、举报的电话、信箱或者电子邮件地址，接到投诉、举报的部门应当自收到投诉之日起七个工作日内，予以处理并告知投诉、举报人。

工商行政管理部门和有关部门不依法履行职责的，任何单位或者个人有权向其上级机关或者监察机关举报。接到举报的机关应当依法作出处理，并将处理结果及时告知举报人。

有关部门应当为投诉、举报人保密。

第五十四条　消费者协会和其他消费者组织对违反本法规定，发布虚假广告侵害消费者合法权益，以及其他损害社会公共利益的行为，依法进行社会监督。

第五章　法律责任

第五十五条　违反本法规定，发布虚假广告的，由工商行政管理部门责令停止发布广告，责令广告主在相应范围内消除影响，处广告费用三倍以上五倍以下的罚款，广告费用无法计算或者明显偏低的，处二十万元以上一百万元以下的罚款；两年内有三次以上违法行为或者有其他严重情节的，处广告费用五倍以上十倍以下的罚款，广告费用无法计算或者明显偏低的，处一百万元以上二百万元以下的罚款，可以吊销营业执照，并由广告审查机关撤销广告审查批准文件、一年内不受理其广告审查申请。

医疗机构有前款规定违法行为，情节严重的，除由工商行政管理部门依照本法处罚外，卫生行政部门可以吊销诊疗科目或者吊销医疗机构执业许可证。

广告经营者、广告发布者明知或者应知广告虚假仍设计、制作、代理、发布的，由工商行政管理部门没收广告费用，并处广告费用三倍以上五倍以下的罚款，广告费用无法计算或者明显偏低的，处二十万元以上一百万元以下的罚款；两年内有三次以上违法行为或者有其他严重情节的，处广告费用五倍以上十倍以下的罚款，广告费用无法计算或者明显偏低的，处一百万元以上二百万元以下的罚款，并可以由有关部门暂停广告发布业务、吊销营业执照、吊销广告发布登记证件。

广告主、广告经营者、广告发布者有本条第一款、第三款规定行为，构成犯罪的，依法追究刑事责任。

第五十六条 违反本法规定，发布虚假广告，欺骗、误导消费者，使购买商品或者接受服务的消费者的合法权益受到损害的，由广告主依法承担民事责任。广告经营者、广告发布者不能提供广告主的真实名称、地址和有效联系方式的，消费者可以要求广告经营者、广告发布者先行赔偿。

关系消费者生命健康的商品或者服务的虚假广告，造成消费者损害的，其广告经营者、广告发布者、广告代言人应当与广告主承担连带责任。

前款规定以外的商品或者服务的虚假广告，造成消费者损害的，其广告经营者、广告发布者、广告代言人，明知或者应知广告虚假仍设计、制作、代理、发布或者作推荐、证明的，应当与广告主承担连带责任。

第五十七条 有下列行为之一的，由工商行政管理部门责令停止发布广告，对广告主处二十万元以上一百万元以下的罚款，情节严重的，并可以吊销营业执照，由广告审查机关撤销广告审查批准文件、一年内不受理其广告审查申请；对广告经营者、广告发布者，由工商行政管理部门没收广告费用，处二十万元以上一百万元以下的罚款，情节严重的，并可以吊销营业执照、吊销广告发布登记证件：

（一）发布有本法第九条、第十条规定的禁止情形的广告的；

（二）违反本法第十五条规定发布处方药广告、药品类易制毒化学品广告、戒毒治疗的医疗器械和治疗方法广告的；

（三）违反本法第二十条规定，发布声称全部或者部分替代母乳的婴儿乳制品、饮料和其他食品广告的；

（四）违反本法第二十二条规定发布烟草广告的；

（五）违反本法第三十七条规定，利用广告推销禁止生产、销售的产品或者提供的服务，或者禁止发布广告的商品或者服务的；

（六）违反本法第四十条第一款规定，在针对未成年人的大众传播媒介上发布医疗、药品、保健食品、医疗器械、化妆品、酒类、美容广告，以及不利于未成年人身心健康的网络游戏广告的。

第五十八条 有下列行为之一的，由工商行政管理部门责令停止发布广告，责令广告主在相应范围内消除影响，处广告费用一倍以上三倍以下的罚款，广告费用无法计算或者明显偏低的，处十万元以上二十万元以下的罚款；情节严重的，处广告费用三倍以上五倍以下的罚款，广告费用无法计算或者明显偏低的，处二十万元以上一百万元以下的罚款，可以吊销营业执照，并由广告审查机关撤销广告审查批准文件、一年内不受理其广告审查申请：

（一）违反本法第十六条规定发布医疗、药品、医疗器械广告的；

（二）违反本法第十七条规定，在广告中涉及疾病治疗功能，以及使用医疗用语或者易使推销的商品与药品、医疗器械相混淆的用语的；

（三）违反本法第十八条规定发布保健食品广告的；

（四）违反本法第二十一条规定发布农药、兽药、饲料和饲料添加剂广告的；

（五）违反本法第二十三条规定发布酒类广告的；

（六）违反本法第二十四条规定发布教育、培训广告的；

（七）违反本法第二十五条规定发布招商等有投资回报预期的商品或者服务广告的；

（八）违反本法第二十六条规定发布房地产广告的；

（九）违反本法第二十七条规定发布农作物种子、林木种子、草种子、种畜禽、水产苗种和种养殖广告的；

（十）违反本法第三十八条第二款规定，利用不满十周岁的未成年人作为广告代言人的；

（十一）违反本法第三十八条第三款规定，利用自然人、法人或者其他组织作为广告代言人的；

（十二）违反本法第三十九条规定，在中小学校、幼儿园内或者利用与中小学生、幼儿有关的物品发布广告的；

（十三）违反本法第四十条第二款规定，发布针对不满十四周岁的未成年人的商品或者服务的广告的；

（十四）违反本法第四十六条规定，未经审查发布广告的。

医疗机构有前款规定违法行为，情节严重的，除由工商行政管理部门依照本法处罚外，卫生行政部门可以吊销诊疗科目或者吊销医疗机构执业许可证。

广告经营者、广告发布者明知或者应知有本条第一款规定违法行为仍设计、制作、代理、发布的，由工商行政管理部门没收广告费用，并处广告费用一倍以上三倍以下的罚款，广告费用无法计算或者明显偏低的，处十万元以上二十万元以下的罚款；情节严重的，处广告费用三倍以上五倍以下的罚款，广告费用无法计算或者明显偏低的，处二十万元以上一百万元以下的罚款，并可以由有关部门暂停广告发布业务、吊销营业执照、吊销广告发布登记证件。

第五十九条 有下列行为之一的，由工商行政管理部门责令停止发布广告，对广告主处十万元以下的罚款：

（一）广告内容违反本法第八条规定的；

（二）广告引证内容违反本法第十一条规定的；

（三）涉及专利的广告违反本法第十二条规定的；

（四）违反本法第十三条规定，广告贬低其他生产经营者的商品或者服务的。

广告经营者、广告发布者明知或者应知有前款规定违法行为仍设计、制作、代理、发布的，由工商行政管理部门处十万元以下的罚款。

广告违反本法第十四条规定，不具有可识别性的，或者违反本法第十九条规定，变相发布医疗、药品、医疗器械、保健食品广告的，由工商行政管理部门责令改正，对广告发布者处十万元以下的罚款。

第六十条　违反本法第二十九条规定，广播电台、电视台、报刊出版单位未办理广告发布登记，擅自从事广告发布业务的，由工商行政管理部门责令改正，没收违法所得，违法所得一万元以上的，并处违法所得一倍以上三倍以下的罚款；违法所得不足一万元的，并处五千元以上三万元以下的罚款。

第六十一条　违反本法第三十四条规定，广告经营者、广告发布者未按照国家有关规定建立、健全广告业务管理制度的，或者未对广告内容进行核对的，由工商行政管理部门责令改正，可以处五万元以下的罚款。

违反本法第三十五条规定，广告经营者、广告发布者未公布其收费标准和收费办法的，由价格主管部门责令改正，可以处五万元以下的罚款。

第六十二条　广告代言人有下列情形之一的，由工商行政管理部门没收违法所得，并处违法所得一倍以上二倍以下的罚款：

（一）违反本法第十六条第一款第四项规定，在医疗、药品、医疗器械广告中作推荐、证明的；

（二）违反本法第十八条第一款第五项规定，在保健食品广告中作推荐、证明的；

（三）违反本法第三十八条第一款规定，为其未使用过的商品或者未接受过的服务作推荐、证明的；

（四）明知或者应知广告虚假仍在广告中对商品、服务作推荐、证明的。

第六十三条　违反本法第四十三条规定发送广告的，由有关部门责令停止违法行为，对广告主处五千元以上三万元以下的罚款。

违反本法第四十四条第二款规定，利用互联网发布广告，未显著标明关闭标志，确保一键关闭的，由工商行政管理部门责令改正，对广告主处五千元以上三万元以下的罚款。

第六十四条　违反本法第四十五条规定，公共场所的管理者和电信业务经营者、互联网信息服务提供者，明知或者应知广告活动违法不予制止的，由工商行政管理部门没收违法所得，违法所得五万元以上的，并处违法所得一倍以上三倍以下的罚款，违法所得不足五万元的，并处一万元以上五万元以下的罚款；情节严重的，由有关部门依法停止相关业务。

第六十五条 违反本法规定，隐瞒真实情况或者提供虚假材料申请广告审查的，广告审查机关不予受理或者不予批准，予以警告，一年内不受理该申请人的广告审查申请；以欺骗、贿赂等不正当手段取得广告审查批准的，广告审查机关予以撤销，处十万元以上二十万元以下的罚款，三年内不受理该申请人的广告审查申请。

第六十六条 违反本法规定，伪造、变造或者转让广告审查批准文件的，由工商行政管理部门没收违法所得，并处一万元以上十万元以下的罚款。

第六十七条 有本法规定的违法行为的，由工商行政管理部门记入信用档案，并依照有关法律、行政法规规定予以公示。

第六十八条 广播电台、电视台、报刊音像出版单位发布违法广告，或者以新闻报道形式变相发布广告，或者以介绍健康、养生知识等形式变相发布医疗、药品、医疗器械、保健食品广告，工商行政管理部门依照本法给予处罚的，应当通报新闻出版广电部门以及其他有关部门。新闻出版广电部门以及其他有关部门应当依法对负有责任的主管人员和直接责任人员给予处分；情节严重的，并可以暂停媒体的广告发布业务。

新闻出版广电部门以及其他有关部门未依照前款规定对广播电台、电视台、报刊音像出版单位进行处理的，对负有责任的主管人员和直接责任人员，依法给予处分。

第六十九条 广告主、广告经营者、广告发布者违反本法规定，有下列侵权行为之一的，依法承担民事责任：

（一）在广告中损害未成年人或者残疾人的身心健康的；

（二）假冒他人专利的；

（三）贬低其他生产经营者的商品、服务的；

（四）在广告中未经同意使用他人名义或者形象的；

（五）其他侵犯他人合法民事权益的。

第七十条 因发布虚假广告，或者有其他本法规定的违法行为，被吊销营业执照的公司、企业的法定代表人，对违法行为负有个人责任的，自该公司、企业被吊销营业执照之日起三年内不得担任公司、企业的董事、监事、高级管理人员。

第七十一条　违反本法规定，拒绝、阻挠工商行政管理部门监督检查，或者有其他构成违反治安管理行为的，依法给予治安管理处罚；构成犯罪的，依法追究刑事责任。

第七十二条　广告审查机关对违法的广告内容作出审查批准决定的，对负有责任的主管人员和直接责任人员，由任免机关或者监察机关依法给予处分；构成犯罪的，依法追究刑事责任。

第七十三条　工商行政管理部门对在履行广告监测职责中发现的违法广告行为或者对经投诉、举报的违法广告行为，不依法予以查处的，对负有责任的主管人员和直接责任人员，依法给予处分。

工商行政管理部门和负责广告管理相关工作的有关部门的工作人员玩忽职守、滥用职权、徇私舞弊的，依法给予处分。

有前两款行为，构成犯罪的，依法追究刑事责任。

第六章　附　则

第七十四条　国家鼓励、支持开展公益广告宣传活动，传播社会主义核心价值观，倡导文明风尚。

大众传播媒介有义务发布公益广告。广播电台、电视台、报刊出版单位应当按照规定的版面、时段、时长发布公益广告。公益广告的管理办法，由国务院工商行政管理部门会同有关部门制定。

第七十五条　本法自 2015 年 9 月 1 日起施行。

互联网广告管理暂行办法

第一条　为了规范互联网广告活动，保护消费者的合法权益，促进互联网广告业的健康发展，维护公平竞争的市场经济秩序，根据《中华人民共和国广告法》（以下简称广告法）等法律、行政法规，制定本办法。

第二条　利用互联网从事广告活动，适用广告法和本办法的规定。

第三条　本办法所称互联网广告，是指通过网站、网页、互联网应用程序等互联网媒介，以文字、图片、音频、视频或者其他形式，直接或者间接地推销商品或者服务的商业广告。

前款所称互联网广告包括：

（一）推销商品或者服务的含有链接的文字、图片或者视频等形式的广告；

（二）推销商品或者服务的电子邮件广告；

（三）推销商品或者服务的付费搜索广告；

（四）推销商品或者服务的商业性展示中的广告，法律、法规和规章规定经营者应当向消费者提供的信息的展示依照其规定；

（五）其他通过互联网媒介推销商品或者服务的商业广告。

第四条　鼓励和支持广告行业组织依照法律、法规、规章和章程的规定，制定行业规范，加强行业自律，促进行业发展，引导会员依法从事互联网广告活动，推动互联网广告行业诚信建设。

第五条　法律、行政法规规定禁止生产、销售的商品或者提供的服务，以及禁止发布广告的商品或者服务，任何单位或者个人不得在互联网上设计、制作、代理、发布广告。

禁止利用互联网发布处方药和烟草的广告。

第六条　医疗、药品、特殊医学用途配方食品、医疗器械、农药、兽药、保健食品广告等法律、行政法规规定须经广告审查机关进行审查的特殊商品或者服务的广告，未经审查，不得发布。

第七条　互联网广告应当具有可识别性，显著标明"广告"，使消费者能够辨明其为广告。

付费搜索广告应当与自然搜索结果明显区分。

第八条　利用互联网发布、发送广告，不得影响用户正常使用网络。在互联网页面以弹出等形式发布的广告，应当显著标明关闭标志，确保一键关闭。

不得以欺骗方式诱使用户点击广告内容。

未经允许，不得在用户发送的电子邮件中附加广告或者广告链接。

第九条　互联网广告主、广告经营者、广告发布者之间在互联网广告活动中应当依法订立书面合同。

第十条　互联网广告主应当对广告内容的真实性负责。

广告主发布互联网广告需具备的主体身份、行政许可、引证内容等证明文件，应当真实、合法、有效。

广告主可以通过自设网站或者拥有合法使用权的互联网媒介自行发布广告，也可以委托互联网广告经营者、广告发布者发布广告。

互联网广告主委托互联网广告经营者、广告发布者发布广告，修改广告内容时，应当以书面形式或者其他可以被确认的方式通知为其提供服务的互联网广告经营者、广告发布者。

第十一条　为广告主或者广告经营者推送或者展示互联网广告，并能够核对广告内容、决定广告发布的自然人、法人或者其他组织，是互联网广告的发布者。

第十二条　互联网广告发布者、广告经营者应当按照国家有关规定建立、健全互联网广告业务的承接登记、审核、档案管理制度；审核查验并登记广告主的名称、地址和有效联系方式等主体身份信息，建立登记档案并定期核实更新。

互联网广告发布者、广告经营者应当查验有关证明文件，核对广告内容，对内容不符或者证明文件不全的广告，不得设计、制作、代理、发布。

互联网广告发布者、广告经营者应当配备熟悉广告法规的广告审查人员；有条件的还应当设立专门机构，负责互联网广告的审查。

第十三条 互联网广告可以以程序化购买广告的方式，通过广告需求方平台、媒介方平台以及广告信息交换平台等所提供的信息整合、数据分析等服务进行有针对性地发布。

通过程序化购买广告方式发布的互联网广告，广告需求方平台经营者应当清晰标明广告来源。

第十四条 广告需求方平台是指整合广告主需求，为广告主提供发布服务的广告主服务平台。广告需求方平台的经营者是互联网广告发布者、广告经营者。

媒介方平台是指整合媒介方资源，为媒介所有者或者管理者提供程序化的广告分配和筛选的媒介服务平台。

广告信息交换平台是提供数据交换、分析匹配、交易结算等服务的数据处理平台。

第十五条 广告需求方平台经营者、媒介方平台经营者、广告信息交换平台经营者以及媒介方平台的成员，在订立互联网广告合同时，应当查验合同相对方的主体身份证明文件、真实名称、地址和有效联系方式等信息，建立登记档案并定期核实更新。

媒介方平台经营者、广告信息交换平台经营者以及媒介方平台成员，对其明知或者应知的违法广告，应当采取删除、屏蔽、断开链接等技术措施和管理措施，予以制止。

第十六条 互联网广告活动中不得有下列行为：

（一）提供或者利用应用程序、硬件等对他人正当经营的广告采取拦截、过滤、覆盖、快进等限制措施；

（二）利用网络通路、网络设备、应用程序等破坏正常广告数据传输，篡改或者遮挡他人正当经营的广告，擅自加载广告；

（三）利用虚假的统计数据、传播效果或者互联网媒介价值，诱导错误报价，谋取不正当利益或者损害他人利益。

第十七条 未参与互联网广告经营活动，仅为互联网广告提供信息服务的互联网信息服务提供者，对其明知或者应知利用其信息服务发布违法广告的，应当予以制止。

第十八条 对互联网广告违法行为实施行政处罚，由广告发布者所在地工商行政管理部门管辖。广告发布者所在地工商行政管理部门管辖异地广告主、广告经营者有困难的，可以将广告主、广告经营者的违法情况移交广告主、广告经营者所在地工商行政管理部门处理。

广告主所在地、广告经营者所在地工商行政管理部门先行发现违法线索或者收到投诉、举报的，也可以进行管辖。

对广告主自行发布的违法广告实施行政处罚，由广告主所在地工商行政管理部门管辖。

第十九条 工商行政管理部门在查处违法广告时，可以行使下列职权：

（一）对涉嫌从事违法广告活动的场所实施现场检查；

（二）询问涉嫌违法的有关当事人，对有关单位或者个人进行调查；

（三）要求涉嫌违法当事人限期提供有关证明文件；

（四）查阅、复制与涉嫌违法广告有关的合同、票据、账簿、广告作品和互联网广告后台数据，采用截屏、页面另存、拍照等方法确认互联网广告内容；

（五）责令暂停发布可能造成严重后果的涉嫌违法广告。

工商行政管理部门依法行使前款规定的职权时，当事人应当协助、配合，不得拒绝、阻挠或者隐瞒真实情况。

第二十条 工商行政管理部门对互联网广告的技术监测记录资料，可以作为对违法的互联网广告实施行政处罚或者采取行政措施的电子数据证据。

第二十一条 违反本办法第五条第一款规定，利用互联网广告推销禁止生产、销售的产品或者提供的服务，或者禁止发布广告的商品或者服务的，依照广告法第五十七条第五项的规定予以处罚；违反第二款的规定，利用互联网发布处方药、烟草广告的，依照广告法第五十七条第二项、第四项的规定予以处罚。

第二十二条　违反本办法第六条规定，未经审查发布广告的，依照广告法第五十八条第一款第十四项的规定予以处罚。

第二十三条　互联网广告违反本办法第七条规定，不具有可识别性的，依照广告法第五十九条第三款的规定予以处罚。

第二十四条　违反本办法第八条第一款规定，利用互联网发布广告，未显著标明关闭标志并确保一键关闭的，依照广告法第六十三条第二款的规定进行处罚；违反第二款、第三款规定，以欺骗方式诱使用户点击广告内容的，或者未经允许，在用户发送的电子邮件中附加广告或者广告链接的，责令改正，处一万元以上三万元以下的罚款。

第二十五条　违反本办法第十二条第一款、第二款规定，互联网广告发布者、广告经营者未按照国家有关规定建立、健全广告业务管理制度的，或者未对广告内容进行核对的，依照广告法第六十一条第一款的规定予以处罚。

第二十六条　有下列情形之一的，责令改正，处一万元以上三万元以下的罚款：

（一）广告需求方平台经营者违反本办法第十三条第二款规定，通过程序化购买方式发布的广告未标明来源的；

（二）媒介方平台经营者、广告信息交换平台经营者以及媒介方平台成员，违反本办法第十五条第一款、第二款规定，未履行相关义务的。

第二十七条　违反本办法第十七条规定，互联网信息服务提供者明知或者应知互联网广告活动违法不予制止的，依照广告法第六十四条规定予以处罚。

第二十八条　工商行政管理部门依照广告法和本办法规定所做出的行政处罚决定，应当通过企业信用信息公示系统依法向社会公示。

第二十九条　本办法自 2016 年 9 月 1 日起施行。